Igualdade
e Não Discriminação

ESTUDOS DE DIREITO DO TRABALHO

Igualdade
e Não Discriminação

ESTUDOS DE DIREITO DO TRABALHO

2013

Teresa Coelho Moreira
Doutora em Direito
Professora da Escola de Direito da Universidade do Minho

IGUALDADE E NÃO DISCRIMINAÇÃO
ESTUDOS DE DIREITO DO TRABALHO
AUTORA
Teresa Coelho Moreira
EDITOR
EDIÇÕES ALMEDINA, S.A.
Rua Fernandes Tomás, nºs 76-80
3000-167 Coimbra
Tel.: 239 851 904 · Fax: 239 851 901
www.almedina.net · editora@almedina.net
DESIGN DE CAPA
FBA.
PRÉ-IMPRESSÃO
EDIÇÕES ALMEDINA, SA
IMPRESSÃO E ACABAMENTO
DPS – DIGITAL PRINTING SERVICES, LDA
Setembro, 2013
DEPÓSITO LEGAL
363952/13

Apesar do cuidado e rigor colocados na elaboração da presente obra, devem os diplomas legais dela constantes ser sempre objeto de confirmação com as publicações oficiais.

Toda a reprodução desta obra, por fotocópia ou outro qualquer processo, sem prévia autorização escrita do Editor, é ilícita e passível de procedimento judicial contra o infrator.

 GRUPOALMEDINA

BIBLIOTECA NACIONAL DE PORTUGAL – CATALOGAÇÃO NA PUBLICAÇÃO
MOREIRA, Teresa Coelho
Igualdade e não discriminação : estudos
do direito do trabalho. – (Monografias)
ISBN 978-972-40-5284-7
CDU 349

Aos meus pais
Ao João
Às nossas filhas Joana e Maria Beatriz

NOTA PRÉVIA

O livro que agora se publica traduz, na sua essência, uma seleção criteriosa de vários artigos, a maioria dos quais inéditos, sobre a temática da igualdade e da não discriminação. Destaco, nestes, *A discriminação dos trabalhadores em razão da deficiência* e *O ónus da prova em casos de discriminação*, sendo o primeiro fruto da nossa participação no projeto europeu financiado pelo *Visegrad Fund*, intitulado *Empower Cooperation for Employees with Changed Working Abilities Project*, e correspondendo o segundo à conferência que proferimos na nossa Escola de Direito, em 9 de novembro de 2012, no *Colóquio sobre a Prova Difícil*.

Dos artigos que já viram a luz do dia, como é o caso do que se reporta à discriminação em razão da idade, acrescentámos uma atualização jurisprudencial, o mesmo ocorrendo com o que aborda a discriminação em razão da orientação sexual em que foi feito um *upgrading*, articulando o escrito com os casos mais recentes do TJUE.

Dada a relevância do tema, optou-se, ainda, por englobar o artigo intitulado *Tribunal de Justiça da União Europeia e Controvérsias Trabalhistas* e que representa a nossa colaboração no livro *Mecanismos de Solução de Controvérsias Trabalhistas na Dimensão Nacional e Internacional*, a ser publicado no Brasil.

Alimentamos a expectativa, fundada mas certamente imerecida, que o trabalho que ora se dá à estampa possa ser um bom alicerce para a discussão jurídica em áreas polémicas, complexas e, porventura, fratricidas, auxiliando os estudantes nesta área científica da atualidade e relevo inquestionáveis.

Vila Nova de Gaia, maio de 2013

TERESA COELHO MOREIRA

A discriminação em razão da idade no contexto de uma população envelhecida na UE

Introdução

É uma verdade lapaliciana afirmar que o mundo está a envelhecer. Na maioria dos países a população está envelhecida e esta situação traz inúmeras mudanças a vários níveis, podendo afirmar-se que o envelhecimento da população é um dos maiores desafios que os países desenvolvidos correntemente enfrentam[1]. Na verdade, se desde a década de 50 do século passado, a vida para muitos europeus tornou-se agradável, saudável e mais longa, em 2013 a vida continua a ser saudável e longa mas temos algumas dúvidas em relação a agradável, principalmente devido à crise financeira e ao carácter instável dos anos de velhice dos mais idosos.

Nas próximas décadas a população europeia irá sofrer enormes mudanças a nível demográfico pois se desde 1950, foram adicionados 20 anos na esperança média de vida, prevê-se que, até 2060, esta esperança média aumente ainda mais. Assim, segundo as projeções, em 2060, a esperança média de vida dos homens à nascença será de 7,9 anos superior à de 2010, ao passo que a das mulheres será de 6,5 anos[2].

Mas, simultaneamente, as taxas de fertilidade estão a baixar e se em 2005 a média europeia dos 25 era de 1,5 crianças por mulher, em 2050 prevê-se

---

[1] No mesmo sentido ZDENKA SIMOVÁ, "To work or not to work: motivation for work after reaching retirement age", *in Working and Ageing- Emerging theories and empirical perspectives*, CEDEFOP, Luxemburgo, 2010, p. 169.

[2] Dados fornecidos no *Livro Branco – Uma agenda para pensões adequadas, seguras e sustentáveis*, Com (2012) 55 final, de 16 de Fevereiro de 2012.

uma taxa de 1,5 a 1,6, sendo no entanto necessária uma taxa de 2,1 crianças por mulher para existir a plena substituição das pessoas que deixam de trabalhar. Na verdade, não nos podemos esquecer que atualmente está a ocorrer a reforma da denominada geração do "baby-boom", nascida no pós II Guerra Mundial e esta situação irá trazer grandes desafios económicas, orçamentais e sociais, principalmente se atendermos que em 2050 a população acima dos 80 anos irá ser de cerca 11,4% do total[3].

E se acrescentarmos a isto que a partir de 2012 a população laboral europeia começará a diminuir enquanto o grupo de mais de 60 anos de idade irá aumentar cerca de 2 milhões por ano[4], vemos como a questão da idade e das mudanças demográficos tem impacto direto no Direito do trabalho[5].

Assiste-se, atualmente, a grandes mudanças ao nível demográfico pois as pessoas estão a viver mais mas simultaneamente estão a ter menos filhos[6], o que significa que há um novo problema na medida em que há menos pessoas em idade laboral por cada pessoa de idade que se encontra reformada, colocando questões ao nível de saber quem irá pagar as reformas não só dos atuais trabalhadores mas, também da dos nossos filhos. E, sem dúvida, a pior crise económica das últimas décadas agravou, e muito, estes problemas tornando-se um problema ao nível da UE e originou a inevitável discussão em torno de uma necessária alteração do sistema e da idade das reformas, assim como a possibilidade de se reformar mais cedo.

---

[3] Podem ver-se estes dados em *Europe's Demographic Future*, Comissão Europeia, 2007, e em "Affording old age", *in Social agenda*, nº 25, November 2010, pp. 15-17. Cf. ainda, ANDREA WINKELMANN--GLEED, "Retirement or committed to work? Conceptualising prolonged labour market participation through organizational commitement", *in Employee Relations*, vol. 34, nº 1, 2012, HELEN MEENAN, "The challenge of a European ageing population: problems, recent case-law and mainstreaming", 2011, ERA, disponível em www.era.int, e SIAN MOORE, STEPHEN WOOD e PAUL DAVIES "Research and Reports", *in Industrial Law Journal*, vol. 29, nº 4, 2000, pp. 403 e ss..

[4] Dados fornecidos pela AGE Plataform Europe.

[5] *Vide* ANN MARIE TRACEY, "Still crazy after all these years? The ADEA, the Roberts Court, and Reclaiming Age discrimination as Differential Treatment", *in American Business Law Journal*, vol. 46, nº 4, 2009, pp. 607-608.

[6] Segundo dados fornecidos no *site* www.pordata.pt, se em 1960 a taxa bruta de natalidade em Portugal era de 24,1%, em 2010 é de apenas 9,5% e, por outro lado, o índice de envelhecimento, isto é, o número de idosos – pessoas que normalmente já não trabalham e que têm mais de 65 anos –, por 100 jovens, se em 1960 era de 27,3%, em 2010 era de 118,9%, com tendência a aumentar. Cf. ainda, os dados fornecidos pelo Eurostat referentes a Março de 2011 e que referem uma percentagem de cerca de 25,6% de pessoas acima de 65 anos relativamente à população que trabalha o que significa que, em média, 100 pessoas em idade laboral, e que em termos europeus é compreendida entre 15 a 64 anos, suportam 26 pessoas com idade igual ou superior a 65 anos. Ver, também, *Labour Market Statistics*, Eurostat, 2011.

Por outro lado, atualmente, vários Estados Membros da UE encorajam a que os trabalhadores trabalhem mais e por mais tempo, tentando aumentar a idade da reforma e sancionando quem tentar retirar-se mais cedo do trabalho. Por outro lado, os próprios sistemas de reforma estão a alterar-se, estabelecendo sistemas automáticos de ajustamento nos sistemas de reforma[7] e adotando várias medidas nacionais de austeridade.

Assim, se a necessidade de trabalhar mais para alguns sempre foi necessário, atualmente reveste-se de crucial importância para todos ou quase todos e segundo a *Age Plataform Europe*, um número cada vez maior de idosos irá viver praticamente no limiar da pobreza, sendo que os trabalhadores mais velhos serão dos mais afetados pela crise financeira, tornando-se fundamental a adoção de políticas neutrais em relação à idade dos trabalhadores.

Atendendo a todas estas considerações é interessante referir que 2012 foi o Ano Europeu do Envelhecimento Ativo e da Solidariedade entre as Gerações, baseando-se no legado do Ano Europeu do Combate à Pobreza e à Exclusão Social de 2010 e do Ano Europeu das Atividades de Voluntariado.

A este respeito a Decisão nº 940/2011/UE de 14 de Setembro de 2011 instituiu vários objetivos a atingir com este Ano Europeu do Envelhecimento Ativo, atendendo a vários artigos, como os arts. 147º, nº 1 e 153º, nº 1 do TFUE, o art. 3º, nº 3 do TUE e o art. 25º da CDFUE, tendo sempre em atenção que a população da UE está a sofrer grandes mudanças demográficas e tentando garantir que "a população com perto de sessenta anos ou mais, em rápido crescimento, que, em geral, é mais saudável e mais instruída do que a de qualquer outro grupo etário precedente do mesmo tipo, tenha boas oportunidades de emprego e de participação ativa na vida social e familiar, nomeadamente através de atividades de voluntariado, da aprendizagem ao longo da vida, da expressão cultural e do desporto"[8].

A Organização Mundial de Saúde definiu o envelhecimento ativo como "o processo de otimizar as oportunidades de saúde, de participação na sociedade e de segurança a fim de melhorar a qualidade de vida à medida que as pessoas vão envelhecendo"[9]. Desta forma, este tipo de envelhecimento permite que as pessoas tentem realizar o seu potencial de bem-estar físico, mental e social ao longo da vida tentando participar na sociedade em todas as vertentes possíveis.

---

[7] *Vide* neste sentido "Main trends in European pension reforms", *in Social Agenda*, nº 25, November 2010, pp. 19-20.
[8] Considerando 8 da Decisão.
[9] Considerando 9 da Decisão.

A questão fundamental que se coloca perante esta ideia do envelhecimento ativo é o de como atingi-lo principalmente perante um cenário de crise financeiro como a atual.

Parece-nos que estamos perante um desafio pois, como a própria Decisão da Comissão estabelece no considerando nº 11, "a crescente proporção de pessoas mais velhas na Europa e o aumento das doenças crónicas tornam mais importantes do que nunca a promoção do envelhecimento saudável para todos e, em especial, para os mais velhos, apoiando a sua vitalidade e dignidade, nomeadamente garantindo o acesso a cuidados de saúde adequados e de alta qualidade, a cuidados de longa duração e a serviços sociais e desenvolvendo iniciativas que promovam a prevenção dos riscos para a saúde associados ao envelhecimento." Salientou, ainda, e esta parte parece-nos muito relevante para o problema da discriminação em razão da idade no contexto laboral, que a possibilidade de envelhecer de forma saudável "pode contribuir para que as pessoas mais velhas participem mais no mercado de trabalho, se mantenham ativas na sociedade durante mais tempo, melhorem a sua qualidade de vida individual e reduzam a pressão sobre os sistemas de saúde, de ação social e de pensões"[10].

Pode constatar-se, assim, que a defesa de direitos fundamentais das pessoas mais velhas vem no seguimento de necessidades económicas e financeiras dos Estados membros, o que não deve deixar de ser referido e vem, aliás, na esteira de toda a política adotada ao nível da UE relativamente à discriminação em razão da idade[11].

Na verdade, esta mudança de despectiva acerca da discriminação em razão da idade não está relacionada diretamente com uma maior preocupação pelos direitos de personalidade ou até a dignidade dos trabalhadores mais idosos. Ela está relacionada com os famosos objetivos da Agenda de Lisboa relacionados com as taxas de emprego da população em geral – de 70% – e dos trabalhadores mais idosos em particular – mais de 50% – entre 55-64 anos. Assim, trata-se de manter e conservar o máximo número de pessoas a trabalhar na tentativa de conseguir a eficácia económica e a luta contra os *deficits* públicos[12].

Aliás, o próprio TJUE mencionou esta ideia, ainda que não diretamente, num acórdão recente, o caso *Fuchs* e *Köhler*, processos apensos C-159/10 e C-160/10, de 21 de Julho de 2011, pois, embora tenha defendido que os Estados-Membros não podem esvaziar de conteúdo a proibição de discriminações com base na

---

[10] Sublinhado nosso.

[11] Cf. OLIVIA BONARDI, "Le discriminazioni basate sull'età", *in Il Nuovo Diritto Antidiscriminatorio – Il quadro comunitário e nazionale*, (coord. MARZIA BARBERA), Giuffrè Editore, Milão, 2007, pp. 126-127.

[12] Neste sentido veja-se CRISTINA SÁNCHEZ-RODAS NAVARRO, "La jubilación en el Derecho de la Unión Europea", *in La edad de jubilación*, (coord. José Luís MONEREO PÉREZ e JUAN ANTONIO MALDONADO MOLINA), Editorial Comares, Granada, 2011, pp. 168-169.

idade estabelecida na Diretiva 2000/78, devendo esta proibição ser lida à luz do direito de trabalhar reconhecido no artigo 15º, nº 1, da Carta dos Direitos Fundamentais da União Europeia, e ressaltando que "deve ser concedida uma atenção particular à participação dos trabalhadores idosos na vida profissional e, por isso mesmo, na vida económica, cultural e social. A manutenção destas pessoas na vida ativa favorece a diversidade no emprego, sendo esta última um objetivo reconhecido no vigésimo quinto considerando da Diretiva 2000/78", não deixou de salientar mais uma vez a vertente económica desta proteção pois pode ler-se que "esta manutenção contribui, por outro lado, para o desenvolvimento pessoal e para a qualidade de vida dos trabalhadores em causa, em conformidade com as preocupações do legislador da União enunciadas nos oitavo, nono e décimo primeiro considerandos desta diretiva" e é neste considerando 8 que se fala das orientações para as políticas de emprego em 2000 que visavam, entre outras medidas, aumentar a participação na vida ativa dos trabalhadores mais velhos mas tendo em atenção, entre outros motivos, uma diminuição dos custos associados às reformas antes da idade limite e ao aumento da esperança média de vida.

Concorda-se, assim, com JÚLIO GOMES[13] quando defende que a "súbita e crescente preocupação" com o futuro destes trabalhadores mais idosos está relacionada, sobretudo, com razões económicas e com as dificuldades de financiamento dos sistemas de segurança social. Assim, se até há pouco tempo se encorajava a pré-reforma voluntária, atualmente acontece o oposto pois, com a crise da segurança social, o trabalhador é penalizado se tentar retirar-se antes e tenta-se adiar cada vez mais a idade da reforma.

E a pergunta que se pode colocar, tal como JÚLIO GOMES[14], referindo HELEN DESMOND, é se esta nova preocupação por este tipo de trabalhadores mais velhos assenta num verdadeiro respeito pelo direito a não ser discriminado ou não quererá antes "construir um exército de reservistas de trabalho a ser mobilizado ou suprimido ao sabor das conveniências políticas e económicas"[15].

---

[13] *Direito do Trabalho, Volume I, Relações Individuais de Trabalho*, Coimbra Editora, Coimbra, 2007, p. 404.

[14] *Direito do Trabalho...*, cit., pp. 404-405.

[15] Não podemos deixar aqui de referir um acórdão da *Cour de Cassation* de 29 de Junho de 2011, onde o Tribunal decidiu que quando um trabalhador n altura da contratação já ultrapassou a idade da reforma – no caso 65 anos e desde Janeiro de 2010 a idade é de 70 anos –, o empregador não pode fazer terminar o contrato com base no facto de já ter idade para se reformar. Assim, segundo o art. L. 1237-5 do *Code du Travail*, a sua idade não pode constituir um motivo que permita ao empregador cessar o contrato de trabalho. Pode ler-se na decisão que "admitir uma tal possibilidade de cessar o contrato com base na reforma teria como consequência fornecer ao empregador a faculdade de se separar da sua trabalhadora a todo o momento e conforme a sua vontade, o

Parece-nos ainda, no seguimento do defendido no *Livro Branco – Uma agenda para pensões adequadas, seguras e sustentáveis*[16], que estas perspetivas foram ainda agravadas pela atual crise financeira e económica que se concretiza no fraco crescimento económico, em elevados níveis de endividamento, em défices orçamentais e a instabilidade financeira, assim como num baixo nível de emprego.

2. O que é a idade e qual a sua relação com a discriminação em razão desta?

2.1. Diferenciar as pessoas em razão da idade constitui uma prática relativamente frequente no seio da UE. Estas distinções podem ocorrer por cumprimento de objetivos socioeconómicos fundando-se em considerações racionais ou até por imperativos legais, como, *inter alia*, o estabelecimento da idade mínima para trabalhar ou para tirar a carta de condução[17]. Mas, muitas vezes, as diferenças de tratamento de certas pessoas ou de certos grupos de pessoas em razão da idade ocorrem devido a preconceitos generalizados ou estereótipos superficiais que podem atingir quer os jovens quer as pessoas mais idosas.

E estes preconceitos ou estereótipos têm um impacto fortemente negativo no contexto laboral, quer na fase de acesso e formação do contrato de trabalho, quer na fase de execução ou de cessação do mesmo. O acesso ao emprego é necessário quer para os jovens, quer para as pessoas mais velhas, se se pretende que cada um possa realizar-se através do trabalho e participar ativamente na sociedade. E este princípio encontra-se reconhecido em numerosos instrumentos de Direito Internacional onde se reconhece a importância central do direito ao trabalho, como é o caso do art. 26º do PIDCP, os arts. 6º, 7º, 11º, 12º e 13º do PIDESC, assim como a própria Convenção nº 111 da OIT sobre a discriminação no emprego e no trabalho. Também ao nível da UE vários instrumentos defendem o mesmo[18].

Desde a Agenda de Lisboa que se defende que assegurar uma diversidade de idades ao nível da mão-de-obra traduz importantes vantagens do ponto de vista socioeconómico permitindo, ainda, uma maior participação no mercado de trabalho e lutar contra a exclusão social.

---

que é contrário à execução da boa fé no contrato de trabalho". Bem esteve quanto a nós o Tribunal quando decidiu desta forma.

[16] Cit., p. 3.

[17] Neste sentido veja-se, *inter alia*, F. CARINCI e A. PIZZOFERRATO, *Diritto del Lavoro dell' Unione Europea*, UTET Giuridica, Torino, 2010, p. 425,que defendem ser "facilmente compreensível" este tipo de diferenciação em determinadas situações dando como exemplo caso da proibição de trabalho infantil.

[18] *Vide La discrimination fondée sur l'âge*, UE, 2005, p. 11. Cf, ainda, *European handbook on equality data*, European Comission, 2006, p. 18.

Também ao nível do próprio TFUE se estabelece a proibição da discriminação em razão da idade no art. 19º, assim como no art. 21º da CDFUE, devendo ver-se, ainda, o art. 25º, relativamente aos direitos das pessoas idosas, onde se pode ler que "A União reconhece e respeita o direito das pessoas idosas a uma existência condigna e independente e à sua participação na vida social e cultural".

De fundamental importância, ainda, no combate à discriminação em razão da idade é a Diretiva 2000/78/CE, de 27 de Novembro de 2000, que estabelece um quadro geral de igualdade de tratamento no emprego e na atividade profissional e que proíbe a discriminação em razão da idade como princípio geral embora depois admita uma série de exceções que podem, se interpretadas de forma extensa, esvaziar de conteúdo a proteção assegurada, nomeadamente aceitando a possibilidade de uma discriminação direta contrariamente ao que acontece relativamente aos outros tipos de discriminação proibida[19] [20].

No nosso ordenamento jurídico reveste particular relevo os artigos 23º a 29º, do Código do Trabalho que transpõem esta Diretiva. De crucial importância é o art. 24º, referente ao direito à igualdade no acesso a emprego e no trabalho e que estabelece no nº 1 que: "O trabalhador ou candidato a emprego tem direito a igualdade de oportunidades e de tratamento no que se refere ao acesso ao emprego, à formação e promoção ou carreira profissionais e às condições de trabalho, não podendo ser privilegiado, beneficiado, prejudicado, privado de qualquer direito ou isento de qualquer dever em razão, nomeadamente, de [...] idade,", assim como o art. 25º, relativo à proibição de discriminação e que nos números 2 e 3 estabelece algumas exceções a esta proibição com importância para a análise da discriminação em razão da idade.

2.2. Na Diretiva 2000/78/CE, os considerandos 8 e 25, assim como os artigos 2º e 6º, fazem alusão direta à idade mas sem a definirem. Aliás não se encontra qualquer referência à noção de idade no Direito da UE e as leis nacionais também não são mais concretas[21].

E esta questão é de fundamental importância para compreender a evolução do entendimento deste tipo de discriminação e mesmo a jurisprudência do

---

[19] Como se pode ler no Documento da Comissão Europeia, *Age and Employment*, 2011, p. 5, o quadro legislativo da discriminação em razão da idade é único na legislação anti-discriminatória na medida em que admite um largo leque de exceções à proibição quando comprado com os outros casos de discriminação proibida.

[20] Para mais desenvolvimentos veja-se o 5th Annual Legal Seminar, European Labour Law Network, *Labour Law in a Greying Labour Market – Challenges of Active Ageing – Seminar Report*, 2012.

[21] Reafirmando esta inexistência cf., entre outros, *European handbook...*, cit., p. 38, e *How to Present a Discrimination Claim: Handbook on seeking remedies under the EU Non-discrimination Directives*, European Commission, 2011, p. 23.

TJUE sobre esta matéria, sabendo que existem duas possibilidades: ou a legislação apenas estabelece que protege de forma genérica a idade, como acontece no direito da UE, ou menciona uma idade específica como acontece no ordenamento jurídico norte-americano que desde 1967 tem legislação específica a proteger contra a discriminação em razão da idade, a *Age Discrimination in Employment Act* e que estabeleceu uma idade específica – 40 anos[22].

E se a definição da idade parece evidente: é o marco biológico da passagem do tempo desde o nascimento até à morte, o facto de muitas vezes ser confundida com o envelhecimento torna a situação muito mais complexa pois o processo de envelhecimento é muito mais complicado[23]. E esta confusão que é realizada parece-nos justificar a existência de discriminação em razão da idade, assim como o surgimento de preconceitos e de estereótipos e a necessidade de estabelecer a sua proibição de forma geral, embora se compreenda que existam exceções.

Aliás, do ponto de vista médico, social ou mesmo político a aproximação que se defende é através de critérios neutros em relação à idade mas a questão que se revela fundamental na atualidade é se a turbulência económica que estamos a atravessar não irá mudar a situação[24].

2.3. O estabelecimento de limites etários e de reduções baseados na idade tem sido aceite ao longo dos anos como uma ferramenta racional no emprego[25]

---

[22] Sobre esta legislação defendendo a possibilidade de utilizar a inúmera jurisprudência existente para auxiliar o TJUE nesta matéria, veja-se GREGOR THÜSING, "Following the U.S. Example: european Employment Discrimination Law and the Impact of Council Directives 2000/43/EC and 2000/78/EC", *in The International Journal of Comparative Labour Law and Industrial Relations*, vol. 19, nº 2, Summer 2003, pp. 187-188. Cf., ainda, sobre alguns problemas relativos à aplicação desta lei, *inter alia*, DOREENA ENGLEMAN e BRIAN KLEINER, "Age discrimination in the workplace", *in Equality, Diversity and Inclusion: An International Journal*, vol. 17, nºs 3-5, 1998, pp. 3 e ss., JESSICA ROTHENBERG e DANIEL GARDNER, "Protecting Older Workers: The Failure of the Age Discrimination in Employment Act of 1967", *in Journal of Sociology Social Welfare*, vol. XXXVIII, nº 1, 2011, pp. 9 e ss., MICHAEL SCHUSTER e CHRISTOPHER MILLER, "An Empirical Assessment of the Age Discrimination in Employment Act", *in Industrial and Labor Relations Review*, vol. 38, nº 1, 1984, pp. 64 e ss., ROBERT B. GILLAN, "Special problems of age-based discrimination", *in Comparative Labor Law*, nº 1, 1976, pp. 123 e ss., e SCOTT ADAMS, "Age discrimination legislation and the employment of older workers", *in Labour Economics*, nº 11, 2004, pp. 219 e ss.,

[23] Neste sentido MARIE MERCAT-BRUNS, "Age discrimination in the context of Europe's aging population", *in Current reflections on the EU Equality Law and Non-Discrimination Law*, ERA, 19 de Setembro de 2011 e que se encontra disponível no *site da ERA*.

[24] Neste sentido COLM O'CINNEIDE, "The principle of non discrimination on the grounds of age", 2009, ERA, disponível em www.era.int.

[25] Pode ver-se no acórdão *Hennigs*, do TJUE de 8 de Setembro de 2011, processo C-297/10 e C-298/10, no parágrafo 71, que o critério da idade adotado para fixar a remuneração de base na

mas, conforme já se referiu anteriormente, a idade, quer dos mais velhos, quer dos mais novos, é frequentemente sujeita ao estabelecimento de estereótipos relativamente, *inter alia*, à produtividade, à habilidade e à lealdade. Assim, relativamente aos jovens supõe-se que muitas vezes ainda não têm a maturidade necessária[26] e que às pessoas mais idosas falta-lhes muitas vezes a motivação e a capacidade de assimilar novas ideias e são menos flexíveis, menos dinâmicas, sem condições físicas para trabalhar ou que não conseguem produzir novas ideias[27].

Mas estas suposições estão, muitas vezes, afastadas da verdade, apoiando-se em estereótipos enganadores e injustos que não refletem a verdadeira diversidade das pessoas inseridas em determinados grupos etários. As pessoas gozam de uma enorme heterogeneidade entre elas e já em 1948 J.H. Sheldon[28] tinha referido que as pessoas idosas não constituíam um grupo homogéneo.

Assim, há que ter em atenção que há diversos significados para a palavra idade que não apenas o cronológico, e que é o mais utilizado e que, quanto a nós, é o que é entendido para efeitos da Diretiva 2000/78/CE, embora não haja qualquer alusão direta a esta. Podemos encontrar, por exemplo, a idade sociológica ou a idade fisiológica e talvez esta refletisse mais que a idade e o envelhecimento são heterogéneos e individualizados, sendo talvez um critério mais humano e correto do que o cronológico[29] que, de certa forma, mascara a heterogeneidade

---

altura do recrutamento, "é apenas a forma mais cómoda de constituir categorias de agentes tendo em conta, de forma global, a sua experiência profissional".

[26] Ver o caso *Kücükdeveci*, processo nº C-555/07, de 19 de Janeiro de 2010, onde se tratava de aferir se uma legislação alemã relativa ao despedimento e que não tinha em conta, no cálculo do prazo de aviso prévio, o trabalho prestado pelo trabalhador antes dos 25 anos de idade, e onde se pode ler, parágrafo 35, que segundo o órgão jurisdicional de reenvio, que a justificação desta medida do § 622, nº 2, segundo parágrafo do BGB, retratava a conceção do legislador de que "os trabalhadores mais novos reagem, na generalidade, mais facilmente e mais rapidamente à perda de emprego e de que lhes pode ser exigida uma maior flexibilidade. Por último, um prazo de aviso prévio mais curto para os jovens trabalhadores facilita a sua contratação, aumentando a flexibilidade na gestão do pessoal".

[27] Ver o caso *Byrne vs. FAS*, de 2002 na Irlanda sobre uma trabalhadora de 48 anos a quem tinha sido recusada um posto de trabalho após um período de formação por considerarem que os "os estudantes mais idosos eram menos sucedidos no desenho técnico e por terem mais conflitos devido a compromissos familiares". Cf. Madeleine Reid, "Age discrimination in employment: issues arising in practice", 2004, e Geraldine Hynes, "Age discrimination: the Framework Employment Directive (Council Directive 2000/78/EC); Irish Legislation and Irish Case Law, 2003, disponível em www.era.int. Ver, ainda, Júlio Gomes, *Direito do Trabalho...*, cit., p. 401.

[28] *Apud* Helen Meenan, "Reflecting on age Discrimination in 2007 – the Search for Clarity and Food for Thought...", 2007, ERA, *in* www.era.int.

[29] Neste sentido Helen Meenan, última *op.* cit., p. 4, assim como Bernhard Schmidt, "Perception of age, expectations of retirement and continuing education of older workers", *in Working and...*, cit., pp. 214-215.

dos trabalhadores mais idosos escondendo a individualidade de cada um por trás de uma idade, isto é, de um número. Parece-nos que a própria capacidade para trabalhar nos trabalhadores mais velhos não é só determinada pela idade, nem mesmo apenas pelas condições físicas e mentais, mas também pelas convicções pessoais das suas próprias capacidades[30].

Por outro lado, há diferentes causas de envelhecimento não só endógenas relacionadas com várias teorias médicas, mas também condições exógenas que dependem de pessoa para pessoa, do tipo de atividade que executam e mesmo do tipo de vida que levam.

Ora, estas diferenças de tratamento que podem ocorrer com base na idade violam o direito fundamental à dignidade humana na medida em que as pessoas vêem-lhes ser recusada a igualdade de tratamento com base em meros preconceitos, impedindo que as pessoas de uma certa idade participem plenamente no mercado de trabalho.

Na verdade, embora existam fatores endógenos e exógenos relacionados com o envelhecimento não se pode afirmar que haja um efeito automático da idade. Esta é um critério que pode trazer mais degradação das capacidades físicas e mentais das pessoas mas não há uma correlação direta e necessária com o envelhecimento.

Por outro lado, não podemos deixar de ter em atenção que relativamente à discriminação em razão da idade estes estereótipos falsos muitas vezes originam situações de assédio que degradam e humilham a pessoa em causa e que incluem ridicularizar diretamente os trabalhadores mais velhos ou chamando-lhes incompetentes, inacessíveis ou sem dinamismo, atribuindo-lhes trabalhos mais pesados ou comentando reiteradamente que eles deveriam dar lugar aos trabalhadores mais jovens.

Assim, por exemplo, na Irlanda, no caso *A Named Female Complainant vs a Company*, processo DEC-E2002-014, o tribunal entendeu que uma trabalhadora jovem recém contratada para trabalhar numa pequena empresa tinha sido assediada com base na sua idade, pois tinha sido sistematicamente humilhada perante os outros colegas por um superior hierárquico mais velho que não conseguia aceitar o trabalho que ela desempenhava. Este superior era constantemente agressivo e hostil para com ela, recusava trabalhar com ela e retirava-lhe todas as responsabilidades referindo-se frequentemente a ela como uma "apenas uma jovem e oca rapariga".

Nos EUA, no caso *Clancy vs. Preston Trucking Company*, considerou-se que existia assédio contra uma trabalhadora de 55 anos que trabalhava há 21 anos na empresa e que foi substituída por uma trabalhadora de 28 anos. O seu super-

---

[30] *Vide*, defendendo o mesmo, BERNHARD SCHMIDT, *op*. cit., p. 210.

visor, segundo a trabalhadora, tinha realizado uma espécie de *campanha* para que ela resolvesse cessar o contrato de trabalho, desde ter mudado o seu turno para a noite sem o seu consentimento, ou ter dito aos seus colegas de trabalho que pretendia "sangue novo", que ela era "mais velha que o lixo", ou que "ela estava na empresa desde Cristo", e que "ele iria fazer tudo para se livrar dela" e que pretendia "alguém mais novo e vibrante"[31].

2.4. Por outro lado, a idade também pode ser vista como um critério objetivo, como uma espécie de critério de substituição para indicar alguma situação ou acesso a determinado bem ou política de emprego relacionada com a antiguidade ou até a reforma, por exemplo[32] ou uma determinada experiência que quer ver-se recompensada.

2.5. A legislação da UE não faz qualquer alusão a uma idade concreta, contrariamente ao que acontece no ordenamento jurídico norte-americano. A Diretiva 2000/78/CE não define a idade e, por isso, o seu âmbito de aplicação não se limita apenas às pessoas de uma certa idade. Assim, aplica-se a qualquer idade e qualquer trabalhador seja ele novo ou mais velho goza do direito à igualdade e à proibição da discriminação em relação à idade já que não só os trabalhadores mais velhos necessitam de proteção mas também os mais jovens, embora concordemos com JÚLIO GOMES[33] quando entende que a dimensão mais inquietante da discriminação em razão da idade é atualmente a discriminação contra os trabalhadores mais idosos, bastando ter em atenção o considerando 8 da Diretiva[34], e os arts. 3º, nº 3 do TUE e 153º, nº 1 do TFUE.

Assim, ao nível do TJUE qualquer referência à idade será analisada, já que esta é em si mesma neutra, assim como a referência a uma idade individual ou a um grupo específico.

Por exemplo, na jurisprudência do TJUE temos o caso *Petersen*, C-341/08, de 12 de Janeiro de 2010, relativo a trabalhadores mais velhos e onde o Tribunal decidiu que "O artigo 2º, nº 5, da Diretiva 2000/78/CE do Conselho, de 27 de

---

[31] Ver MADELEINE REID, *op.* cit., pp. 13-14. Cf, ainda, os numerosos casos referidos por DOREENA ENGLEMAN e BRIAN KLEINER, *op.* cit., pp. 3 e ss.

[32] Em relação à idade da reforma e às condições para a mesma ver *infra* número 6.

[33] *Op.* cit., p. 400.

[34] "As Orientações para as Políticas de Emprego em 2000, aprovadas pelo Conselho Europeu de Helsínquia, de 10 e 11 de Dezembro de 1999, sublinham a necessidade de promover um mercado de trabalho favorável à inserção social, através da definição de um conjunto coerente de políticas destinadas a combater a discriminação de determinados grupos, como as pessoas deficientes, e realçam igualmente a necessidade de prestar especial atenção ao apoio aos trabalhadores mais velhos, para aumentar a sua participação na vida ativa".

Novembro de 2000, que estabelece um quadro geral de igualdade de tratamento no emprego e na atividade profissional, deve ser interpretado no sentido de que se opõe a uma medida nacional, como a que está em causa no processo principal, que fixa um limite de idade máximo para o exercício da profissão de dentista convencionado, concretamente, 68 anos, quando essa medida tenha como único objetivo proteger a saúde dos pacientes contra a diminuição do desempenho destes dentistas depois dessa idade, se o mesmo limite de idade não for aplicável aos dentistas não convencionados", e temos o caso *Hütter*, processo C-88/08, de 18 de Junho de 2009, relativo a trabalhadores mais novos, onde se decidiu que "Os artigos 1º, 2º e 6º da Diretiva 2000/78/CE do Conselho, de 27 de Novembro de 2000, que estabelece um quadro geral de igualdade de tratamento no emprego e na atividade profissional, devem ser interpretados no sentido de que se opõem a uma legislação nacional que, para efeitos de não desfavorecer o ensino geral em relação à formação profissional e de promover a inserção dos jovens aprendizes no mercado de trabalho, exclui a tomada em consideração de períodos de emprego completados antes dos 18 anos de idade para efeitos da determinação do escalão em que são colocados os agentes contratuais da função pública de um Estado-Membro".

Ainda em relação a estes trabalhadores mais novos temos o caso Kücükdeveci, onde se decidiu que "o direito da União, mais concretamente o princípio da não discriminação em razão da idade, como concretizado pela Diretiva 2000/78/CE do Conselho, de 27 de Novembro de 2000, que estabelece um quadro geral de igualdade de tratamento no emprego e na atividade profissional, deve ser interpretado no sentido de que se opõe a uma legislação nacional, como a que está em causa no processo principal, que prevê que o tempo de trabalho prestado por um trabalhador antes dos 25 anos de idade não é tido em conta no cálculo do prazo de aviso prévio, em caso de despedimento".

Por outro lado, pode ainda ser compreendida dentro do conceito de idade uma diferença de idade entre o marido falecido e a viúva em relação à eventual pensão de reforma, tal como no caso *Bartsch*, processo C-427/08, de 23 de Setembro de 2008, onde se colocava a questão da possibilidade de um regime profissional que excluía o direito à pensão de reforma do cônjuge sobrevivo que fosse mais de quinze anos mais novo do que o trabalhador falecido". Neste caso porém o Tribunal entendeu que o comportamento eventualmente discriminatório não tinha ligação com o direito comunitário pois ainda não tinha ocorrido o termo do prazo fixado ao Estado-membro para a transposição da diretiva em causa[35].

---

[35] Conforme se pode ler no sumário: "O direito comunitário não contém uma proibição de toda e qualquer discriminação em razão da idade, cuja aplicação deve ser garantida pelos órgãos juris-

3. A natureza original da discriminação em razão da idade

3.1. A aceitação da idade como um critério a atender na defesa da igualdade e na luta contra a discriminação não tem sido fácil, na medida em que a idade não é um motivo como qualquer dos outros relacionados com a discriminação como é o caso da raça ou do sexo pois estes motivos formam características inerentes e geralmente não alteráveis de uma pessoa e, por isso, uma eventual discriminação traz prejuízos a um grupo de pessoas bem definido.

Mas com a idade isso não acontece. Em primeiro lugar porque a idade de uma pessoa altera-se com o passar do tempo o que significa que ela poderá ser submetida a diferentes preconceitos e estereótipos ao longo do tempo. Na verdade, não existem características fixas que definam um determinado grupo de idade contrariamente ao que acontece com outros motivos previstos na Diretiva, o que pode dificultar a comparação de tratamento entre as pessoas[36].

Por outro lado, uma determinada idade é relativa. Uma pessoa de 45 anos, por exemplo, é jovem quando comparada com uma de 80, mas velha quando comparada com uma criança de 8 anos. Assim, nem sempre é fácil de identificar uma discriminação fundada na idade pois diferentes grupos podem sofrer este tipo de discriminação com base em vários critérios, colocando-se ainda o problema do grupo nem sempre estar claramente definido pois qual será o grupo ou as pessoas a comparar[37]?

Por outro lado, esta discriminação é por vezes muito pouco visível pois é fácil mascará-la noutros critérios[38].

A discriminação em razão da idade não deixa de apresentar características peculiares, com um carácter de heterogeneidade relativamente aos outros critérios previstos, introduzidos no panorama da legislação anti-discriminatória após a Diretiva 2000/78/CE, e agora no art. 21º da CDFUE, e que tem vindo a ser clarificada, em grande parte, pela jurisprudência do TJUE.

Atendendo a esta natureza original vários autores italianos referem-se a este tipo de discriminação como a *Cinderela* da discriminação colocando a questão de

---

dicionais dos Estados-Membros quando o comportamento eventualmente discriminatório não tenha ligação com o direito comunitário. Tal ligação não é criada pelo artigo 13.° CE nem, em circunstâncias como as do processo principal, pela Diretiva 2000/78/CE do Conselho, de 27 de Novembro de 2000, que estabelece um quadro geral de igualdade de tratamento no emprego e na atividade profissional, antes do termo do prazo fixado ao Estado-Membro em causa para a sua transposição".

[36] Como escreve O. Bonardi, *apud* Flavia Schiavetti, "Limiti e derogue al divieto di discriminazione per età", *in RGLPS*, nº 4, 2010, p. 663, nota nº 7, a diferença de tratamento em razão da idade pode ser um aspeto problemático pois "não se define um grupo fixo e bem definido".

[37] Ver Susanne Burri, "L'interdiction de la discrimination fondée sur l'âge", 2008, ERA, disponível em www.era.int.

[38] Neste sentido Júlio Gomes, *Direito do Trabalho*..., cit., p. 405.

saber se efetivamente já encontrou e calçou o sapato de cristal ou não. Quanto a nós parece-nos que sim embora seja um sapatinho um pouco apertado e não muito confortável[39].

Assim, a discriminação em razão da idade coloca uma espécie de paradoxo que atravessa toda a jurisprudência comunitária sobre esta matéria, levando ser considerada como "uma jurisprudência que ainda não atingiu a maturidade" ou que adota "a política dos pequenos passos"[40].

Desde logo porque o critério de idade pode servir para defender a manutenção do trabalho dos mais velhos mas, simultaneamente favorecer a contratação dos mais novos. Levado ao extremo ele pode praticamente ser utilizado em todos os casos pois todas as pessoas têm uma idade que pode ser comparada com pessoas mais novas ou mais velhas.

3.2. Na própria Diretiva temos a consagração geral da proibição da discriminação em razão da idade à semelhança dos outros critérios, bastando ver os arts. 1º e 2º, nº 1 que estabelecem respetivamente que: "A presente diretiva tem por objeto estabelecer um quadro geral para lutar contra a discriminação em razão da religião ou das convicções, de uma deficiência, da idade ou da orientação sexual, no que se refere ao emprego e à atividade profissional, com vista a pôr em prática nos Estados-Membros o princípio da igualdade de tratamento" e "Para efeitos da presente diretiva, entende-se por «princípio da igualdade de tratamento» a ausência de qualquer discriminação, direta ou indireta, por qualquer dos motivos referidos no artigo 1º".

3.3. Mas, por outro lado, há exceções consagradas na própria lei que limitam a possibilidade da existência de discriminação em razão da idade na medida em que, por vezes as distinções fundadas na idade podem ter origem em considerações racionais que não são incompatíveis com o reconhecimento da dignidade da pessoa humana e que se baseiam em objetivos económicos e sociais válidos

---

[39] Veja-se, *inter alia*, FABRIZIO AMATO, "Discriminazione per età: *Cenerentola* troverà la sua scarpetta?", *in* WPC.S.D.L.E. "Massimo d'Antona", MARIA VITTORIA BALLESTRERO, "Pensionati recalcitranti e discrinazione fondata sull'età", *in Lavoro e Diritto*, nº 1, 2011, p. 142, OLIVIA BONARDI, *Da cavallo di Troia a leva di Archimede. Previdenza complementare e diritto antidiscriminatorio in Europa*", *in* WPC.S.D.L.E. "Massimo d'Antona", 83/2010, pp. 34-35, STEFANIA SCARPONI, "Discriminazione per età, ricambio generazionale, discrimanazione di genere nei recenti orientamenti della Corte di Giustizia EU", *in RGLPS*, nº 2, 2011, p. 544, VERONICA PAPA, "Il fattore *new-comer* di discriminazione e il suo contemperamento con le politiche sociali nazionali. A propósito di tre recenti sentenze della Corte di giustizia", WPC.S.D.L.E. "Massimo d'Antona", 85/2010, pp. 2-3.

[40] Veja-se FRANCIS MEYER, "La discrimination en fonction de l'âge en droit communautaire: aperçu de la jurisprudence recente de la Cour de justice de l'Union européenne", *in DO*, nº 754, 2011, p. 350.

e que são concebidos para proteger determinados grupos particulares, permitindo uma discriminação direta.

Assim, o art. 4º, nº 1 da Diretiva permite uma diferença de tratamento legítima pois estabelece que "Sem prejuízo do disposto nos nºs 1 e 2 do artigo 2º, os Estados-Membros podem prever que uma diferença de tratamento baseada numa característica relacionada com qualquer dos motivos de discriminação referidos no artigo 1º não constituirá discriminação sempre que, em virtude da natureza da atividade profissional em causa ou do contexto da sua execução, essa característica constitua um requisito essencial e determinante para o exercício dessa atividade, na condição de o objetivo ser legítimo e o requisito proporcional"[41].

O art. 25º, nº 2, do CT corresponde a este artigo 4º pois estabelece que: "Não constitui discriminação o comportamento baseado em fator de discriminação que constitua um requisito justificável e determinante para o exercício da atividade profissional, em virtude da natureza da atividade em causa ou do contexto da sua execução, devendo o objetivo ser legítimo e o requisito proporcional"[42], preferindo o termo *essencial* da Diretiva ao termo *justificável* do Código do Trabalho pois parece-nos que essencial é mais restrito do que justificável e chama a atenção para o facto de que estas exceções devem ser entendidas num sentido muito restrito, aliás tal como o 23º considerando da Diretiva precisa ao estipular que uma diferença de tratamento só pode ser justificada em "circunstâncias muito limitadas" e sempre que uma característica relacionada, nomeadamente, com a idade, constitua uma requisito essencial e determinante[43].

Contudo, parece-nos que a utilização da idade como um pré-juízo para aferir certas características tais como a incapacidade, ou a falta de maturidade ou a falta de saúde não pode ser utilizada nem autorizada como critério geral, na medida em que a idade não parece representar um indicador suficientemente preciso destas características para que possamos utilizá-la como um substituto de uma real requisito essencial e determinante. A utilização de estereótipos que assimilam automaticamente o facto de se ser mais idoso a uma diminuição de uma eficácia profissional não pode ser aceite de forma genérica[44].

---

[41] É importante ter em atenção que este artigo se aplica a qualquer dos critérios previstos no art. 1º, ainda que em termos jurisprudenciais só se tenham colocado casos relacionados com a idade.

[42] Sublinhado nosso.

[43] Veja-se a decisão muito recente do TJUE, *Prigge*, processo C-447/09, de 13 de Setembro de 2011, parágrafo 71.

[44] Por exemplo, no Canadá, no caso *O'Brien vs. Ontario Hydro*, de 1981, em que um homem de 40 anos tinha sido recusado para uma formação apenas baseado na idade mais *avançada*, o Tribunal entendeu que tinha sido uma discriminação em razão da idade. Cf. *La discrimination fondée...*, cit., p. 38.

Defende-se, assim, que esta possibilidade está relacionada com aquelas situações em que a idade será um pressuposto profissional essencial e decisivo para a contratação ou para a manutenção do contrato e que, também nos EUA, são excluídas do âmbito da *Age Discrimination in Employment Act*, dando como exemplos os bombeiros, os polícias, os pilotos de aviação, os motoristas de autocarros, de comboios, ou seja, as atividades em que a boa preparação física e a capacidade física são essenciais e em que a idade constitui um indicador da capacidade potencial dos trabalhadores[45].

O TJUE já tece ocasião de interpretar este preceito da Diretiva em dois casos e analisar o que deve entender-se por característica que "constitua um requisito essencial e determinante para o exercício dessa atividade, na condição de o objetivo ser legítimo e o requisito proporcional".

No primeiro, o caso *Wolf*, processo C-229/08, de 12 de Janeiro de 2010, colocava-se a questão de saber se seria uma discriminação em razão da idade proibida a existência de uma disposição nacional que fixava a idade máxima de recrutamento de funcionários no âmbito do emprego de bombeiros em 30 anos, já que o Sr. *Colin Wolf* tinha visto ser recusada a sua candidatura em virtude de ter ultrapassado o limite de 30 anos. E o tribunal, após notar que a fixação desta idade tinha por objetivo assegurar o carácter operacional e o bom funcionamento do corpo dos bombeiros profissionais, na medida em que o serviço técnico intermédio requeria, para determinadas intervenções, capacidades físicas excecionalmente elevadas que só podiam ser preenchidas por funcionários mais jovens, decidiu que "não é o motivo em que se baseia a diferença de tratamento mas uma característica relacionada com esse motivo que deve constituir uma exigência essencial e determinante"[46] e que, por isso, "a preocupação de assegurar o carácter operacional e o bom funcionamento do serviço dos bombeiros profissionais <u>constitui um objetivo legítimo</u>[47] na aceção do art. 4º, nº 1, da diretiva"[48].

Por outro lado, atendendo ao facto de os membros do serviço técnico intermédio dos bombeiros executarem tarefas atribuídas aos bombeiros profissionais no terreno e que são caracterizadas pela sua natureza física, nomeadamente pelo facto de participarem no combate aos incêndios, no socorro às pessoas, nas tarefas ligadas à proteção do ambiente, entre várias outras, decidiu que "o facto de se possuir capacidades físicas especialmente significativas pode ser conside-

---

[45] Neste sentido Júlio Gomes, *Direito do Trabalho...*, cit., pp. 406-407.
[46] Parágrafo 35, repetido no parágrafo 66 do ac. *Prigge*.
[47] Sublinhado nosso.
[48] Parágrafo 39.

rado um <u>requisito essencial e determinante</u>[49], na aceção do art. 4º, nº 1, da diretiva, para o exercício da profissão de bombeiro do serviço técnico intermédio"[50].

O Tribunal face aos dados científicos apresentados pelo Governo alemão que resultavam de estudos feitos no âmbito da medicina no trabalho e do desporto, dos quais resultava que as capacidades respiratórias, a musculatura e a resistência diminuíam com a idade, e que algumas das tarefas confiadas aos membros do serviço técnico intermédio dos bombeiros, como a luta contra os incêndios ou o socorro às pessoas requeriam capacidades físicas excecionalmente elevadas e só podiam ser exercidas por funcionários jovens, decidiu que "a necessidade de dispor da plena capacidade física para exercer a profissão de bombeiro do serviço técnico intermédio está associada à idade dos membros desse serviço"[51].

A questão que se afigurava fundamental depois era a de saber se a legislação em causa que fixava o limite de 30 anos era proporcional para atingir o objetivo prosseguido e se não ia além do necessário para o atingir.

Quanto à resposta há que atender ao considerando 18 da diretiva que estabelece que "A presente diretiva não poderá ter por efeito, designadamente, que as forças armadas, os serviços de polícia, prisionais ou de socorro sejam obrigados a recrutar ou a manter no seu posto de trabalho pessoas sem as capacidades necessárias para o exercício de todas as funções que possam ter de exercer, no âmbito do objetivo legítimo de manter a operacionalidade dos respetivos serviços".

Por outro lado, o Tribunal entendeu no parágrafo 43 que "as tarefas de combate aos incêndios e de socorro às pessoas, que incumbem ao serviço técnico intermédio dos bombeiros, só podem ser realizadas pelos funcionários mais jovens. Os funcionários com idades superiores a 45 ou 50 anos executam as outras tarefas. Com vista a assegurar o funcionamento eficaz do serviço técnico intermédio dos bombeiros, pode ser considerado necessário que os funcionários desse serviço sejam, na sua maioria, capazes de realizar as tarefas exigentes no plano físico e que tenham, por isso, menos de 45 ou de 50 anos. Além disso, a afetação dos funcionários que ultrapassaram os 45 ou 50 anos de idade a tarefas menos exigentes no plano físico obriga a que estes sejam substituídos por funcionários jovens. Ora, a idade em que o funcionário é recrutado determina o tempo durante o qual será capaz de realizar as tarefas exigentes no plano físico. O funcionário recrutado antes dos 30 anos de idade, tendo em conta que deverá seguir uma formação com a duração de dois anos, poderá ser afetado a essas tarefas durante, no mínimo, 15 a 20 anos. Pelo contrário, se for recrutado aos 40 anos de idade,

[49] Sublinhado nosso.
[50] Parágrafo 40.
[51] Parágrafo 41.

essa duração será, no máximo, de 5 a 10 anos. Um recrutamento numa idade avançada teria por consequência que um número demasiado elevado de funcionários não poderia ser afetado às tarefas mais exigentes no plano físico. De igual modo, esse recrutamento não permitiria que os funcionários assim recrutados fossem afetados às referidas tarefas durante um período suficientemente longo. Por último, como o Governo alemão alega, a organização razoável do corpo dos bombeiros profissionais requer, para o serviço técnico intermédio, uma correlação entre os postos fisicamente exigentes e não adaptados aos funcionários mais velhos e os postos menos exigentes fisicamente e adaptados a esses funcionários".

E, por isso, decidiu que "o artigo 4º, nº 1, da Diretiva 2000/78/CE do Conselho, de 27 de Novembro de 2000, que estabelece um quadro geral de igualdade de tratamento no emprego e na atividade profissional, deve ser interpretado no sentido de que não se opõe a uma legislação nacional, como a que está em causa no processo principal, que fixa em 30 anos a idade máxima para o recrutamento no âmbito de emprego do serviço técnico intermédio dos bombeiros".

Contudo, numa decisão mais recente, *Prigge*, processo C-447/09, de 13 de Setembro de 2011, o TJUE teve ocasião de decidir sobre a interpretação deste artigo e fê-lo em sentido mais restritivo e, quanto a nós, optou pela interpretação mais correta, principalmente se atendermos ao considerando 23 da Diretiva e ao princípio geral de proibição de discriminação consagrado no art. 21º da CDFUE.

No caso tratava-se de dois comandantes de bordo da Lufthansa que aos 60 anos de idade viram cessar os seus contratos de trabalho por reforma pois existia uma convenção coletiva de trabalho que tinha inserida uma cláusula de cessação automática dos contratos de trabalho aos 60 anos, ainda que, em termos de regulamentação internacional, fosse possível que os pilotos de linha continuassem a pilotar até aos 65 anos dentro de alguns condicionalismos. Estes pilotos entenderam que tinham sofrido uma discriminação ilícita em razão da idade.

O Tribunal entendeu em primeiro lugar que a medida criava uma diferença de tratamento baseada na idade referindo, mais uma vez, que pelo facto de uma convenção coletiva prever a cessação automática dos contratos de trabalho numa determinada idade não dispensava a mesma de respeitar o direito da UE, em particular a diretiva 2000/78/CE, pois este direito de negociação coletiva, ainda que proclamado na CDFUE no art. 28º deve ser exercido em conformidade com o direito da União, devendo os parceiros sociais agir no respeito pela diretiva e pelo princípio da proibição da discriminação em razão da idade[52].

Decidiu ainda que, relativamente à eventual aplicação do art. 4º, nº 1 da Diretiva que é essencial que os pilotos de linha "possuam capacidades físicas

---

[52] Ver parágrafos 45-48.

particulares, na medida em que nesta profissão falhas físicas são suscetíveis de ter consequências importantes", considerando "inegável" que estas capacidades diminuem com a idade. Tendo em atenção esta consideração entendeu que "o facto de possuir capacidades físicas particulares pode ser considerado um requisito profissional essencial e determinante, na aceção do art. 4º, nº 1" para o exercício da profissão de piloto de linha e que " a posse de tais capacidades está ligada à idade"[53].

Por outro lado entendeu, ainda, que o objetivo de garantir a segurança do tráfego aéreo como motivo que os parceiros sociais visaram com a cessação automática dos contratos de trabalho dos pilotos aos 60 anos, constitui um "objetivo legítimo na aceção do art. 4º, nº 1 da Diretiva 2000/78"[54].

Mas, tal como o Tribunal decidiu, e quando a nós bem, importa igualmente aferir se, ao decidirem que é a partir dos 60 anos que os pilotos de linha deixam de ter as capacidades físicas para exercer a sua atividade profissional, os parceiros sociais impuseram uma "exigência proporcionada", não deixando de ter em atenção que, segundo o considerando nº 23, uma diferença de tratamento só pode ser justificada em circunstâncias muito limitadas e sempre que a idade constitua um "requisito essencial e determinante".

Ora, na medida em que o art. 4º, nº 1 permite derrogar o princípio da não discriminação, deve ser interpretado de forma muito restrita[55], não podendo deixar de ter-se em atenção que a legislação nacional e internacional prevê a possibilidade de os pilotos continuarem a exercer as suas atividades, ainda que com certas restrições, entre os 60 e os 65 anos de idade, considerando as autoridades nacionais e internacionais que até aos 65 anos os pilotos têm as capacidades físicas para pilotar, ainda que, entre os 60 e 65 anos, só o possam fazer enquanto membros de uma tripulação na qual os outros pilotos tenham menos de 60 anos.

Atendendo a esta diferença o Tribunal decidiu que "ao fixar em 60 anos o limite a partir da qual se considera que os pilotos de linha abrangidos pela convenção coletiva nº 5a deixam de ter as capacidades físicas para exercer a sua atividade profissional, apesar de as regulamentações nacional e internacional autorizarem o exercício dessa atividade, sob certas condições, até aos 65 anos, os parceiros sociais impuseram aos referidos pilotos uma <u>exigência desproporcionada</u>[56] na aceção do art. 4º, nº 1", e que o art. 4º, nº 1 da Diretiva deve ser interpretado no sentido de que se opõe a uma cláusula de uma convenção coletiva

---

[53] Parágrafo 67.

[54] Ver parágrafo 69.

[55] Ver, por exemplo, em relação ao art. 2º, nº 5, da Diretiva, o parágrafo 60 do acórdão *Petersen*, caso C-341-08, de 12 de Janeiro de 2010, onde o Tribunal defendeu que "tratando-se de uma derrogação ao princípio da proibição de discriminações, deve ser interpretado restritivamente".

[56] Sublinhado nosso.

que "fixa em 60 anos a idade limite a partir da qual se considera que os pilotos deixam de ter as capacidades físicas para exercerem a sua atividade profissional, apesar de as regulamentações nacional e internacional fixarem essa idade em 65 anos"[57] [58].

Este parece-nos ser o caminho a seguir devendo os nossos Tribunais terem em atenção esta interpretação bastante restritiva do art. 4º, nº 1, relembrando que o princípio da discriminação em razão da idade foi considerado já pelo Tribunal como um princípio geral do direito da União logo na primeira decisão que diretamente analisou este tipo de discriminação, isto é, no acórdão *Mangold*[59], no parágrafo 75, onde se pode ler que "o princípio da não discriminação em razão da idade deve, assim, ser considerado um princípio geral de direito comunitário" e que, a proibição de qualquer discriminação com fundamento na idade está prevista no art. 21º da CDFUE que, desde 1 de Dezembro de 2009, tem o mesmo valor jurídico que os Tratados.

Contudo, esta interpretação restritiva do art. 4º que o TJUE parece estar a originar algumas questões ou problemas. Por exemplo, para representar o papel de uma jovem adolescente e ingénua, ou do par romântico de Romeu e Julieta, deve recusar-se a contratação de pessoas de certa idade mais avançada pois parece aqui que a idade constitui um "requisito essencial e determinante", nos termos do art. 4º, nº 1 da Diretiva, até atendendo à própria autenticidade da peça.

Mas a expectativa dos clientes não parece que possa originar a aceitação de discriminações em razão da idade, como por exemplo se um banco quisesse na fase de acesso e formação do contrato de trabalho, apenas um "venerável bancário com aspeto respeitável com cabelos grisalhos e que aparentasse mais de 50 anos". Aliás, nos EUA as preferências dos consumidores e dos clientes não podem justificar a admissibilidade de um "requisito essencial e determinante" para a atividade em causa.

Não se pode esquecer que, por exemplo, na Irlanda, foi considerada discriminação em razão da idade, o caso de um anúncio de emprego em que se requeria "um jovem e dinâmico executivo"[60]. Este anúncio foi considerado claramente

---

[57] Ver parágrafos 75 e 76.

[58] Ver o caso do Reino Unido, *Hampton vs. Lord Chancellor*, onde o tribunal decidiu que "não existia qualquer prova de que a *performance* dos *partners* reduzia quando chegavam aos 65 anos de idade. Tinha ocorrido uma assunção estereotipada que os *partners* seriam mais propensos a não conseguir atingir os objetivos depois dos 65 anos de idade", sendo que a mesma medida da reforma obrigatória poderia ser atingida aos 70 anos idade. Cf. MALCOLM SARGEANT, "The Default Retirement Age: Legitimate Aims and Disproportionate Means", *in ILJ*, vol. 39, nº 3, 2010, pp. 261-262.

[59] Processo C- 144/04, de 22 de Novembro de 2005.

[60] Caso *Equality Authority vs. Ryanair*, de 2000 – DEC-E/2000/14.

discriminatório em razão da idade apesar dos argumentos da entidade empregadora de que o queria dizer realmente era "jovem no coração e na mentalidade", não querendo referir-se a uma idade cronológica. Contudo, este argumento não foi atendido pois quer no dicionário, quer no próprio sentido comum "jovem" refere-se a uma idade cronológica e seria entendido como excluindo candidatos de meia idade ou mais velhos, sendo que nenhum dos 28 candidatos tinha mais de 40 anos de idade.

Parece-nos, ainda, que existem circunstâncias onde a avaliação individual dos trabalhadores torna-se excessivamente onerosa ou é manifestamente impossível e onde a idade de uma pessoa pode efetivamente estar conexa com a posse de um requisito essencial para o exercício de uma certa atividade. Nestes casos, a discriminação em razão da idade pode servir como uma espécie de "fórmula rápida"[61] para distinguir entre diferentes grupos de trabalhadores, na medida em que a avaliação individual é irrealizável. Imagine-se o caso dos pilotos que podem ter uma idade de reforma mais cedo do que os restantes trabalhadores. Esta idade pode ser considerada como necessária e proporcional para atender aos objetivos legítimos da proteção da segurança pública, se existem numerosas provas da deterioração da acuidade visual e do nível de reação com a idade e se é impossível proceder à realização de testes individuais para determinar quais pilotos são vulneráveis a este título. Mas, é essencial, aliás tal como a própria jurisprudência do TJUE tem vindo a decidir, provar que a utilização do limite de idade é claramente necessária. Assim, mesmo um objetivo legítimo como a segurança pública não pode justificar a utilização radical dos limites de idade no caso de uma avaliação individual ser possível[62].

Assim, entendemos que este artigo da Diretiva e o correspondente artigo 25º, nº 2 do CT, devem ser interpretados restritivamente reduzindo-se aquilo que nos EUA tem vindo a ser entendido como a *bona fide ocupational qualification*, como será o caso dos bombeiros, pilotos de aviação, condutores mas apenas quando a capacidade física é um requisito essencial e não se pode deixar de atender que, mesmo nestes casos, os tribunais americanos têm vindo a colocar várias exigências. Assim, em primeiro lugar, tal como menciona Júlio Gomes[63], é necessário que o empregador se interesse pelo estado de saúde de todos os

---

[61] *La discrimination fondée...*, cit., p. 38.

[62] Neste sentido *La discrimination fondée...*, cit., p. 39, referindo um caso canadiano *Macdonald vs. Unité scolaire administrative*, de 1992, que aceitou uma política de reforma obrigatória aos 65 anos para os motoristas de autocarros escolares baseada no princípio que não era possível recorrer a outro método de avaliação pessoal tendo em atenção o número de trabalhadores em causa. Em sentido contrário, em Israel, os pilotos de linha realizam mais frequentemente exames de saúde em vez da utilização da política de reforma obrigatória.

[63] *Direito do...*, cit., p. 407, nota nº 1074. Ver, ainda, Gregor Thüsing, *op.* cit., pp. 202-203.

seus trabalhadores sujeitando-os a exames médicos. Por outro lado, estes limites de idade têm de ser habituais, consistindo nos limites que geralmente são utilizados, dando como exemplo que não foi aceite que existia razão para baixar o ponto de referência dos 60 para os 55 anos quanto ao pessoal de cabine quando tal não era a prática de outras companhias[64].

Mais, parece-nos ainda que a experiência ou o *know*-how adquiridos podem compensar em várias situações o declínio na saúde física. Assim, *inter alia*, em relação aos pilotos, uma idade mais avançada associada a anos de experiência pode até ter efeitos benéficos pois pode significar uma maior capacidade de aguentar a pressão de determinadas situações e ter resultados melhores, bastando lembrar que a amaragem, que diria quase milagrosa, de um avião há pouco tempo em pleno baía do rio *Hudson* em Nova Iorque só foi possível talvez graças à idade mais avançada do piloto e a vários anos de experiência. Ou, ainda mais recente, em inícios de Novembro de 2011, a aterragem de emergência sem trem de aterragem no aeroporto de Varsóvia foi conseguida pelo piloto pois, tal como o próprio afirmou, tinha muitas horas e anos de voo com aquele tipo de avião.

3.4. Por outro lado, algumas distinções não se fundam diretamente na idade de uma pessoa mas em características que na realidade estão estreitamente relacionadas com a mesma como é o caso da "antiguidade", da "maturidade", da "experiência", pois só podem ser adquiridas por pessoas que têm uns certos anos de experiência numa atividade e tem de distinguir-se as situações em que estas características constituirão uma discriminação direta ilícita em razão da idade ou quando a sua utilização é justificada e proporcional.

Por outro lado, há determinados conhecimentos que são exigidos que só poderão ser obtidos com o tempo. Será que a utilização de critérios aparentemente neutros nestas circunstâncias que cria desvantagens na realidade para um certo tipo de grupos pode ser considerada como uma discriminação indireta[65]?

3.5. É importante ainda atender à possibilidade de justificação de uma discriminação direta prevista no art. 2º, nº 5 da Diretiva pois estabelece-se que "a presente Diretiva não afeta as medidas previstas na legislação nacional que, numa sociedade democrática, sejam necessárias para efeitos de segurança pública, defesa da ordem e prevenção das infrações penais, proteção da saúde e proteção dos direitos e liberdades de terceiros".

---

[64] Ver os numerosos exemplos referidos por Marie Mercat-Bruns, *The prohibition of age discrimination in light of ECJ case law*, 2009, disponível em www.era.int.
[65] *Vide* nº 5.2. e 8.

Esta previsão baseia-se numa política pública de exclusão que foi inserida em *cima da hora* na Diretiva para evitar que pessoas como pedófilos, perigosos membros de seitas ou pessoas com doenças mentais e físicas perigosas pudessem obter proteção pela Diretiva[66].

Contudo, uma análise da jurisprudência demonstra que o Tribunal não tem restringido esta política pública de exclusão ao seu sentido original. Desde logo, no caso *Petersen*, o Tribunal considerou que a fixação de uma idade máxima de 68 anos para os dentistas poderia ser justificada pela ideia geral de proteção da saúde pública, tal como se pode ler no parágrafo 45: "decorre da jurisprudência que os objetivos que consistem em manter um <u>serviço médico de qualidade e evitar um risco grave para o equilíbrio financeiro do sistema de segurança social se enquadram no objetivo de protecção da saúde pública, na medida em que contribuem ambos para a realização de um nível elevado de proteção da saúde</u>[67] (v., neste sentido, acórdãos de 16 de Maio de 2006, Watts, C-372/04, Colect., p. I-4325, n.os 103 e 104, e de 10 de Março de 2009, Hartlauer, C-169/07, ainda não publicado na Coletânea, n.ºs 46 e 47)".

3.6. Há ainda que atender ao art. 6º, nº 1, da Diretiva que permite uma discriminação direta em razão da idade em determinadas circunstâncias, tal como se pode ler "Sem prejuízo do disposto no nº 2 do artigo 2º, os Estados-Membros podem prever que as diferenças de tratamento com base na idade não constituam discriminação se forem objetiva e razoavelmente justificadas, no quadro do direito nacional, por um objetivo legítimo, incluindo objetivos legítimos de política de emprego, do mercado de trabalho e de formação profissional, e desde que os meios para realizar esse objetivo sejam apropriados e necessários.

Essas diferenças de tratamento podem incluir, designadamente:

a) O estabelecimento de condições especiais de acesso ao emprego e à formação profissional, de emprego e de trabalho, nomeadamente condições de despedimento e remuneração, para os jovens, os trabalhadores mais velhos e os que têm pessoas a cargo, a fim de favorecer a sua inserção profissional ou garantir a sua proteção;

b) A fixação de condições mínimas de idade, experiência profissional ou antiguidade no emprego para o acesso ao emprego ou a determinadas regalias associadas ao emprego;

c) A fixação de uma idade máxima de contratação, com base na formação exigida para o posto de trabalho em questão ou na necessidade de um período razoável de emprego antes da reforma".

---

[66] Cf. CLAIRE KILPATRICK, "The Court of Justice and Labour Law in 2010: a new EU discrimination Law architecture", *in ILJ*, vol. 40, nº 3, 2011, p. 299.
[67] Sublinhado nosso.

Também no art. 25º, nº 3, do CT se estabelece que "são nomeadamente permitidas diferenças de tratamento baseadas na idade que sejam necessárias e apropriadas à realização de um objetivo legítimo, designadamente de política de emprego, mercado de trabalho ou formação profissional", mas não concretiza nem dá exemplos, contrariamente ao que acontece com a Diretiva.

Contudo, importa sublinhar que o terreno em que se move o TJUE encontra-se "minado"[68] pelo necessário respeito pela ampla discricionariedade reservada aos Estados membros não apenas na definição dos objetivos de política de emprego, mercado de trabalho ou formação profissional que podem justificar um tratamento diferenciado direta ou indiretamente baseado na idade, mas também na definição das medidas que visam atingir esses objetivos.

Assim, para que a nossa lei esteja em conformidade com o Direito da União Europeia, terá de atender-se à interpretação que dele tem sido feita pela profícua jurisprudência comunitária nesta matéria, não aplicando caso seja necessário, as disposições da legislação nacional contrárias ao princípio da discriminação em razão da idade[69], atendendo ao princípio do primado do Direito da União de que o princípio da não discriminação em razão da idade também beneficia e no seguimento do que já foi defendido várias vezes pelo TJUE em várias decisões, decidindo que a exigência de uma interpretação conforme do direito nacional é inerente ao sistema do Tratado, na medida em que permite ao órgão jurisdicional nacional assegurar, no âmbito das suas competências, a plena eficácia do direito da União quando se pronuncia sobre o litígio que lhe foi submetido[70].

3.7. Nota-se, assim, que discriminação em razão da idade tem uma natureza ambivalente e esta mesma talvez justifique a necessidade sentida pelo TJUE de tratar a proibição deste tipo de discriminação como uma parte de um princípio geral de igualdade de tratamento desde o primeiro caso específico sobre a discriminação em razão da idade. Assim, no acórdão *Mangold*, nos parágrafos 74-75, pode ler-se que "a Diretiva 2000/78/CE não consagra o princípio da igualdade de tratamento em matéria de emprego e de trabalho. Com efeito, nos termos do seu artigo 1.º, esta Diretiva tem apenas por objeto «estabelecer um quadro geral para lutar contra a discriminação em razão da religião ou das convicções, de uma deficiência, da idade ou da orientação sexual», encontrando o próprio princípio da proibição dessas formas de discriminação a sua origem, como resulta do primeiro e do quarto considerando da referida Diretiva, em diversos instrumentos

---

[68] Maria Vittoria Ballestrero, *op.* cit., p. 158.

[69] Cf. *infra*, nº 7.

[70] Ver a título de exemplo, os acórdãos *Von Colson e Kamann*, de 10 de Abril de 1984, processo 14/83, parágrafo 26, *Recueil*, p. 1891, *Marleasing*, processo C- 106/89, parágrafo 8, de 13 de Novembro de 1990, *Colectânea*, p. I- 4135, e *Kücükdeveci*, parágrafos 48-53.

internacionais e nas tradições constitucionais comuns aos Estados-Membros." E que "o princípio da não discriminação em razão da idade deve, assim, ser considerado um princípio geral de direito comunitário".

E no caso *Kücükdeveci*, nos parágrafos 50-51, estabelece-se que "o princípio da não discriminação em razão da idade é um princípio geral de direito da União, porquanto constitui uma aplicação específica do princípio geral da igualdade de tratamento" e que "nestas condições, cabe ao órgão jurisdicional nacional, chamado a pronunciar-se num litígio que põe em causa o princípio da não discriminação em razão da idade, como concretizado pela Diretiva 2000/78, assegurar, no quadro das suas competências, a proteção jurídica que para as pessoas decorre do direito da União e garantir o pleno efeito deste, não aplicando, caso seja necessário, as disposições da lei nacional contrárias a esse princípio", defendendo mesmo esta não aplicação ainda mesmo antes do prazo de transposição da Diretiva ter terminado, o que só reforça o entendimento de que é um verdadeiro princípio geral da União Europeia[71].

4. O âmbito de aplicação da Diretiva 2000/78/CE

O âmbito de aplicação da Diretiva suscita igualmente algumas questões relacionadas com a idade.

Assim, o art. 3º define o emprego e a atividade profissional em termos amplos pois engloba várias situações como as condições de acesso ao emprego, as promoções, a formação profissional, a remuneração, o despedimento e a própria filiação, tal como se pode ler nas alíneas do nº 1 deste artigo: "a) Às condições de acesso ao emprego, ao trabalho independente ou à atividade profissional, incluindo os critérios de seleção e as condições de contratação, seja qual for o ramo de atividade e a todos os níveis da hierarquia profissional, incluindo em matéria de promoção;

b) Ao acesso a todos os tipos e a todos os níveis de orientação profissional, formação profissional, formação profissional avançada e reconversão profissional, incluindo a aquisição de experiência prática;

c) Às condições de emprego e de trabalho, incluindo o despedimento e a remuneração;

d) À filiação ou envolvimento numa organização de trabalhadores ou patronal, ou em qualquer organização cujos membros exerçam uma profissão específica, incluindo as regalias concedidas por essas organizações".

---

[71] Veja-se o parágrafo 78 do caso *Mangold*: Cabe ao órgão jurisdicional nacional garantir a plena eficácia do princípio geral da não discriminação em razão da idade, não aplicando qualquer disposição da lei nacional em contrário, e isto mesmo que o prazo de transposição da referida Diretiva ainda não tenha terminado".

Este artigo e o considerando 13 da Diretiva precisam, contudo, que o âmbito de aplicação da Diretiva não abrange "regimes de segurança social e de proteção social cujas regalias não sejam equiparadas a remuneração, na aceção dada a este termo para efeitos de aplicação do artigo 141º[72] do Tratado CE, nem aos pagamentos de qualquer espécie, efetuados pelo Estado, que tenham por objetivo o acesso ao emprego ou a manutenção no emprego". Esta restrição exclui os regimes públicos da segurança social das disposições gerais da Diretiva e, por isso, da exigência de provar a razoabilidade das distinções fundadas sobre a idade.

Tem de atender-se ainda ao art. 3º, nº 3, que exclui do âmbito de aplicação da Diretiva os sistemas públicos de segurança social, pelo que as regras relativas às pensões do Estado fundadas na idade não se encontram sujeitas ao âmbito de aplicação da Diretiva tal como estabelece este artigo "a presente Diretiva não é aplicável aos pagamentos de qualquer espécie efetuados pelos regimes públicos ou equiparados, incluindo os regimes públicos de segurança social ou proteção social"[73].

Também o considerando 14 da Diretiva estabelece que "não afeta as disposições nacionais que fixam as idades da reforma". Embora o significado desta frase não seja totalmente claro parece querer dizer que as idades fixadas pela legislação dos Estados membros relativamente à idade da reforma obrigatória escapam ao âmbito de aplicação desta Diretiva. Mas, relativamente às outras idades da reforma, nomeadamente por convenção coletiva de trabalho ou por contrato individual vários problemas se levantam e tem sido alvo de inúmera jurisprudência comunitária, nomeadamente a conciliação de idades previstas em convenções coletivas inferiores à idade mínima legal e em que os trabalhadores pretendem continuar a trabalhar.

Reconheço que a questão que atualmente interessa à maior parte dos trabalhadores é outra, isto é, baseia-se na vontade de não prolongar ainda mais uma vida laboral que consideram já bastante longa[74]. Mas, o facto é que também é importante saber qual a tutela que é atualmente conferida pelo TJUE

---

[72] Actual art. 157º do TFUE.

[73] Sobre o âmbito de aplicação da Diretiva veja-se o caso *Karen Dittrich e outros*, processos C-124/11, 125/11 e 143/11, de 6 de dezembro de 2012, em que o TJUE decidiu que "O artigo 3º, nºs 1, alínea c), e 3, da Diretiva 2000/78/CE do Conselho, de 27 de novembro de 2000, que estabelece um quadro geral de igualdade de tratamento no emprego e na atividade profissional, deve ser interpretado no sentido de que uma comparticipação paga aos funcionários em caso de doença, como a que é concedida aos funcionários da Bundesrepublik Deutschland ao abrigo da Lei dos funcionários federais (Bundesbeamtengesetz), está abrangida pelo âmbito de aplicação da dita diretiva, caso o seu financiamento incumba ao Estado, enquanto entidade patronal pública, o que cabe ao órgão jurisdicional nacional verificar".

[74] Basta referir as inúmeras manifestações ocorridas em França a propósito da intenção de aumentar a idade da reforma.

às aspirações daqueles trabalhadores que, pelas mais diversas razões, desde a gratificação pessoal à mais prosaica relacionada com necessidades económicas, sobretudo atendendo ao período de conjuntura económica que atravessamos, pretendem continuar a trabalhar mésmo depois de terem atingido a idade da reforma. Não podemos deixar de atender que se trata de um problema político e social relevante e que levanta vários problemas que não merecem deixar de ser tratados só porque não interessam a muitos[75][76].

E a este propósito, no primeiro acórdão do TJUE sobre esta matéria das reformas obrigatórias, o caso *Palacios*[77], o Tribunal decidiu que embora o 14º considerando da Diretiva tenha estabelecido que a mesma não afeta as disposições nacionais que fixam as idades da reforma, ele deve ser interpretado no sentido de que limita a "precisar que a referida Diretiva não afeta a competência dos Estados-membros na determinação das idades de reforma", mas não se opõe à aplicação da Diretiva "às medidas nacionais que regulam as condições de cessação de um contrato de trabalho quando se atinge a idade da reforma assim fixada"[78].

O artigo 6º, nº 2, da Diretiva autoriza igualmente que os Estados-Membros possam prever que não constitui discriminação baseada na idade, "a fixação, para os regimes profissionais de segurança social, de idades de adesão ou direito às prestações de reforma ou de invalidez, incluindo a fixação, para esses regimes, de idades diferentes para trabalhadores ou grupos ou categorias de trabalhadores, e a utilização, no mesmo âmbito, de critérios de idade nos cálculos atuariais, desde que tal não se traduza em discriminações baseadas no sexo"[79].

5. A discriminação direta e a discriminação indireta

5.1. A Diretiva define a discriminação direta no art. 2º, nº 2, alínea a) estabelecendo que: "Considera-se que existe discriminação direta sempre que, por qualquer dos motivos referidos no artigo 1º, uma pessoa seja objeto de um tratamento menos favorável do que aquele que é, tenha sido ou possa vir a ser dado a outra pessoa em situação comparável".

Também o CT no art. 23º, nº 1, alínea a) se estabelece que há "Discriminação direta, sempre que, em razão de um fator de discriminação, uma pessoa seja sujeita a tratamento menos favorável do que aquele que é, tenha sido ou venha a ser dado a outra pessoa em situação comparável".

---

[75] Neste sentido Maria Vittoria Ballestrero, *op*. cit., pp. 141-142.

[76] Cf., *infra*, nº 6.

[77] Processo C- 411/05, de 16 de Outubro de 2007.

[78] Ver parágrafo 44 deste acórdão.

[79] Ver sobre esta matéria , entre outras, Claire Kilpatrick, "Age, Retirement and the Employment Contract", *in ILJ*, vol. 36, nº 1, 2007, pp. 119 e ss..

5.2. Pode existir, também, uma discriminação indireta[80] e é em relação a esta que maiores problemas de prova se colocam. É que, sob a capa aparente de critérios neutros, o empregador discrimina o candidato ou o trabalhador com base na idade. Também este tipo de comportamentos é punido, e a consagração da proibição deste tipo de discriminação constitui um alargamento da proteção pois as pessoas ficam protegidas contra o tratamento injusto, mesmo no caso de este tratamento não ser intencional, como por exemplo no caso em que as pessoas responsáveis pela introdução de uma determinada prática não se aperceberam do efeito que esta teria em pessoas diferentes. Por isso, o que releva não é a intenção, mas sim as consequências do ato.

A Diretiva comunitária entende que existe discriminação indireta quando: "uma disposição, critério ou prática aparentemente neutra seja suscetível de colocar numa situação de desvantagem pessoas com uma determinada religião ou convicções, com uma determinada deficiência, pessoas de uma determinada classe etária ou pessoas com uma determinada orientação sexual, comparativamente com outras pessoas, a não ser que:

i) essa disposição, critério ou prática sejam objetivamente justificados por um objetivo legítimo e que os meios utilizados para o alcançar sejam adequados e necessários".

O art. 23º, nº 1, alínea b) do CT tem uma definição de discriminação indireta em termos semelhantes aos da Diretiva, pois pode ler-se que há discriminação indireta "sempre que uma disposição, critério ou prática aparentemente neutro seja suscetível de colocar uma pessoa, por motivo de um fator de discriminação, numa posição de desvantagem comparativamente com outras, a não ser que essa disposição, critério ou prática seja objetivamente justificado por um fim legítimo e que os meios para o alcançar sejam adequados e necessários".

Mas existe uma grande dificuldade em saber quando um critério aparentemente neutro está indissociavelmente ligado à idade ou quando se trata de um critério igual aos outros que não estabelece qualquer tipo de discriminação[81].

O legislador comunitário teve em atenção a enorme dificuldade de provar todo este tipo de situações e, por isso, estabeleceu na Diretiva uma espécie de *partilha do* ónus da prova entre a parte demandante e a parte demandada, o que significa que a responsabilidade de provar ou não a razão do processo é partilhada entre as duas partes. Assim, o trabalhador ou candidato deve demonstrar em primeiro lugar que os factos são consistentes com a ocorrência de discrimi-

---

[80] Sobre a origem da discriminação indireta que está relacionada com a lei nos EUA e, em particular, com a interpretação realizada pelo *US Supreme Court* do *Civil Rights Act de 1964* e o caso *Griggs vs. Duke Power Co.*, vide SIMON FORSHAW e MARCUS PILGERSTORFER, "Direct and Indirect Discrimination: Is There Something in between?", *in ILJ*, vol. 37. Nº 4, 2008, pp. 349 e ss..

[81] *Vide* FRANCIS MEYER, *op.* cit., p. 351.

nação e o empregador tem de provar que não agiu de forma injusta e que existe uma razão legítima para o seu procedimento. A Diretiva impõe, ainda, que as pessoas que apresentem queixa por discriminação sejam protegidas adequadamente contra atos de retaliação ou represálias que, caso não sejam controladas, as poderiam impedir de exercer o seu direito de igualdade de tratamento. Esta proteção também é válida para testemunhas em processos de discriminação como uma forma de incentivá-las a testemunhar. Como mais uma forma de proteger as vítimas de discriminação consagra-se também a proibição da "instrução no sentido de discriminar", que acontece quando alguém instrui outra pessoa no sentido de agir de forma discriminatória.

O nosso ordenamento jurídico transpôs também nesta parte a Diretiva. Assim, o nº 5 do art. 25º do Código do Trabalho, consagra a inversão do ónus da prova, regra que já existia no nosso ordenamento jurídico a propósito do princípio da igualdade em função do sexo. Esta inversão parece-nos muito positiva pois torna-se muito difícil para o trabalhador e, ainda mais para o candidato, provar que uma exclusão do trabalho ou do processo de seleção teve por base algum dos fatores de discriminação que constam do nº 1 do art. 24º.

Até hoje o Tribunal de Justiça ainda não se pronunciou sobre esta discriminação indireta em razão da idade, sendo que, por exemplo, o ordenamento jurídico francês tem uma visão bastante restrita destas situações, bastando ver os casos da *Cour de Cassation* de 30 de Abril e 2009 e de 19 de Outubro de 2010 diferentemente do que acontece no ordenamento jurídico irlandês[82].

Esta discriminação é bastante difícil de provar pois, por exemplo, um anúncio na fase de seleção de candidatos que queira um trabalhador *jovem e dinâmico*, tal como referido anteriormente, é claramente discriminatório mas se tivesse colocado apenas *dinâmico*? Ou um anúncio para selecção que exigisse um *candidato maduro* ou um que exigisse *cinco anos de experiência pós qualificação*? Ou que estabelecesse o contrário e exigisse *um recém licenciado ou mestre*? É discriminação indireta recusar um trabalhador que é *demasiado qualificado*?

Por outro lado há a questão de saber se particulares qualidades ou habilidades podem estar relacionadas com um determinado grupo de idade. Por exemplo, quem procura na fase de acesso candidatos com conhecimentos na área das NTIC tende a privilegiar as gerações mais novas em detrimento das mais velhas. Será que este facto deve ser considerado como discriminação indireta se as qualificações não estão diretamente relacionadas com os requisitos para aquele posto de trabalho?

---

[82] Vejam-se MARIE MERCAT-BRUNS, "Age discrimination...", cit., p. 12, e MADELEINE REID, *op.* cit., p. 10. Cf., ainda, LUCIE CLUZEL-METAYER e MARIE MERCAT-BRUNS, *Discriminations dans l'emploi – analyse comparative de la jurisprudence du Conseil d'Etat et de la Cour de Cassation*, La documentation Française, Paris, 2011, pp. 33 e ss., e 54 e ss..

Consideramos que são tudo questões interessantes e para as quais o Tribunal ainda não respondeu mas que podem ser, em certos casos, discriminações indiretas. Assim, por exemplo, na Irlanda, foram considerados dois casos como discriminação indireta na fase de seleção dos candidatos com base no facto de serem "demasiado qualificados". Nestes dois casos os dois candidatos preenchiam os requisitos necessários para o posto de trabalho em causa mas as suas candidaturas tinham sido expressamente recusadas com base no facto de serem sobre qualificados para aquele posto de trabalho. Num dos casos o Tribunal aceitou, baseado nas notas do selecionador que fez a entrevista, que a verdadeira razão para a rejeição do candidato era o facto de ter sito considerado que tinha uma personalidade demasiado "forte" o que tornaria difícil a possibilidade de receber ordens e instruções. Mas, também auxiliou o candidato o facto de, estatisticamente, os restantes candidatos terem uma idade inferior à sua.

No outro caso em relação à discriminação indireta, o empregador explicou que, embora o anúncio referisse que o posto de trabalho era para uma atividade "sénior", queria realmente "alguém com apenas 2 a 3 anos de experiência pós qualificação". O candidato, com 20 anos de experiência, apesar de reconhecer que este facto poderia originar uma falta de motivação da sua parte, entendeu que o mesmo não deveria ter sido presumido mas sim testado numa entrevista[83].

6. A exceção à discriminação em razão da idade e a aceitação da possibilidade de uma discriminação direta – análise dos arts. 6º, nº 1 da Diretiva, e 25º, nº 3 do CT

A discriminação é uma desigualdade de tratamento que não tem justificação pelo que, para estabelecer se uma regra cria uma discriminação em razão da idade tem, em primeiro lugar, de se aferir se essa regra compreende uma desigualdade de tratamento fundada direta ou indiretamente na idade.

6.1. O considerando 25 da Diretiva estabelece que "A proibição de discriminações relacionadas com a idade constitui um elemento essencial para atingir os objetivos estabelecidos pelas orientações para o emprego e encorajar a diversidade no emprego. Todavia, em determinadas circunstâncias, podem-se justificar diferenças de tratamento com base na idade, que implicam a existência de disposições específicas que podem variar consoante a situação dos Estados--Membros[84]. Urge pois distinguir diferenças de tratamento justificadas, nomeadamente por objetivos legítimos de política de emprego, do mercado de trabalho e da formação profissional, de discriminações que devem ser proibidas".

---

[83] Estes casos podem ser vistos em Madeleine Reid, *op.* cit., pp. 12-13.
[84] Sublinhado nosso.

Por outro lado, o art. 6º, nº 1 da Diretiva estabelece que "Sem prejuízo do disposto no nº 2 do artigo 2º, os Estados-Membros podem prever que as diferenças de tratamento com base na idade não constituam discriminação se forem objetiva e razoavelmente justificadas, no quadro do direito nacional, por um objetivo legítimo, incluindo objetivos legítimos de política de emprego, do mercado de trabalho e de formação profissional, e desde que os meios para realizar esse objetivo sejam apropriados e necessários[85].

Essas diferenças de tratamento podem incluir, designadamente:

a) O estabelecimento de condições especiais de acesso ao emprego e à formação profissional, de emprego e de trabalho, nomeadamente condições de despedimento e remuneração, para os jovens, os trabalhadores mais velhos e os que têm pessoas a cargo, a fim de favorecer a sua inserção profissional ou garantir a sua proteção;

b) A fixação de condições mínimas de idade, experiência profissional ou antiguidade no emprego para o acesso ao emprego ou a determinadas regalias associadas ao emprego;

c) A fixação de uma idade máxima de contratação, com base na formação exigida para o posto de trabalho em questão ou na necessidade de um período razoável de emprego antes da reforma".

Por seu lado, o art. 25º, nº 3, do CT estabelece que "são nomeadamente permitidas diferenças de tratamento baseadas na idade que sejam necessárias e apropriadas à realização de um objetivo legítimo, designadamente de política de emprego, mercado de trabalho ou formação profissional".

A Diretiva enumera exemplos de objetivos legítimos que podem justificar a discriminação direta em razão da idade e dos tipos de tratamento diferenciados que podem ser praticados para atingir estes objetivos mas sempre dentro do princípio da proporcionalidade.

Assim, pode dizer-se que todas estas exceções previstas na Diretiva estão sujeitas um duplo teste baseado na legitimidade e na proporcionalidade, embora também reconheçamos que não têm fronteiras, isto é, estas diferenças de tratamento serão sempre admissíveis desde que o critério da legitimidade do objeto e da sua justificação exista e desde que seja atingido através de meios apropriados e necessários, sendo as alíneas a) a c) do nº 1 apenas meros exemplos, ainda que a jurisprudência do TJUE, nos acórdãos mais recentes pareça estar a começar a fazer uma interpretação restritiva destes.

Pode afirmar-se então que, embora os Estados membros disponham de uma ampla margem de manobra na escolha das medidas para atingir estes objetivos, que inclui a possibilidade de abster-se de examinar cada caso em particular e

---

[85] Sublinhado nosso.

que este direito fundamental a não ser discriminado em razão da idade é muito relativo pois certas justificações gerais dos Estados podem ser legítimas como, *inter alia*, a luta contra o desemprego e a partilha de emprego, ainda assim, a margem de apreciação não pode ser entendida em termos tão amplos que esvazie o conteúdo desta proibição. Assim, mesmo as distinções baseadas na idade que se enquadrem no campo de aplicação dos exemplos da Diretiva têm de satisfazer o teste de justificação objetiva e serem necessárias e proporcionais.

6.2. Objetivo legítimo de política social

Para que o empregador possa realizar uma discriminação em razão da idade que não seja considerada discriminatória e proibida tem de começar por provar a existência de um objetivo legítimo em relação à finalidade pretendida, tendo em atenção que, segundo a Diretiva, são incluídos objetivos legítimos de política de emprego, do mercado de trabalho e de formação profissional.

Para se saber o que se pode enquadrar dentro deste conceito de legitimidade do objeto convém analisar a vasta jurisprudência comunitária nesta matéria que nos indica o que tem vindo a ser aceite como legítimo ou não, tendo no entanto que reconhecer, tal como faz FRANCIS MEYER[86], que os Estados membros que intervêm neste processo são bastante "solidários", solidariedade até um pouco suspeita, quando estimam as medidas nacionais que são justificadas e compatíveis com a Diretiva, na medida em que sabem que mais cedo ou mais tarde será a vez das medidas do seu Estado serem analisadas pelos seus pares.

O Tribunal de Justiça tem defendido em várias decisões sobre esta matéria que os Estados membros dispõem de um amplo poder de apreciação na escolha das medidas suscetíveis de realizar os seus objetivos em matéria de política social e emprego. Assim, logo na primeira decisão sobre a discriminação em razão da idade, o acórdão *Mangold*, relativamente à discriminação em razão da idade, defendeu esta ideia[87], assim como em *Palacios*.

Relativamente ao entendimento do que pode ser considerado um objetivo legítimo de política social o Tribunal tem entendido que, em várias situações, este objetivo está preenchido.

6.2.1. Assim, a inserção das pessoas mais velhas desempregadas, na medida em que estes deparam com grandes dificuldades para voltar a arranjar trabalho, foi considerado como um objetivo legítimo em *Mangold*[88].

---

[86] *Op.* cit., p. 352.

[87] Ver parágrafo 63.

[88] Cf. RÜDIGER HELM, "Seniorpartner gegen Altersdiskriminierung – gleicher Honoraranteil im Alter", *in AuR*, nº 1, 2013, pp. 34 e ss..

6.2.2. A ideia de partilha de emprego e de mudança geracional tem sido entendido como um objetivo legítimo de política social em várias decisões.

A introdução de reforma obrigatória pelo facto de se ter atingido uma certa idade inserida num contexto económico caracterizado por um elevado desemprego para oferecer, no âmbito da política nacional de emprego, oportunidades no mercado de trabalho às pessoas à procura de emprego, também foi entendido como um objetivo legítimo, ainda que a disposição em causa não fizesse alusão formal a este objetivo, tal como aconteceu no caso *Palacios*. Neste caso o tribunal decidiu que o art. 6º, nº 1, da Diretiva não pode ser interpretado no sentido de se considerar que um "imprecisão da legislação nacional em causa, quanto ao objetivo prosseguido, tenha por efeito excluir automaticamente que essa legislação possa ser justificada nos termos desta disposição", considerando, ainda, que "a legitimidade de tal objetivo não pode ser razoavelmente posta em causa, uma vez que a política de emprego e a situação do mercado de trabalho estão entre os objetivos expressamente enunciados no art. 6º, nº 1, primeiro parágrafo da Diretiva 2000/78 e que, nos termos do art. 2º, primeiro parágrafo, primeiro travessão, UE e do art. 2º CE, a promoção de um elevado nível de emprego constitui uma das finalidades prosseguidas quer pela União Europeia quer pela Comunidade"[89].

Relativamente a este argumento do Tribunal não podemos deixar de constatar que o objetivo é dado por pressupostos e desmente não apenas a ideia da necessidade imposta pela Diretiva de que os Estados membros tenham de individualizar taxativamente os casos em cuja disparidade de tratamento seja justificada, mas também a ideia mais moderada da convicção que a Diretiva imponha aos Estados a obrigação de especificarem quais são os objetivos legítimos que geram um tratamento desfavorável em razão da idade[90].

A promoção da contratação de trabalhadores com o objetivo de partilha de trabalho entre gerações e o estabelecimento da cessação automática do contrato de trabalho dos trabalhadores que preenchem os requisitos da idade e de contribuição para beneficiar do pagamento dos seus direitos à reforma tem sido aceite como objetivo legítimo em várias outras decisões. O Tribunal tem reiteradamente decidido que este mecanismo "repousa num equilíbrio entre considerações de ordem política, económica, social, demográfica e/ou orçamental e depende da opção de prolongar a duração da vida ativa dos trabalhadores ou, pelo contrário, de prever a passagem à reforma antecipada destes últimos"[91].

---

[89] Parágrafos 55, 56 e 64.

[90] Neste sentido MARIA VITTORIA BALLESTRERO, *op.* cit., p. 162.

[91] Veja-se caso *Rosenbladt*, processo C- 45/09, de 12 de Outubro de 2010, parágrafo 44, assim como *Palacios*, parágrafo 69. Ver, ainda, a decisão *Petersen*, processo C- 341/08, de 12 de Janeiro de 2010, onde no parágrafo 77 se decidiu que a medida que tinha por intuito a repartição das possibilida-

IGUALDADE E NÃO DISCRIMINAÇÃO

Por outro lado, o Tribunal decidiu, ainda, que o facto da lista que consta do art. 6º, nº 1, da Diretiva não conter as cláusulas de cessação automática dos contratos de trabalho, não é, em si mesma, determinante, na medida em que esta lista tem apenas "valor indicativo". Decidiu, desta forma, que os Estados membros quando transpõem esta Diretiva não são obrigados a elaborar uma lista específica das diferenças de tratamento que podem ser justificadas por um objetivo legítimo. E se decidirem fazê-lo podem incluir outros exemplos de diferenças de tratamento e de objetivos, para além daqueles que são expressamente indicados na Diretiva mas "desde que esses objetivos sejam legítimos, na aceção do artigo 6º, nº 1" e que essas diferenças de tratamento sejam "adequadas e pertinentes para atingir esses objetivos"[92][93].

O problema que se levanta perante este argumento parece-nos ser o de que a legitimidade das políticas pode mudar consoante o contexto económico, bastando dar como exemplo que no caso *Palacios*, a reforma obrigatória tinha sido inserida na legislação num contexto económico de desemprego generalizado. E a questão fundamental que se levanta é a de saber quando se avalia da legitimidade da política social adotada: quando a legislação é adotada ou quando o caso é levado a tribunal, já que, nesta altura, esse contexto pode já não existir.

Por outro lado, há que ter em atenção que os objetivos legítimos não são os objetivos do empregador como o Tribunal já teve ocasião de decidir no caso *Age Concern England*, processo C- 388/07, de 5 de Março de 2009, e mais recentemente, no acórdão *Fuchs e Köhler*. Assim, no primeiro caso, reafirmado no segundo, o Tribunal decidiu que o que está compreendido na aceção de objetivo legítimo do art. 6º, nº 1 da Diretiva são objetivos de política social, como os ligados à política de emprego, do mercado de trabalho ou da formação profissional

---

des de emprego entre as gerações no âmbito da profissão de dentista convencionado constituía um objetivo legítimo. Também no caso *Georgiev*, processos apensos C- 250/09 e C- 268/09, de 18 de Janeiro de 2010,se decidiu no parágrafo 45 que o objetivo de "promover a contratação no ensino superior através da oferta de lugares de professores a pessoas mais jovens" é suscetível de constituir um objetivo legítimo. Mais recentemente veja-se o acórdão *Fuchs e Köhler*, de 21 de Julho de 2011, onde no parágrafo 65 se pode ler que "ao definir a sua política social em função de considerações de ordem política, económica, social, demográfica e/ou orçamental, as autoridades nacionais em causa podem ser levadas a optar por prolongar o tempo de vida ativa dos trabalhadores ou, pelo contrário, prever uma aposentação mais precoce destes".

[92] Vejam-se os casos *Age Concern England*, parágrafo 43, e *Rosenbladt*, parágrafo 40.

[93] Tal como defende MÉLANIE SCHMITT, "De la portée limitée de l'interdiction des discriminations liées à l'âge: une indemnité de licenciement peut être plafonnée selon un critère d'âge", *in* DO, nº 753, 2011, p. 220, a lista dos objetivos legítimos referidos na Diretiva é apenas indicativa e não exaustiva, conservando os Estados membros uma grande margem de manobra relativamente à sua política de emprego.

que, pelo seu carácter de interesse geral, se distinguem dos motivos puramente específicos da situação do empregador, <u>como a redução de custos ou o reforço da competitividade</u>[94], sem que, contudo, "se possa excluir a possibilidade de uma norma nacional reconhecer, na prossecução dos referidos objetivos legítimos, um certo grau de flexibilidade" aos empregadores[95]. Parece-nos que aqui se trata um pouco da flexigurança[96].

E, nesta decisão, o Tribunal chamou a atenção para o facto de que a margem de apreciação que os Estados membros têm relativamente aos meios que podem utilizar para realizar os objetivos da sua política social, não pode ter por efeito esvaziar da sua substância a aplicação do princípio da não discriminação em razão da idade e que "<u>Simples afirmações gerais relativas à aptidão de uma medida determinada a participar na política de emprego, do mercado de trabalho ou da formação profissional não bastam para demonstrar que o objetivo dessa medida pode justificar uma exceção</u> ao referido princípio, nem constituem elementos que permitam razoavelmente considerar que os meios escolhidos são aptos à realização desse objetivo", recaindo sobre os estados membros "o ónus de demonstrarem o carácter legítimo do objetivo invocado como justificação em função de um <u>elevado limiar probatório</u>[97]"[98], ainda que, atendendo ao considerando 15, a "apreciação dos factos dos quais se pode presumir que houve discriminação direta ou indireta é da competência dos órgãos judiciais ou de outros órgãos competentes, a nível nacional, de acordo com as normas ou as práticas nacionais, que podem prever, em especial, que a discriminação indireta possa ser estabelecida por quaisquer meios e, inclusive, com base em dados estatísticos"[99], tendo sempre em atenção que os Estados membros dispõem de uma ampla margem de apreciação na escolha de uma medida que considerem adequada, podendo essa escolha assentar em considerações "de ordem económica, social, demográfica e/ou orçamental, as quais compreendem dados existentes e verificáveis mas também previsões que, por natureza, se podem revelar inexatas e comportam, portanto, um grau de incerteza. A referida medida pode, além disso, assentar em considerações de ordem política, que frequentemente implicam uma arbi-

---

[94] Sublinhado nosso.

[95] *Age Concern England*, parágrafo 46.

[96] A propósito desta decisão vejam-se as inúmeras críticas realizadas por MICHAEL CONNOLLY, "Forced Retirement, Age Discrimination and the Heyday Case", *in ILJ*, vol. 38, nº 2, 2009, pp. 233 e ss., entendendo que esta decisão foi uma grande "desilusão" pois o Tribunal não decidiu diretamente a questão colocada no pedido de reenvio prejudicial.

[97] Sublinhado nosso.

[98] Ver parágrafos 51 e 67.

[99] Parece-nos positiva esta possibilidade que tem vindo a ser aceite principalmente na discriminação indireta.

tragem entre várias soluções concebíveis e também não permitem conferir um carácter certo ao resultado esperado"[100].

E o Tribunal no acórdão *Fuchs e Köhler*, após secundar algumas destas considerações[101], e considerando mais uma vez que "no quadro da adoção de medidas em matéria de reforma, o direito da União não impede os Estados-Membros de tomarem em conta considerações orçamentais paralelamente a considerações de ordem política, social ou demográfica, contanto que, ao fazê-lo, respeitem, em particular, o princípio da proibição de discriminações com base na idade", decidiu, em relação a saber se um objetivo que consiste em realizar economias orçamentais poderia ser englobado dentro dos objetivos legítimos de política social do art. 6º, nº 1 da Diretiva, que, "embora considerações de ordem orçamental possam estar na base das opções de política social de um Estado-Membro e influenciar a natureza ou a extensão das medidas que pretende adotar, <u>tais considerações não podem constituir por si sós um objetivo legítimo</u>[102] na aceção do artigo 6º, nº 1, da Diretiva 2000/78". Bem esteve, quando a nós, o Tribunal ao interpretar mais restritivamente este conceito de contingências orçamentais ou políticas económicas[103].

Porém, nesta decisão, o Tribunal considerou no parágrafo 54, mais uma vez, secundando o que já tinha decidido em *Palacios*, que "as autoridades competentes a nível nacional, regional ou sectorial devem beneficiar da possibilidade

---

[100] Cf. acórdão *Fuchs e Köhler* parágrafo 81.

[101] Vejam-se os parágrafos 77-78.

[102] Sublinhado nosso.

[103] É interessante notar também que mais uma vez neste acórdão o Tribunal realçou o facto de que as questões relativas à interpretação do direito da União submetidas pelo juiz nacional no quadro regulamentar e factual que define sob responsabilidade, e cuja exactidão não cabe ao Tribunal de Justiça verificar beneficiam de uma <u>presunção de pertinência</u>, tal como já tinha decidido nos casos C-188/10 e C-189/10, processo *Melki e Abdeli*, de 22 de Junho de 2010 onde, a propósito das questões colocadas pela *Cour de Cassation* relativamente à aplicação do art. 267º do TFUE, relacionadas com o exame da conformidade de uma lei nacional quer com o direito da União quer com a Constituição nacional, estando em causa uma legislação nacional que previa o carácter prioritário de um procedimento incidental de fiscalização de constitucionalidade, o tribunal decidiu no parágrafo 27 que " a este respeito, basta recordar que, segundo jurisprudência assente, as questões relativas à interpretação do direito da União submetidas pelo juiz nacional no quadro regulamentar e factual que este define sob a sua responsabilidade, e cuja exatidão não compete ao Tribunal de Justiça verificar, gozam de uma presunção de pertinência. O Tribunal de Justiça só se pode recusar pronunciar sobre um pedido apresentado por um órgão jurisdicional nacional, quando for manifesto que a interpretação solicitada do direito da União não tem nenhuma relação com a realidade ou com o objeto do litígio no processo principal, quando o problema for hipotético ou ainda quando o Tribunal de Justiça não dispuser dos elementos de facto e de direito necessários para dar uma resposta útil às questões que lhe são submetidas".

de alterar os meios postos ao serviço de um objetivo legítimo de interesse geral, adaptando-os, por exemplo, à evolução da situação do emprego no Estado--Membro em causa", o que não deixa de conferir uma ampla margem de apreciação e de manobra aos Estados.

6.2.3. Também já foi considerada pela jurisprudência do Tribunal como objetivo legítimo a remuneração dos trabalhadores consoante a experiência adquirida no acórdão *Cadman*, processo C-17/05, de 3 de Outubro de 2006, ainda que não relacionado com a idade, e onde se decidiu no parágrafo 40 que "o recurso ao critério da antiguidade é adequado para atingir o objetivo legítimo de recompensar a experiência adquirida, que permite ao trabalhador desempenhar melhor as suas funções, o empregador não tem de demonstrar especificamente que o recurso a esse critério é adequado para atingir o referido objetivo no que se refere a um determinado trabalho, excetuadas as situações em que o trabalhador forneça elementos suscetíveis de fazer nascer dúvidas sérias a esse respeito" e que "quando, na determinação da remuneração, seja utilizado um sistema de classificação profissional baseado numa avaliação do trabalho a executar, não é necessário provar que um trabalhador individualmente considerado adquiriu, durante o período relevante, uma experiência que lhe permitiu executar melhor o seu trabalho".

No caso *Hütter*, o Tribunal reconheceu a possibilidade dos Estados membros definirem as medidas públicas essenciais para promoverem o emprego e as medidas sociais, neste caso relacionadas com a formação e a aprendizagem profissional. Neste caso, nos parágrafos 39-43, entendeu-se que o legislador austríaco tinha excluído a tomada em consideração da experiência profissional obtida antes do reconhecimento, aos 18 anos de idade, da capacidade jurídica plena, "para não desfavorecer as pessoas que tenham seguido uma formação escolar secundária do ensino geral, em relação às procedentes da formação profissional". Por outro lado, outro objetivo era também a vontade do legislador em "não encarecer, para o sector público, o custo da aprendizagem profissional" e de favorecer" a inserção dos jovens que tenham seguido este tipo de formação no mercado de trabalho", entendendo que estes objetivos enquadravam-se no art. 6º, nº 1, alíneas a) e b) da Diretiva.

Mais recentemente, o acórdão *Hennigs*, processos apensos C-297/10 e C-298/10, de 8 de Setembro de 2011, o Tribunal reafirmou que o intuito de o legislador alemão em querer estabelecer um parâmetro de remuneração dos agentes contratuais do sector público tendo em atenção a experiência profissional dos agentes, podia ser considerada como uma finalidade objetiva na medida que o Tribunal tem reconhecido que "o facto de recompensar a experiência adquirida por um trabalhador, que o coloca em condições de desempenhar melhor as suas prestações, constitui, regra geral, um fim legítimo de política salarial" e que o recurso ao critério da antiguidade é, regra geral, apropriado para atingir esse objetivo, na medida em que a antiguidade é paralela à experiência profissional[104] [105].

6.2.4. O tribunal também considerou no caso *Andersen*, processo C- 499/08, de 12 de Outubro de 2010[106] como objetivo legítimo a proteção de trabalhadores que possuem uma antiguidade importante na empresa e de auxiliar a sua reinserção profissional prosseguida pela restrição da indemnização especial de despedimento, na medida em que estes objetivos podem justificar a título de derrogação ao princípio da proibição das discriminações em razão da idade, diferenças de tratamento relacionadas, nomeadamente, com o estabelecimento de condições especiais de emprego e de trabalho, como sejam condições de despedimento e remuneração, para os trabalhadores mais velhos, a fim de favorecer a sua inserção profissional ou garantir a sua proteção[107].

6.2.5. Porém, o Tribunal decidiu no acórdão *Prigge*, de 13 de Setembro de 2011, que a interpretação que deve ser dada do art. 6º, nº 1, da Diretiva em relação à legitimidade do objeto, tem de estar relacionada com objetivos de política social como os relacionados com a política de emprego, do mercado de trabalho ou da formação profissional. Assim, entendeu que, embora a lista prevista no art. 6º, nº 1, não seja exaustiva, os objetivos enumerados estão relacionados com a política de emprego, do mercado de trabalho e da formação profissional pelo que, perante a pergunta colocada pelo órgão jurisdicional de reenvio de saber

---

[104] Cf. parágrafos 72 e 74.

[105] É interessante notar que neste caso o Tribunal aceitou como uma finalidade legítima manutenção de um regime transitório previsto em convenção coletiva, decidindo nos parágrafos 90 e 92 que "no contexto de uma restrição à liberdade de estabelecimento, o Tribunal de Justiça decidiu que a proteção dos direitos adquiridos por uma categoria de pessoas constitui uma razão imperiosa de interesse geral que justifica essa restrição, desde que, todavia, a medida restritiva não vá para além do que é necessário a essa proteção" e que "Afigura-se, portanto, que a manutenção das remunerações anteriores e, por consequência, a de um regime discriminatório em razão da idade tiveram por objetivo evitar perdas de remunerações e eram determinantes para permitir aos parceiros sociais realizar a passagem do sistema instituído pela BAT para o resultante da TVöD. Por conseguinte, deve considerar-se que o regime transitório da TVÜ-Bund prossegue um objetivo legítimo, na aceção do artigo 6.°, nº 1, da Diretiva 2000/78".

[106] Sobre esta decisão veja-se, entre outros, BRUNO MESTRE, "Variations on Comparators and the Realpolitik of Proportionality", *in ELR*, nº 12/2010, pp. 393 e ss..

[107] No caso tratava-se do não pagamento de indemnizações por despedimento aos trabalhadores que tinham direito de beneficiar de uma pensão de reforma não podendo os trabalhadores que se encontravam numa situação de transição para o novo emprego beneficiar dela.

se a segurança do tráfego aéreo podia incluir-se dentro desta listagem entendeu que não. Assim, decidiu que o artigo 6º, nº 1 da Diretiva "deve ser interpretado no sentido de que a segurança aérea não constitui um objetivo legítimo na aceção desta disposição".

6.2.6. Atendendo a todos os objetivos que têm sido considerados legítimos pelo Tribunal, não podemos deixar de criticar alguns dos argumentos invocados pelos Estados membros e aceites, pelo menos numa primeira interpretação, pelo Tribunal.

Assim, a invocação pelos Estados de uma certa flexibilidade do mercado de trabalho ou a prioridade dada ao emprego dos jovens trabalhadores, mesmo que se trate da concorrência entre estes, com a manutenção de uma certa precariedade entre eles, tem sido justificada com argumentos que são até um pouco *hipócritas* em relação aos trabalhadores mais velhos[108]. A título de exemplo, no caso *Kücükdveci*, o Tribunal não deixou de considerar, ainda que depois o tenha recusado pois a medida incidia sobre todos os trabalhadores, o argumento referido pela Alemanha de que um pré-aviso mais curto dos jovens facilitaria a sua contratação, aumentando a flexibilidade na gestão do pessoal.

Também no acórdão *Rosenbladt*[109], o Estado alemão invocava, entre outros argumentos, que "a cessação automática do contrato de trabalho também tem o mérito de não obrigar as entidades patronais a despedirem os trabalhadores por estes já não estarem aptos para o trabalho, situação que poderia ser humilhante para aqueles que já tenham atingido uma idade avançada".

Aliás, nesta decisão, o Tribunal não impôs ao Estado alemão que demonstrasse a legitimidade de tal objetivo prosseguido segundo a repartição do ónus da prova imposto pelo acórdão *Age Concern England* de um elevado limiar probatório, baseando-se em justificações genéricas, tal como fez, também, mais recentemente no caso *Georgiev*.

Perante este tipo de argumentos não podemos deixar de ficar espantados com a trivialidade dos mesmos[110].

Se se analisar mais aprofundadamente os argumentos invocados pelos Estados nota-se que, muitas vezes, são mais de ordem factual que jurídica. Veja-se, por exemplo, na decisão *Rosenbladt*, a invocação no parágrafo 42, de que "há

---

[108] Segue-se a opinião de FRANCIS MEYER, *op.* cit., p. 352.

[109] *Gisela Rosenbladt* era uma empregada de limpeza que auferia uma retribuição muito baixa – cerca de 307,48 euros –, e que tinha uma criança deficiente. Por isso não queria parar de trabalhar, desde logo porque necessitava do rendimento para viver. Contudo aos 65 anos de idade foi sujeita a uma cessação automática do contrato e passou a receber uma reforma bastante inferior – cerca de 228,26 euros –, à retribuição já de si muito modesta que auferia.

[110] No mesmo sentido FRANCIS MEYER, *op.* cit., p. 352.

décadas que essas cláusulas[111] são aplicadas com frequência, independentemente das condições sociais e demográficas", ou, também, que a "medida é legítima porque a maior parte dos Estados a pratica", ou porque "a maioria dos trabalhadores que têm direito à reforma pretendem sair do mercado de trabalho" ou "porque os sindicatos estão de acordo quanto à medida"[112].

Ora, não é pelo facto de ser uma prática frequente pelos Estados que deve ser a defendida, esquecendo-se, parece-nos, da diferença entre o *ser* e o *dever ser*, entre a *Law in books* e a *Law in action*, cabendo ao tribunal a defesa do *dever ser* e da *Law in books*, sob pena de podermos assistir a uma repetição da argumentação defendida pelos Estados em 1976 quando a trabalhadora *Gabrielle Defrenne* invocou pela primeira vez a discriminação em função do sexo e que os Estados responderam em uníssono que eles praticavam regularmente há vários anos essa prática e que não se podia forçá-los brutalmente a respeitar uma regra que eles tinham ignorado até à data[113]!

6.3. O princípio da proporcionalidade: objetivo apropriado e necessário

Este princípio da proporcionalidade ou da proibição do excesso[114] é considerado um princípio fundamental, sendo atualmente entendido como um princípio de controlo[115] e um mecanismo de equilíbrio entre os diferentes direitos em causa.

Entende-se, ainda, que o princípio da proporcionalidade, quando aplicado ao âmbito laboral, pressupõe um juízo prévio sobre a necessidade ou indispensabilidade da medida e um outro posterior sobre a proporcionalidade dos sacrifícios que comporta para os direitos fundamentais dos trabalhadores.

---

[111] Cláusulas de cessação automática".

[112] Mais recentemente o Tribunal de Justiça defendeu, infelizmente o mesmo no caso *Torsten Hörnfeldt*, processo C-141/11, de 12 de Julho de 2012, considerando que "artigo 6º, nº 1, segundo parágrafo, da Diretiva 2000/78/CE do Conselho, de 27 de novembro de 2000, que estabelece um quadro geral de igualdade de tratamento no emprego e na atividade profissional, deve ser interpretado no sentido de que não se opõe a uma medida nacional, como a que está em causa no processo principal, que permite a um empregador fazer cessar o contrato de trabalho de um trabalhador apenas com base no facto de este atingir a idade de 67 anos e que não tem em consideração a pensão de reforma que o interessado receberá, uma vez que é objetiva e razoavelmente justificada por um objetivo legítimo relativo à política de emprego e do mercado de trabalho e constitui um meio apropriado e necessário para a sua realização", citando inúmeras vezes o acórdão *Rosenbladt*.

[113] É interessante notar que já nesse caso havia uma certa discriminação em razão da idade.

[114] Esta terminologia é referida por GOMES CANOTILHO, *Direito Constitucional e Teoria da Constituição*, 5.ª edição, Almedina, Coimbra, 2002, p. 268.

[115] Neste sentido GOMES CANOTILHO, *op. cit.*, p. 268.

Assim, mesmo que o Estado membro tenha feito prova de que o objetivo é legítimo, terá, ainda, de satisfazer o critério da proporcionalidade mostrando que a utilização da idade é " apropriada e necessária".

É necessário ainda, dentro do princípio da proporcionalidade que, para atingir um objetivo legítimo, não se utilizem meios excessivos, que se respeite a necessidade e o carácter apropriado do objetivo de política social e que não se traduza num atentado excessivo às pretensões legítimas dos outros trabalhadores.

6.3.1. Desta forma, os limites de idade que não estejam ligados a uma justificação clara não podem ser utilizados, o mesmo acontecendo com os limites de idade que possam ser facilmente substituídos por métodos menos restritivos para obter o objetivo legítimo em causa, embora consideremos que, analisando a vasta jurisprudência comunitária sobre a matéria, há uma diferença na utilização do princípio da proporcionalidade consoante o tipo de casos julgados. Assim, parece-nos que, relativamente à utilização do teste da proporcionalidade, isto é, em relação ao juízo que se faz acerca do objetivo ser apropriado e necessário, este é mais *fraco* nos casos em que está em causa a reforma dos trabalhadores e *forte* ou mais *apertado* nos restantes casos[116].

A limitação de uma idade mínima para exercer determinado tipo de funções como a de juízes pode, por exemplo, ser substituída pela exigência de uma duração de formação inicial mínima. Da mesma forma, a fixação de uma idade máxima para ser juiz pode ser justificada para manter a independência judiciária na medida em que não seria possível realizar testes individuais sobre as competências dos mesmos sem colocar em perigo a perceção da sua independência[117] [118].

Assim, segundo a Diretiva, parece-nos que, por exemplo, quando um trabalhador é reformado em razão da idade há um tratamento menos favorável em razão desta e, por isso, será ilegal, a não ser que possa ser justificado em virtude das disposições do art. 6º ou se for considerada como uma característica que é essencial e determinante nos termos do art. 4º, desde que consiga provar que esta medida constitui uma ação positiva para combater uma desvantagem. Isto significa que as idades de reforma devem ser justificadas objetiva e razoavelmente por um objetivo legítimo que se enquadre numa política social e que os meios para o atingir sejam apropriados e necessários.

---

[116] Neste sentido *vide* CLAIRE KILPATRICK, "The Court of Justice...", cit., p. 291.

[117] Cf. *La discrimination fondée...*, cit., pp. 40-41.

[118] Muito recentemente no acórdão *Fuchs e Köhler* decidiu-se sobre a aposentação obrigatória dos procuradores que tivessem atingido 65 anos de idade.

IGUALDADE E NÃO DISCRIMINAÇÃO

6.3.2. Por outro lado, o meio utilizado pelo legislador nacional tem de ser **apropriado**, isto é, tem de ser próprio para atingir o objetivo pretendido, tal como decidiu no acórdão *Mangold*[119], onde se pode ler que "na medida em que utiliza a idade do trabalhador em causa como único critério do recurso ao contrato de trabalho a termo, sem que tenha sido demonstrado que a simples fixação de um limite de idade, enquanto tal, independentemente de qualquer outra consideração ligada à estrutura do mercado de trabalho em causa e da situação pessoal do interessado, é objetivamente necessária à realização do objetivo de inserção profissional dos trabalhadores mais velhos em situação de desemprego, tal regulamentação excede o que é apropriado e necessário para alcançar o objetivo prosseguido. O respeito do princípio da proporcionalidade implica, com efeito, que todas as derrogações a um direito individual conciliem, dentro do possível, as exigências do princípio da igualdade de tratamento com as do objetivo prosseguido".

O papel do Tribunal limita-se então a assegurar que as medidas adotadas não são desrazoáveis, isto é, que as medidas em causa não são manifestamente inapropriadas e desnecessárias para o efeito, tal como tem feito em inúmeras decisões sobre a matéria. Assim, pode ver-se logo em *Palacios*, onde o Tribunal, após ter defendido que "no estado atual do direito comunitário, os Estados Membros e, sendo caso disso, os parceiros sociais a nível nacional, dispõem de um amplo poder de apreciação na escolha não só da prossecução de um determinado objetivo, entre outros, em matéria de política social e de emprego, mas também na definição das medidas suscetíveis de o realizar", decidiu que "não é desrazoável as autoridades de um Estado Membro considerarem que uma medida como a que está em causa no processo principal possa ser apropriada e necessária para atingir o objetivo legítimo invocado no âmbito da política nacional de emprego, e que consiste em promover o pleno emprego ao favorecer o acesso ao mercado de trabalho" e que "os meios utilizados para realizar esse objetivo de interesse geral não sejam inapropriados e desnecessários para esse efeito".

É interessante como as palavras são colocadas na negativa, numa espécie de linguagem que veio para ficar pois também nas decisões mais recentes utiliza-se a mesma, tal como acontece em *Rosenbladt*, onde no parágrafo 51 se pode ler que "não é desrazoável que as autoridades de um Estado-Membro considerem que uma medida como a autorização das cláusulas de cessação automática dos contratos de trabalho pelo facto de o trabalhador ter atingido a idade para poder beneficiar de uma pensão de reforma, prevista no § 10, ponto 5, da AGG, possa ser apropriada e necessária para atingir objetivos legítimos da política nacional do trabalho e do emprego, como os que foram invocados pelo Governo alemão",

---

[119] Ver parágrafos 64 e 65.

ou em *Fuchs e Köhler*, desde logo no parágrafo 60, onde se poder ler que "<u>não se afigura desrazoável</u>[120] que as autoridades competentes de um Estado-Membro considerem que uma medida como o § 50, nº 1, da HBG possa ser suscetível de permitir que seja atingido o objetivo de estabelecer uma estrutura de idades equilibrada para facilitar a planificação das saídas, assegurar a promoção dos funcionários, nomeadamente dos mais jovens entre eles, e prevenir os litígios que possam eventualmente sobrevir na altura das aposentações.

A questão que se coloca é porquê esta formulação em termos negativos.

Notar, contudo, que em *Palacios* o Tribunal entendeu que a medida não era "excessivamente prejudicial" pois a legislação baseava-se não apenas numa determinada idade mas também em considerações de ordem económica relativamente aos trabalhadores em causa, pois atendeu ao facto de os trabalhadores passarem a ter direito a uma compensação financeira através de uma pensão de reforma, "cujo nível não se pode considerar desrazoável"[121].

Por outro lado, nesta decisão, o Tribunal parece entender que quando uma medida discriminatória em razão da idade é realizada através de negociação coletiva é mais facilmente considerada proporcional e justificada, tal como se pode ver quando decidiu, no parágrafo 74, que "a legislação nacional relevante abre aos parceiros sociais a faculdade de utilizar, através de convenções coletivas – e, logo, com uma flexibilidade não negligenciável –, a aplicação do mecanismo da reforma obrigatória, de modo a poder ter-se devidamente em conta não só a situação global do mercado de trabalho em causa mas também as características próprias dos empregos em questão".

Esta ideia foi secundada mais recentemente em *Rosenbladt*, pois decidiu-se aí no parágrafo 49 e reforçada no 67, mais uma vez, que "o mecanismo de cessação automática dos contratos de trabalho previsto por uma medida como a que consta do § 10, ponto 5, da AGG não autoriza as entidades patronais a pôr unilateralmente fim à relação de trabalho, quando os trabalhadores tenham atingido a idade que lhes permite receber a respetiva pensão de reforma. Este mecanismo, distinto do despedimento e da demissão, repousa num fundamento previsto numa convenção. Dá não apenas aos trabalhadores e às entidades patronais, através de acordos individuais, mas também aos parceiros sociais, a possibilidade de, por meio de convenções coletivas – e, por conseguinte, com uma flexibilidade não negligenciável –, aplicarem este mecanismo, de modo a poder ter-se devidamente em conta não só a situação global do mercado de trabalho em causa mas também as características próprias dos empregos em questão" e que "à luz das apreciações feitas pelo órgão jurisdicional de reenvio, há que

---

[120] Sublinhado nosso.
[121] Pena que em *Rosenbladt* não tenha atendido a este argumento.

referir que a cláusula de cessação automática dos contratos de trabalho em causa no processo principal é fruto de um acordo negociado entre os representantes dos trabalhadores e os das entidades patronais, que, deste modo, exerceram o seu direito de negociação coletiva reconhecido como direito fundamental (v., neste sentido, acórdão de 15 de Julho de 2010, Comissão/Alemanha, C-271/08, ainda não publicado na Coletânea, nº 37). O facto de deixar, assim, ao cuidado dos parceiros sociais a definição de um equilíbrio entre os seus interesses respetivos proporciona uma flexibilidade não negligenciável, podendo cada uma das partes, se for caso disso, denunciar o acordo".

Também em *Hennigs*, no parágrafo 92, o Tribunal reitera esta ideia ao decidir que "o Tribunal de Justiça tem decidido que o facto de deixar aos parceiros sociais o cuidado de definir um equilíbrio entre os seus interesses respetivos proporciona uma flexibilidade não negligenciável, podendo cada uma das partes, sendo caso disso, denunciar o acordo (v. acórdãos já referidos Palacios de la Villa, nº 74, e Rosenbladt, n.° 67). Afigura-se, portanto, que a manutenção das remunerações anteriores e, por consequência, a de um regime discriminatório em razão da idade tiveram por objetivo evitar perdas de remunerações e eram determinantes para permitir aos parceiros sociais realizar a passagem do sistema instituído pela BAT para o resultante da TVöD. Por conseguinte, deve considerar-se que o regime transitório da TVÜ-Bund prossegue um objetivo legítimo, na aceção do artigo 6º, nº 1, da Diretiva 2000/78".

Contudo, o Tribunal também já teve ocasião de defender em *Rosenbladt*, no parágrafo 52, que as cláusulas das convenções coletivas não ficam isentas de fiscalização jurisdicional efetiva à luz da Diretiva e do princípio da igualdade de tratamento e da proibição da discriminação em razão da idade pois "tal fiscalização exerce-se em função das especificidades que caracterizam a cláusula que é objeto do exame. Com efeito, há que garantir, para cada convenção que prevê o mecanismo de cessação automática da relação de trabalho, a observância, nomeadamente, dos requisitos enunciados no artigo 6º, nº 1, primeiro parágrafo, desta Diretiva".

Aliás, o art. 16º, alínea b), da Diretiva impõe expressamente aos Estados membros a adoção das medidas necessárias para que "[s]ejam ou possam ser declaradas nulas e sem efeito, ou revistas, as disposições contrárias ao princípio da igualdade de tratamento que figurem nos contratos ou [nas] convenções coletivas".

O Tribunal chamou ainda a atenção nesta decisão para o facto do direito de negociação coletiva ser um direito fundamental e que tem uma ampla margem de apreciação para conseguir encontrar um consenso entre interesses diferentes.

A DISCRIMINAÇÃO EM RAZÃO DA IDADE NO CONTEXTO DE UMA POPULAÇÃO ...

Contudo, convém relembrar, tal como CLAIRE KILPATRICK[122], que esta análise relativamente à negociação coletiva foi rejeitada pelo Tribunal no que concerne à discriminação em função do sexo onde esta negociação, como qualquer outra, poderia ser criadora de discriminação e condenada por isso.

Concordamos, em certa medida, com este entendimento que privilegia a autonomia dos parceiros sociais[123] e que coloca a regulação de eventuais políticas sociais mais perto dos representantes dos trabalhadores e dos empregadores, na medida em que os parceiros sociais são, por vezes, os mais bem colocados para responderem aos grandes desafios com que hoje o Direito do trabalho se depara, tendo a capacidade de com o conhecimento do terreno que lhes é próprio elucidarem o Governo acerca das dificuldades e das capacidades concretas que caracterizam determinado sector, podendo revelar-se especialmente eficazes na identificação de necessidades, mesmo legislativas, e na regulação das relações económicas e sociais, assim potenciando, talvez, o desenvolvimento e a competitividade, respeitando e promovendo a coesão social e a solidariedade[124].

Neste sentido o papel dos parceiros sociais é fundamental, já que estão mais bem colocados para dar resposta às necessidades de empregadores e de traba-

---

[122] "The Court of Justice...", cit., p. 296.

[123] Não podemos deixar de referir que diálogo social pode ser entendido m várias perspetivas. Em termos microeconómicos o diálogo social identifica-se com a negociação coletiva, com o diálogo bipartido que se realiza entre os parceiros sociais, aos níveis sectorial, de grupo de empresa ou de empresa. O diálogo bilateral, ou bipartido, entre organizações sindicais e de empregadores, tem em vista a regulação das condições de trabalho nos níveis sectorial e de empresa ou empresas, sendo dele que brotam as convenções colectivas, nas suas diversas formas, nos termos do art. 2º, nº 3 do CT. Esta forma de diálogo, de negociação bilateral, é, talvez, a mais dinâmica e a que responde (ou procura responder) diretamente aos anseios dos trabalhadores. Contudo, não pode deixar de referir-se, ainda que, tem vindo a assistir-se a uma certa "crise da negociação coletiva" e ao surgimento de formas de negociação coletiva atípica. Ver, neste sentido, M.ª Do ROSÁRIO PALMA RAMALHO, *Negociação colectiva atípica*, Almedina, Coimbra, 2009. E, tal como escreve JÚLIO GOMES, "O Código do Trabalho de 2009 e a promoção da desfiliação sindical", *in Novos Estudos de Direito do Trabalho*, Coimbra Editora, Coimbra, 2010, pp. 163-164, num estudo realizado ao nível da União Europeia, Portugal surge como o Estado membro da União "em que há maior discricionariedade no recurso às chamadas portarias de extensão", ocorrendo desta forma, uma "acentuada governamentalização" da negociação coletiva. Ver, ainda, TERESA COLEHO MOREIRA, "Diálogo social y empleo: nuevos yacimientos, estabilidad y calidad desde el Derecho português", *in Estudos de Direito do Trabalho*, Almedina, Coimbra, 2011, p. 176.

[124] O TJUE no processo *Hennigs*, no parágrafo 66, estabeleceu, mais uma vez, que "a natureza das medidas adotadas pela via de convenção coletiva é diferente da natureza das adotadas unilateralmente por via legislativa ou regulamentar pelos Estados-Membros, na medida em que os parceiros sociais, ao exercerem o seu direito fundamental à negociação coletiva reconhecido no artigo 28º da Carta, tiveram o cuidado de definir um equilíbrio entre os seus interesses respetivos".

lhadores e detetar sinergias entre eles, *inter alia*, em matéria de organização do trabalho ou da conceção e aplicação de estratégias de aprendizagem ao longo da vida.

A este nível o diálogo social parece-nos revestir um papel muito importante na medida em que pode ajudar a procurar soluções coletivas e/ou a nível das empresas, para que tanto os *insiders* quanto os *outsiders* ultrapassem com êxito as diferentes situações profissionais e tente, simultaneamente, que as empresas possam responder de maneira mais flexível[125] às necessidades de uma economia ligada à inovação e a uma enorme concorrência[126].

Por outro lado, talvez seja através do diálogo social que se consiga uma "gestão positiva da mudança" que permita conciliar a flexibilidade indispensável às empresas no mercado transnacional, e a segurança essencial aos trabalhadores, em especial quando a economia atravessa fases de importantes reestruturações e de crise como acontece atualmente. E o reforço de um diálogo europeu ou transnacional ao nível das empresas é essencial para a Europa do futuro, em especial no que se refere à mobilidade, às reformas ou, ainda, à equivalência das qualificações.

Um diálogo social que seja "ambicioso e ativo" deverá tentar desempenhar um papel central na resposta a estes desafios, enquanto método de adaptação flexível, eficaz e o menos conflituoso como meio de vencer os obstáculos à modernização[127].

Defende-se, ainda, à semelhança do preconizado pela Comissão[128] que, em termos de conteúdo, os parceiros sociais estão por vezes em melhor posição para dar resposta às orientações traçadas no âmbito do método aberto de coordenação. Esta questão é particularmente pertinente na esfera do emprego, às novas formas de emprego, no que se refere à promoção da formação profissional, à proteção social, ao combate à exclusão e à modernização das relações de trabalho.

Por outro lado, parece-nos que o diálogo social e a participação dos parceiros sociais, mesmo a nível microeconómico, ao nível da negociação coletiva, e regional, podem conduzir a que sejam encontradas respostas inovadoras em matéria de desenvolvimento do emprego, de luta contra a exclusão e de melhoria da

---

[125] Ainda que sem quebrar a *espinha dorsal* do Direito do trabalho, o seu código genético, o seu ADN.

[126] Veja-se o Livro Verde da Comissão, de 22.11.2006, COM (2006) 708 final, *Modernizar o direito do trabalho para enfrentar os desafios do século XXI*, p. 4 a defender o mesmo.

[127] Neste sentido a Comunicação da Comissão COM (2002) 341 final, *O diálogo social europeu, força de modernização e de mudança*, 26 de Junho de 2002, p. 6.

[128] *O Diálogo social...*, cit., p. 15.

qualidade de vida e das condições de trabalho[129]. Podem conseguir-se respostas apropriadas, porque portadoras de novas flexibilidades e de segurança renovada, aos grandes desafios de hoje, como o desenvolvimento da formação ao longo da vida, o reforço da mobilidade, o envelhecimento ativo ou ainda a promoção da igualdade de oportunidades e da diversidade[130] [131].

6.3.3. Mais recentemente o Tribunal, nas suas decisões *Andersen, Rosenbladt* e *Georgiev*, parece pretender distinguir dentro do princípio da proporcionalidade, entre o que é apropriado e o que é necessário, procurando identificar meios que não sejam desrazoáveis, excessivos ou incoerentes para assegurar a legitimidade da política social baseada na idade, tendo no entanto os Estados membros uma grande margem de manobra para provar a proporcionalidade da medida. Veja-se, desde logo, o acórdão *Fuchs e Köhler*, parágrafos 81 a 83, onde se estabelece que "os Estados-Membros dispõem de uma ampla margem de apreciação na escolha de uma medida que considerem adequada", cabendo "ao juiz nacional apreciar, segundo as regras do direito nacional, o valor probatório dos elementos que lhe são submetidos, os quais podem nomeadamente compreender dados estatísticos", tendo decidido que "para que seja demonstrado o carácter apropriado e necessário da medida em causa, esta não deve afigurar-se desrazoável à luz do objetivo prosseguido e deve basear-se em elementos cujo valor probatório incumbe ao juiz nacional apreciar".

O Tribunal remete, contudo, para o juiz nacional a apreciação desse juízo, tal como já tinha feito anteriormente, *inter alia*, em *Georgiev*.

Neste último acórdão o Tribunal, após ter estabelecido uma presunção de proporcionalidade no parágrafo 51, tal como já tinha realizado em *Petersen*[132], entende que a medida em causa é apropriada tal como decidiu no parágrafo 52 "estas apreciações também são pertinentes no que respeita ao exercício de uma actividade como a de professor universitário. Com efeito, na medida em que os lugares de professores universitários são, regra geral, limitados e reservados às

---

[129] Veja-se neste sentido o Parecer do Governo Português relativo ao *Livro Verde – Modernizar o Direito do trabalho para enfrentar os desafios do século XXI*, p. 2, referindo, pp. 4-5, que a legislação laboral deve "deixar às partes, no âmbito da negociação coletiva, uma margem significativa para estabelecer as condições que favoreçam a adaptação das pessoas e das empresas às exigências da economia e das mudanças sociais". Também se pode ver a defesa do reforço do diálogo social no Plano Nacional de Emprego, 2005, p. 61, e no Livro *Estratégia de Lisboa-Portugal de Novo – Programa Nacional de Ação para o Crescimento e o Emprego 2005/2008*.

[130] *Vide* tudo isto em Teresa Coelho Moreira, *op.* cit., pp. 184-185.

[131] Vejam-se as práticas realizadas por varias associações sindicais na UE para tentar combater a discriminação em razão da idade em *Trade union practices on anti-discrimination and diversity – Report*, European Comission, 2010.

[132] Ver parágrafo 70.

pessoas que atingiram as qualificações mais elevadas no domínio em causa, e uma vez que tem de haver uma vaga para que se possa proceder à contratação de um professor, há que ter em conta que um Estado Membro pode considerar apropriado fixar um limite de idade para atingir objetivos de política de emprego como os que foram mencionados no nºs 45 e 46 do presente acórdão".

Também no caso *Andersen* o Tribunal atendeu a este carácter apropriado da medida. Neste caso tratava-se de uma indemnização especial por despedimento aplicável a todos os trabalhadores exceto àqueles que tinham direito a beneficiar de uma pensão de reforma. O Tribunal aplicou a presunção de proporcionalidade mais uma vez e considerou nos parágrafos 34 e 35 que "restringir a indemnização especial por despedimento apenas aos trabalhadores que, no momento do seu despedimento, não vão beneficiar de uma pensão de reforma para a qual contribuíram as suas entidades patronais <u>não se afigura destituído de sentido</u> à luz da finalidade prosseguida pelo legislador, que consiste em dar uma proteção acrescida aos trabalhadores cuja transição para um novo emprego se revele delicada devido à sua antiguidade na empresa. O § 2a, nº 3, do Código do Trabalho permite igualmente limitar as possibilidades de abuso que consistem em um trabalhador beneficiar de uma indemnização destinada a apoiá-lo na procura de um novo emprego, quando, afinal, se vai reformar", acrescentando que "uma disposição como a do § 2a, nº 3, do Código do Trabalho <u>não parece ser manifestamente inadequada</u>[133] para atingir o objetivo legítimo de política do emprego prosseguido pelo legislador"[134].

6.3.4. Os meios para atingir o objetivo pretendido têm de ser, ainda, **necessários** e só o serão se o objetivo legítimo pretendido não poder ser obtido por outros meios mais moderados.

O problema que apresenta este carácter necessário da medida é o de que os Estados muitas vezes fundamentam as suas decisões com base em apreciações globais sem ter em atenção a vontade ou a capacidade real dos indivíduos, tal como acontece em relação aos pilotos de aviação[135] ou dos dentistas[136] a partir de uma certa idade, sem se interrogar sobre a real capacidade para trabalhar dos mesmos. Apoia-se, desta forma, na *vontade presumida* de uma categoria ou sobre as *supostas* capacidades físicas dos trabalhadores com uma determinada idade para os reformar obrigatoriamente[137].

---

[133] Sublinhado nosso para enfatizar como, mais uma vez, a formulação do Tribunal é negativa.
[134] Ver o caso da *Cour de Cassation* francesa de 17 de Novembro de 2010 em MÉLANIE SCMITT, *op. cit.*, pp. 219 e ss..
[135] Ainda que com uma interpretação mais restrita conforme a decisão *Prigge*.
[136] Ver *Petersen*.
[137] Segue-se de perto as considerações de FRANCIS MEYER, *op.* cit., p. 353.

Por outro lado, outro problema que levanta é que o Tribunal reenvia para o juiz nacional a aferição se o objetivo é necessário, mas obrigando sempre a aferir da coerência da legislação em causa, só entendendo que uma legislação é apta a garantir a realização do objetivo invocado se, tal como decidiu em *Petersen*, no parágrafo 53, "responder verdadeiramente à intenção de o alcançar de <u>uma forma coerente e sistemática</u>".

Assim, em *Georgiev*, o Tribunal, entendeu nos parágrafos 53 a 56 que "compete ao juiz nacional verificar, tendo em conta as objeções apresentadas por *V. I. Georgiev* e recordadas no nº 47 do presente acórdão, se a situação dos professores universitários na Bulgária corresponde à situação geral dos professores universitários, conforme descrita no número anterior" e que relativamente ao limite de idade previsto na legislação nacional em causa nos processos principais, a saber, 68 anos, "resulta dos autos que é em cinco anos superior à idade legal em que os homens podem normalmente adquirir um direito a pensão e ser reformados no Estado-Membro em causa. Permite assim que os professores universitários a quem seja dada a possibilidade de trabalhar até aos 68 anos de idade prossigam a sua carreira durante um período relativamente longo. Semelhante medida não pode ser considerada excessivamente prejudicial para as pretensões legítimas dos trabalhadores que passam automaticamente à reforma por terem atingido o limite de idade previsto, uma vez que a legislação pertinente não se baseia apenas numa determinada idade mas toma também em consideração a circunstância de que os interessados beneficiam, no fim da sua carreira profissional, de uma compensação financeira através da concessão de uma pensão de reforma, como a prevista no regime nacional em causa nos processos principais". Daqui resulta que a "fixação de tal limite de idade para a cessação do contrato de trabalho não excede o que é necessário para atingir objetivos de política de emprego como os que são mencionados nos nºs 45 e 46 do presente acórdão, desde que a referida legislação nacional responda <u>a esses objetivos de forma coerente e sistemática</u>", decidindo que "Cabe ao juiz nacional verificar se tal limite de idade responde verdadeiramente à preocupação de alcançar os objetivos invocados de forma coerente e sistemática".

E em *Fuchs e Köhler*, também secundou este entendimento no parágrafo 85 pois decidiu que "uma legislação só é adequada para garantir a realização do objetivo invocado se responder verdadeiramente à intenção de <u>o alcançar de maneira coerente e sistemática</u>[138]".

Contudo, não pode deixar de atender-se, aliás tal como o próprio Tribunal tem vindo a chamar a atenção, que as exceções à disposição de uma lei podem em certos casos prejudicar a coerência da mesma, nomeadamente quando pela

---

[138] Sublinhado nosso.

sua amplitude conduzam a um resultado contrário ao objetivo pretendido pela própria lei. Veja-se o caso *Petersen*, onde o Tribunal entendeu no parágrafo 61 que "uma medida que admite uma exceção tão ampla como a relativa aos dentistas que exercem fora do regime convencionado não pode ser considerada essencial à proteção da saúde pública. Na verdade, se o limite de idade em causa no processo principal tem por objetivo a proteção da saúde dos pacientes, vista na perspetiva da competência dos práticos em questão, há que reconhecer que, no quadro desta exceção, os pacientes não são protegidos. Esta exceção parece assim contrariar o objetivo que se pretende alcançar. Além disso, não é limitada no tempo e, embora não tenham sido fornecidos dados numéricos, aplica-se potencialmente a todos os dentistas e parece suscetível de abranger um número não despiciendo de pacientes".

O mesmo decidiu em *Hütter*, nos parágrafos 46 e 47, pois apesar de sublinhar o amplo poder de apreciação dos Estados na escolha das medidas suscetíveis de realizar os seus objetivos em matéria de política social e de emprego, estabeleceu, contudo que, no caso em apreço os objetivos em causa pareciam ser "contraditórios" com falta de "coerência interna" pois "os objetivos mencionados pelo órgão jurisdicional de reenvio podem parecer, à primeira vista, contraditórios. Com efeito, um desses objetivos consiste em incitar os alunos a frequentar o ensino secundário geral em vez da formação profissional. Outro objetivo consiste em favorecer a contratação de pessoas que tenham seguido uma formação profissional e não a de pessoas que provenham do ensino geral, como decorre do nº 40 do presente acórdão. Trata-se, por consequência, no primeiro caso, de não desfavorecer as pessoas provenientes do ensino secundário geral em relação às que têm uma formação profissional e, no segundo caso, da hipótese inversa. Por conseguinte, à primeira vista, é difícil admitir que uma legislação nacional como aquela em causa no processo principal possa simultaneamente favorecer cada um desses dois grupos à custa do outro". Entendeu, ainda que "a legislação nacional em causa no processo principal se baseia no critério da experiência profissional anterior para efeitos da determinação da classificação no escalão e, consequentemente, da remuneração dos agentes contratuais da função pública. Ora, recompensar a experiência adquirida, que permite ao trabalhador melhor cumprir as suas tarefas é, regra geral, reconhecido como um objetivo legítimo. É, por conseguinte, lícito aos empregadores remunerar essa experiência (v. acórdão de 3 de Outubro de 2006, Cadman, C-17/05, Colect., p. I-9583, n.os 35 e 36). No entanto, não se pode deixar de observar que a legislação nacional como aquela em causa no processo principal não se limita a remunerar a experiência, estabelecendo também, quando a experiência é igual, uma diferença de tratamento em função da idade em que essa experiência foi adquirida. Nessas condições, esse critério ligado à idade não tem, por isso, relação direta com o objetivo que consiste, para o empregador, em recompensar a experiência profissional adquirida".

Também em *Hennigs* decidiu no parágrafo 77 que "a determinação, em função da idade, do escalão de remuneração de base de um agente contratual do sector público na altura do recrutamento vai para além do que é necessário e apropriado para atingir o objetivo legítimo invocado pelo Governo alemão e que consiste em tomar em conta a experiência profissional adquirida pelo agente anteriormente ao seu recrutamento. A este propósito, há que salientar que um critério igualmente baseado na antiguidade ou na experiência profissional adquirida, sem recorrer à idade, se afiguraria, à luz da Diretiva 2000/78, mais bem adaptado à realização do objetivo legítimo supramencionado. O facto de, para um grande número de agentes contratados jovens, o escalão de classificação corresponder à experiência profissional adquirida e o critério da idade se confundir a maior parte das vezes com a sua antiguidade não altera essa apreciação".

6.3.5. Mesmo que se considere que uma medida é apropriada e necessária para conseguir um objetivo legítimo tem ainda de verificar-se se esta disposição não implica uma limitação excessiva nos interesses legítimos dos trabalhadores.

Assim, estas medidas adotadas não devem causar inconvenientes desmesurados relativamente ao fim pretendido, conciliando dentro da medida do possível, as exigências do princípio da igualdade de tratamento e os objetivos de política social pretendidos pelo Estado e tentando encontrar um justo equilíbrio entre eles.

Desta forma, o interesse dos trabalhadores ditos "minoritários"[139] não deve ser sacrificado relativamente às tendências dos maioritários ou *dominantes*, devendo ter em linha de conta que, segundo o art. 15º, nº 1, da CDFUE "todas as pessoas têm o direito de trabalhar e de exercer uma profissão livremente escolhida ou aceite".

Contudo, se analisarmos a jurisprudência do TJUE parece que os interesses dos trabalhadores são várias vezes sacrificados relativamente a outros motivos pois o Tribunal tem reiteradamente decidido que motivos de política social podem justificar que os trabalhadores sejam discriminados diretamente em razão da idade e que os parceiros sociais possam, em nome da autonomia negocial, decidir em lugar dos trabalhadores qual a idade segundo a qual o contrato de trabalho pode cessar legitimamente.

Mas, a recusa em se opor à possibilidade de reforma pode afetar, e de forma muito grave, os interesses do trabalhador em causa.

Veja-se no acórdão *Andersen* que o tribunal decidiu nos parágrafos 44 a 48 que "resulta dos esclarecimentos dados pelo órgão jurisdicional de reenvio e

---

[139] Francis Meyer, *op.* cit., p. 354.

pelo Governo dinamarquês que esta exclusão se baseia na ideia de que, regra geral, os trabalhadores saem do mercado de trabalho quando passam a ter o direito de receber uma pensão de reforma paga pela sua entidade patronal e tenham aderido a esse regime de pensão antes de terem completado 50 anos de idade. Devido a esta apreciação relativa à idade, um trabalhador que, ainda que preencha os requisitos para ter o direito de beneficiar de uma pensão paga pela sua entidade patronal, a ela pretenda renunciar temporariamente para prosseguir a sua carreira profissional, não poderá receber a indemnização especial por despedimento, destinada, no entanto, a protegê-lo. Deste modo, com o objetivo legítimo de evitar que esta indemnização venha a favorecer pessoas que não andam à procura de um novo emprego, visto irem receber um rendimento de substituição sob a forma de uma pensão de reforma com origem num regime profissional, a medida em causa priva da referida indemnização trabalhadores despedidos que querem permanecer no mercado de trabalho, apenas pelo motivo de que podem beneficiar de tal pensão, devido nomeadamente à sua idade". E que "esta medida torna mais difícil, para os trabalhadores que podem beneficiar de uma pensão de reforma, o exercício posterior do seu direito ao trabalho, porquanto, encontrando-se numa situação de transição para um novo emprego, não beneficiam, ao contrário do que sucede com outros trabalhadores que têm uma antiguidade equivalente, da indemnização especial por despedimento". Por outro lado, "a medida em causa no processo principal proíbe uma categoria inteira de trabalhadores, definida em função do critério da idade, de renunciar temporariamente a uma pensão de reforma paga pela sua entidade patronal em contrapartida da atribuição da indemnização especial por despedimento destinada a ajudá-los a arranjar emprego. Esta medida pode assim obrigar esses trabalhadores a aceitar uma pensão de reforma de montante reduzido, se comparado com aquele a que poderiam ter direito caso continuassem ativos no mercado de trabalho até uma idade mais avançada, o que se traduzirá para eles numa perda de rendimentos significativa a longo prazo.

Daqui resulta que, "ao não permitir o pagamento da indemnização especial por despedimento a um trabalhador que, ainda que tenha o direito de receber uma pensão de reforma paga pela sua entidade patronal, pretende, no entanto, renunciar temporariamente a beneficiar dessa pensão, para prosseguir a sua carreira profissional, o § 2a, nº 3, do Código do Trabalho prejudica de forma excessiva os interesses legítimos dos trabalhadores que se encontram em tal situação e excede, assim, o que é necessário para atingir os objetivos de política social prosseguidos por esta", entendendo que "a diferença de tratamento resultante do § 2a, nº 3, do Código do Trabalho não se pode justificar ao abrigo do artigo 6º, nº 1, da Diretiva 2000/78".

Pena é que o Tribunal não tenha atendido a parte destas considerações na decisão *Rosenbladt* que foi decidida no mesmo dia.

Assim, se se analisar a matéria de facto, a reforma obrigatória prejudicava a trabalhadora pois privava-a do direito ao trabalho e de uma retribuição adequada.

Porém, o Tribunal não aceitou este argumento e recuou, quando a nós muito mal, no entendimento relativamente a estas cláusulas de reforma obrigatória, referindo que tinha de fazer um balanço entre os interesses em causa, isto é, tinha de "repor esta medida no contexto regulamentar em que se insere e tomar em consideração tanto o prejuízo que pode causar às pessoas por ela visadas como os benefícios que dela podem retirar a sociedade, em geral, e os indivíduos que a compõem, em particular".

O Tribunal entendeu que decorria dos esclarecimentos fornecidos pelo órgão jurisdicional de reenvio e das observações apresentadas ao Tribunal de Justiça que "o direito do trabalho alemão não proíbe que uma pessoa que tenha atingido uma idade que lhe permite receber uma pensão de reforma prossiga uma atividade profissional. Além disso, resulta destes esclarecimentos que um trabalhador que se encontre em semelhante situação continua a beneficiar da proteção contra as discriminações em razão da idade, nos termos da AGG. O órgão jurisdicional de reenvio precisou, a este respeito, que a AGG proíbe que a uma pessoa que se encontre na situação de G. Rosenbladt, após a cessação do seu contrato de trabalho pelo facto de ter atingido a idade de passagem à reforma, seja recusado um emprego pela sua antiga entidade patronal ou por um terceiro, por um motivo relacionado com a sua idade".

Decidiu, assim, que "reposta neste contexto, a cessação de pleno direito do contrato de trabalho resultante de uma medida como a prevista no § 19, ponto 8, da RTV não obriga automaticamente as pessoas por ela abrangidas a retirarem-se definitivamente do mercado de trabalho. Por conseguinte, a referida disposição não institui um regime imperativo de passagem automática à reforma (v., neste sentido, acórdão Age Concern England, já referido, n.º 27). A medida não se opõe a que um trabalhador que o pretenda, por exemplo, por motivos económicos, prossiga a sua atividade profissional depois de ter atingido a idade de passagem à reforma. Não priva da proteção contra as discriminações em razão da idade os trabalhadores que tenham atingido a idade de reforma, quando estes pretendam continuar ativos e andem à procura de um novo emprego".

Não podemos deixar de ficar perplexos e espantados com esta argumentação do tribunal que diríamos que é quase *hipócrita*[140], parecendo-nos que há claramente dois pesos e duas medidas. Mesmo se compararmos com a decisão *Palacios*, o Tribunal decidiu que a medida cumpria os requisitos do art. 6º da Diretiva

---

[140] No mesmo sentido Maria Vittoria Ballestrero, *op.* cit., p. 168.

em parte porque o trabalhador recebia uma reforma de valor não negligenciável. Ora, isto não acontece em *Rosenbladt* e argumentar que a trabalhadora aos 65 anos de idade poderia continuar a trabalhar e procurar outro emprego podendo invocar o direito a não ser discriminada em razão da idade, não deixa de causar bastante espanto e até preocupação.

Por outro lado, tem de apontar-se uma certa incoerência pois obrigam à cessação automática do contrato a que se segue uma nova contratação ou a possibilidade de continuar a trabalhar, baseando o seu julgamento em meras considerações de política de mercado de trabalho, não atendendo à específica situação da trabalhadora nem à idade específica legal para a reforma.

E, relativamente a esta caso, há que atender ao decidido pelo Tribunal de Hamburgo em 25 de Janeiro de 2011 pois embora a idade limite dos 65 anos para os trabalhadores das limpezas fixada através de convenção coletiva tenha sido admitida pelo Direito da União Europeia, foi considerada contrária ao princípio geral da igualdade previsto no artigo 3 da *GrundGesetz*[141].

Preconiza-se, ainda, relativamente a este caso *Rosenbladt*, que o Tribunal poderia ter atendido ao tratamento diferente que tinham os trabalhadores a tempo parcial dos trabalhadores a tempo completo, elemento que a ser atendido poderia significar que existiria uma eventual discriminação indireta, no seguimento do que a jurisprudência comunitária tem decidido relativamente aos efeitos negativos relacionados com o trabalho a tempo parcial[142].

É certo que o peso e a medida mudam quando se trata de uma discriminação múltipla fundada no sexo e também na idade. Basta ver o caso *Kleist*, processo C-356/09, de 18 de Novembro de 2010, onde a propósito de uma regulamentação nacional austríaca que facilitava o despedimento dos trabalhadores que tinham adquirido o direito à reforma e que visava um objetivo de promoção do emprego de pessoas mais jovens mas que era diferente para os homens cuja idade de reforma era aos 65 anos de idade e para as mulheres, era de 60 anos, o Tribunal, após reafirmar o valor primário da tutela contra a discriminação em função do sexo, entendeu que existia uma discriminação deste tipo pois a "diferença de tratamento instituída por uma regulamentação como a que está em causa no processo principal é baseada diretamente no sexo, quando, como resulta do nº 37 do presente acórdão, as situações das mulheres e dos homens são idênticas no presente caso, e que, por outro lado, a Diretiva 76/207 não prevê a derrogação, aplicável no caso em apreço, ao princípio da igualdade de tratamento,

---

[141] Cf. KLAUS BERTELSMANN, *The prohibition of age discrimination and the ECJ*, 2011, disponível em www.era.int, p. 19.
[142] Neste mesmo sentido STEFANIA SCARPONI, *op.* cit., p. 556.

há que concluir que essa diferença de tratamento constitui uma discriminação direta baseada no sexo", decidindo que "a referida diferença de tratamento não poderá, portanto, ser justificada pelo objetivo de promoção do emprego de pessoas mais jovens"[143].

Assim, parece que se a reforma obrigatória tivesse atingido indiferentemente os homens e as mulheres teria sido justificada por um objetivo legítimo. Mas como as mulheres tinham uma idade para a reforma inferior em 5 anos, a medida foi considerada injustificável.

Como se pode ver, nem todas as discriminações são iguais[144] ou, pelo menos, o tratamento que delas é feito.

6.4. Parece-nos, ainda, que várias questões e problemas poderão ser equacionados na interpretação quer das várias alíneas do nº 1 do art. 6º, quer relativamente à proibição geral.

Assim, no que concerne à interpretação do art. 6º da Diretiva há que analisar as várias alíneas do nº 1.

Relativamente à interpretação alínea a) do nº 1 do art. 6º, que estabelece que é possível uma diferença de tratamento que vise o "o estabelecimento de condições especiais de acesso ao emprego e à formação profissional, de emprego e de trabalho, nomeadamente condições de despedimento e remuneração, para os jovens, os trabalhadores mais velhos e os que têm pessoas a cargo, a fim de favorecer a sua inserção profissional ou garantir a sua proteção;"

Parece-nos ser possível o estabelecimento de regras pelos Estados que limitem as condições em que os jovens podem trabalhar, ou a criação de cursos especiais que visam os desempregados com mais de uma certa idade.

No que concerne a alínea b) do nº 1 do art. 6º da Diretiva que determina que uma diferença de tratamento pode incluir "a fixação de condições mínimas de idade, experiência profissional ou antiguidade no emprego para o acesso ao emprego ou a determinadas regalias associadas ao emprego", parece-nos ser possível a obrigação de ter determinado número de anos de experiência para ascender a certos cargos de topo onde se exige um certo tipo de conhecimento, ou o estabelecimento de um bónus na retribuição com base na antiguidade na empresa.

A alínea c) deste artigo 6º, nº 1, também permite diferenças de tratamento que permitem "a fixação de uma idade máxima de contratação, com base na

---

[143] *Vide* STEFANIA SCARPONI, *op.* cit., pp. 552-553.

[144] Ver MARIA VITTORIA BALLESTRERO, *op.* cit., p. 170. Cf., ainda, a opinião do advogado geral *Sharpston*, no caso *Lindorfer*, processo C-227/04, de 11 de Setembro de 2007, que concluiu que a discriminação em razão da idade, deveria, atendendo à sua natureza e à sua história, ser julgada de forma menos estrita do que a discriminação em função do sexo.

formação exigida para o posto de trabalho em questão ou na necessidade de um período razoável de emprego antes da reforma". Isto pode incluir uma certa estrutura de desenvolvimento na carreira ou o caso de pilotos onde é exigido um longo treino[145].

Contudo, mesmo a aceitar-se estas possibilidades, têm sempre de se basearem em objetivos legítimos e desde que os meios para atingir esse objetivo sejam apropriados e necessários, respeitando toda a interpretação que deste artigo tem sido feita.

Esta interpretação não deixa de levantar alguns problemas e questões na prática.

Desde logo na fase do acesso e formação do contrato de trabalho, é admissível perguntar pela idade ou será que poderá ser considerada uma discriminação em razão da idade não justificável? Nos EUA não é possível questionar o candidato sobre a sua idade e na Irlanda o Tribunal já decidiu que não é legítimo perguntar pela idade dos candidatos nos formulários de candidatura de emprego.

Mas será possível exigir que os candidatos no *curriculum vitae* indiquem de forma exaustiva, com datas, toda a sua vida, na medida em que esta possibilidade evidencia a idade do candidato pelo menos de forma indireta?

Por outro lado, há determinado tipo de questões em entrevistas profissionais ou mesmo em entrevistas para promoções que não podem ser colocadas sob pena de poderem ser consideradas discriminatórias em razão da idade. Assim, na Irlanda, no caso *Revenue Commissioners vs. O'Mahony*, o Tribunal decidiu que a pergunta colocada a um dos candidatos à promoção que tinha mais 50 anos e que era a seguinte: "porque razão pretendia a promoção no estado atual da sua carreira?" e que não tinha sido colocada aos colegas mais novos, consubstanciava uma discriminação em razão da idade[146].

É legítimo impor uma idade mínima de acesso para determinadas atividades como por exemplo os juízes tal como acontece em vários Estados membros?

E a fixação de uma idade máxima para acesso a determinadas profissões sem qualquer ligação com uma aptidão física em causa?

Também na fase de execução do contrato de trabalho se colocam algumas questões desde logo relativamente à retribuição e à duração dos tempos de trabalho. O estabelecimento de mais dias de férias para os trabalhadores mais velhos é possível? E menos dias de trabalho por semana para estes?

E na fase de cessação ainda mais questões se levantam, tal como evidenciado em várias decisões já analisadas.

---

[145] Vejam-se os casos colocados por KLAUS BERTELSMANN, *op.* cit.
[146] Pode ver-se este caso em MADELEINE REID, *op.* cit., p. 12.

Nota-se, pois, que várias questões se têm colocado nesta matéria, sendo que o Tribunal de Justiça tem apreciado, cada vez mais, casos relacionados com esta forma de discriminação.

A título de exemplo, podemos referir os mais recentes. Refira-se, em primeiro lugar, o processo C-132/11, *Tyrolean Airways*, de 7 de junho de 2012.

Neste caso, o Tribunal entendeu que "O artigo 2º, nº 2, alínea b), da Diretiva 2000/78/CE do Conselho, de 27 de novembro de 2000, que estabelece um quadro geral de igualdade de tratamento no emprego e na atividade profissional, deve ser interpretado no sentido de que não se opõe a uma disposição de uma convenção coletiva que só tem em consideração, para efeitos da classificação nas categorias de trabalhadores nela previstas e, por conseguinte, para efeitos da determinação do montante da remuneração, a experiência profissional adquirida enquanto membro do pessoal de bordo de uma determinada companhia aérea, com exclusão da experiência materialmente idêntica adquirida numa outra companhia pertencente ao mesmo grupo de empresas".

In casu, o Tribunal decidiu que não existia qualquer discriminação em razão da idade já que uma convenção coletiva que só tem em consideração, para efeitos da classificação nas categorias de trabalhadores nela previstas e, por conseguinte, da determinação do montante da remuneração, a experiência profissional adquirida enquanto membro do pessoal de bordo de uma determinada companhia aérea, com exclusão da experiência materialmente idêntica adquirida noutra companhia pertencente ao mesmo grupo de empresas, embora "seja suscetível de provocar uma diferença de tratamento em função da data de recrutamento pela entidade empregadora em causa, essa diferença não é, direta ou indiretamente, fundada na idade nem num acontecimento relacionado com a idade. Com efeito, é a experiência eventualmente adquirida por um membro do pessoal de bordo numa companhia do mesmo grupo de empresas que não é tida em consideração para a classificação, isto independentemente da idade desse membro do pessoal no momento do seu recrutamento. Assim, a referida disposição baseia-se num critério que não é indissociavelmente (v., *a contrario,* acórdão de 12 de outubro de 2010, Ingeniørforeningen i Danmark, C499/08, ainda não publicado na Coletânea, nº 23) nem indiretamente relacionado com a idade dos empregados, mesmo que não seja de excluir a possibilidade de a aplicação do critério controvertido, em certos casos específicos, ter como consequência para os membros do pessoal de bordo em causa uma passagem da categoria de trabalhadores A para a categoria de trabalhadores B numa idade mais avançada do que a idade dos membros do pessoal que adquiriram uma experiência equivalente na Tyrolean Airways."[147].

---

[147] Veja-se o parágrafo 29.

Refira-se, ainda, o processo C-152/11 relativo a um pedido de decisão prejudicial apresentado pelo *Arbeitsgerichts München* (Alemanha) em 28 de Março de 2011 – *Johann Odar/Baxter Deutschland GmbH*, onde se pretendia saber se um regime nacional que previa a admissibilidade de diferenças de tratamento baseadas na idade quando, no âmbito de um sistema profissional de segurança social, a direção e os representantes dos trabalhadores da empresa tinham excluído das prestações previstas no plano social os trabalhadores protegidos economicamente, pelo facto de estes terem direito a uma pensão, eventualmente após a obtenção de um subsídio de desemprego, violava a proibição de discriminação em razão da idade prevista nos artigos 1º e 16º da Diretiva 2000/78/CE 1 ou se essas diferenças de tratamento seriam justificadas nos termos do artigo 6º, [nº 1], segundo período, alínea a), da referida Diretiva.

Por outro lado, colocou ainda a questão de saber se um regime nacional que previa a admissibilidade de diferenças de tratamento baseadas na idade quando, no âmbito de um sistema profissional de segurança social, a direção e os representantes dos trabalhadores da empresa tinham excluído das prestações previstas no plano social os trabalhadores protegidos economicamente, pelo facto de estes terem direito a uma pensão, eventualmente após a obtenção de um subsídio de desemprego, violava a proibição de discriminação com base numa deficiência prevista nos artigos 1º e 16º da Diretiva 2000/78/CE.

Uma outra questão colocada pretendia clarificar se um regime profissional de segurança social que previa, no caso de trabalhadores com mais de 54 anos e despedidos por motivos relacionados com a empresa, a adoção de um cálculo alternativo da indemnização com base no marco temporal mais curto, ou seja, no início o mais cedo possível da reforma, em comparação com o método de cálculo regular que estava ligado sobretudo à antiguidade na empresa, o que implicaria o pagamento de um montante de indemnização menor, mas pelo menos igual a metade do montante normal de indemnização, violava a proibição de discriminação em razão da idade prevista nos artigos 1º e 16º da Diretiva 2000/78/CE ou se essas diferenças de tratamento eram justificadas nos termos do artigo 6º, [nº 1], segundo período, alínea a), da referida Diretiva.

A última questão colocada ao Tribunal de Justiça debruçava-se sobre saber se um regime do regime profissional de segurança social que previa, no caso de trabalhadores com mais de 54 anos e despedidos por motivos relacionados com a empresa, a adoção de um cálculo alternativo da indemnização com base no início o mais cedo possível da reforma e, em comparação com o método de cálculo regular que está ligado sobretudo à antiguidade na empresa, o pagamento de um montante de indemnização menor, mas pelo menos igual a metade do montante normal de indemnização, e que previa, no método de cálculo alternativo, a consideração de uma pensão de reforma em razão de uma deficiência, violava a proibição de discriminação com base numa deficiência prevista nos artigos 1º e 16º da Diretiva 2000/78/CE.

Este caso, decidido pelo TJUE a 6 de dezembro de 2012, releva não apenas em razão da proibição da discriminação em razão da idade mas, também, da deficiência e faz ressaltar, mais uma vez, o carácter intersetorial deste tipo de discriminação[148].

O Tribunal decidiu que "1) Os artigos 2º, nº 2, e 6º, nº 1, da Diretiva 2000//78/CE do Conselho, de 27 de novembro de 2000, que estabelece um quadro geral de igualdade de tratamento no emprego e na atividade profissional, devem ser interpretados no sentido de que não se opõem a uma regulamentação integrada num regime de previdência social específico de uma empresa, que prevê, para os seus trabalhadores com idade superior a 54 anos e que são objeto de despedimento por motivos económicos, que o montante da indemnização a que têm direito seja calculado em função da primeira data possível de reforma, ao contrário do método geral de cálculo, segundo o qual essa indemnização se deve fundar designadamente na antiguidade na empresa, pelo que a indemnização paga é inferior à indemnização que resulta da aplicação desse método geral, mas é pelo menos igual a metade desta.

2) O artigo 2º, nº 2, da Diretiva 2000/78 deve ser interpretado no sentido de que se opõe a uma regulamentação integrada num regime de previdência social específico de uma empresa, que prevê, para os seus trabalhadores com idade superior a 54 anos e que são objeto de despedimento por motivos económicos, que o montante da indemnização a que têm direito seja calculado em função da primeira data possível de reforma, ao contrário do método geral de cálculo, segundo o qual essa indemnização se deve fundar designadamente na antiguidade na empresa, pelo que a indemnização paga é inferior à indemnização que resulta da aplicação desse método geral, mas é pelo menos igual a metade desta, e que, ao aplicar esse outro método de cálculo, toma em consideração a possibilidade de receber uma pensão de reforma antecipada, paga em razão de deficiência".

Por último, no processo C-476/11, relativo a um pedido de decisão prejudicial apresentado pelo *Vestre Land*sret (Dinamarca) em 19 de Setembro de 2011 – *HK Danmark* em representação de *Glennie Kristensen / Experian A/S*, colocaram-se as seguintes questões ao Tribunal: "deve a exceção prevista no artigo 6º, nº 2, da Diretiva 2000/78/CE do Conselho, relativa à determinação dos limites de idade para adesão a regimes profissionais de segurança social, ser interpretada como uma autorização concedida aos Estados-Membros para poderem genericamente excluir os regimes profissionais de segurança social da proibição,

---

[148] Veja-se, a este propósito, *infra* ponto 8.

estabelecida no artigo 2º da Diretiva, de discriminação direta ou indireta com base na idade desde que tal não se traduza numa discriminação em razão do sexo?

Deve a exceção prevista no artigo 6º, nº 2, da Diretiva 2000/78/CE do Conselho, relativa à determinação dos limites de idade para adesão a regimes profissionais de segurança social, ser interpretada no sentido de que não se opõe a que um Estado-Membro mantenha uma situação jurídica em que um empregador pode pagar, como parte do salário, contribuições para pensões com base na idade, implicando, por exemplo, que o empregador paga uma contribuição de 6% relativamente aos trabalhadores com menos de 35 anos, de 8% para os trabalhadores com idades compreendidas entre os 35 e os 44 e de 10% para os trabalhadores com mais de 45 anos, desde que tal não se traduza numa discriminação em razão do sexo?".

O Tribunal de Justiça ainda não se debruçou sobre este caso mas, a 7 de fevereiro de 2013, a Advogada-Geral Juliane Kokott proferiu as conclusões propondo ao Tribunal que respondesse às questões prejudiciais nos seguintes termos: "1) O artigo 6º, nº 2, da Diretiva 2000/78 permite que um Estado-Membro mantenha em vigor um regime jurídico em virtude do qual um empregador pode pagar, como parte do salário, contribuições com base na idade para um regime profissional de pensões, implicando, por exemplo, que o empregador paga uma contribuição de 6% relativamente aos trabalhadores com menos de 35 anos, de 8% para os trabalhadores com idades compreendidas entre os 35 e os 44 e de 10% para os trabalhadores com mais de 45 anos.

2) Esse regime de pensões pode igualmente ser justificado ao abrigo do artigo 6º, nº 1, da Diretiva 2000/78, desde que o escalonamento das contribuições em função da idade previsto vise permitir aos trabalhadores mais velhos cotizar uma quantia suficiente para efeitos de reforma, mesmo quando estes só iniciam funções na empresa em causa num momento tardio da sua carreira, e desde que o escalonamento em função da idade vise, simultaneamente, integrar os trabalhadores mais novos, desde cedo, no regime profissional de pensões, reduzindo, porém, ao mesmo tempo os seus encargos financeiros. No entanto, isto só é válido na medida em que não seja possível, a um custo economicamente razoável, recorrer a outras medidas exequíveis e igualmente adequadas para atingir estes objetivos, com efeitos menos prejudiciais sobre os trabalhadores mais novos, e na medida em que os inconvenientes decorrentes de uma diferença de tratamento não sejam, além disso, desproporcionados relativamente às vantagens do regime.".

Não poderíamos deixar de mencionar, ainda que sincopadamente, a decisão do TJUE, caso *Comissão contra Hungria*, processo C-286/12, de 6 de novembro de 2012.

A relevância do caso advém do facto de se tratar de uma petição formulada pela Comissão Europeia ao Tribunal e que seguiu o processo de tramitação acelerada. Na sua petição, a Comissão Europeia solicitou ao Tribunal de Justiça que declarasse que, "ao adotar um regime nacional que impõe a cessação da atividade profissional dos juízes, dos procuradores e dos notários que tenham atingido 62 anos de idade, provoca uma diferença de tratamento em razão da idade não justificada por objetivos legítimos e, de qualquer modo, não necessária nem adequada relativamente aos objetivos prosseguidos, sendo que a Hungria não cumpriu as obrigações que lhe incumbem por força dos artigos 2° e 6°, n° 1, da Diretiva 2000/78/CE do Conselho, de 27 de novembro de 2000, que estabelece um quadro geral de igualdade de tratamento no emprego e na atividade profissional".

Conforme se pode ver nos parágrafos 18 a 21, "Em 17 de janeiro de 2012, a Comissão enviou à Hungria uma notificação para cumprir, na qual considerou que esse Estado-Membro, ao adotar as disposições legislativas nacionais relativas ao limite de idade que implicam a cessação obrigatória da atividade aplicável aos juízes, aos procuradores e aos notários não cumpriu as obrigações que lhe incumbem por força da Diretiva 2000/78. Na sua resposta de 17 de fevereiro de 2012, o referido Estado-Membro contestou o incumprimento que lhe é imputado. Em 7 de março de 2012, a Comissão emitiu um parecer fundamentado, convidando a Hungria a adotar as medidas necessárias para dar cumprimento a esse parecer no prazo de um mês a contar da sua receção. Esse Estado-Membro respondeu por carta de 30 de março de 2012. Por entender que esta resposta era insatisfatória, a Comissão decidiu, em 7 de junho de 2012, intentar a ação".

O Tribunal decidiu, a 7 de novembro do ano passado, que "1) Ao adotar um regime nacional que impõe a cessação da atividade profissional dos juízes, dos procuradores e dos notários que tenham atingido 62 anos de idade, que origina uma diferença de tratamento em razão da idade que não é proporcionada relativamente aos objetivos prosseguidos, a Hungria não cumpriu as obrigações que lhe incumbem por força dos artigos 2° e 6°, n° 1, da Diretiva 2000/78/CE do Conselho, de 27 de novembro de 2000, que estabelece um quadro geral de igualdade de tratamento no emprego e na atividade profissional", condenando a Hungria nas despesas.

Os argumentos aduzidos pela Hungria no âmbito do procedimento précontencioso, bem como nos seus articulados e na audiência eram, no essencial, os seguintes: por um lado, a uniformização, no âmbito do funcionalismo público, do limite de idade de cessação obrigatória de atividade, garantindo ao mesmo tempo a viabilidade do regime de pensões, um nível elevado de empregabilidade assim como a melhoria da qualidade e da eficácia das atividades da administração da justiça em causa; e, por outro lado, o estabelecimento de uma "estrutura de idades mais equilibrada" que facilitasse o acesso dos jovens juristas às profissões de juiz, de procurador ou de notário e lhes garantisse uma carreira mais rápida.

O Tribunal, contudo, entendeu que a Hungria não apresentou nenhum elemento que permitisse demonstrar que nenhuma outra disposição menos gravosa teria permitido atingir o objetivo em causa, considerando ainda que as disposições em causa não eram necessárias para atingir o objetivo de uniformização invocado por este país, e que as mesmas não eram adequadas para "prosseguir o objetivo de estabelecimento de uma «estrutura de idades» mais equilibrada".

7. Breve análise do art. 348º do CT

Depois desta análise, não poderíamos deixar de abordar, ainda que sinteticamente, a compatibilidade do art. 348º do CT com o direito comunitário, isto é, da conversão automática do contrato de trabalho quando o trabalhador atinge 70 anos de idade.

O princípio da não discriminação em razão da idade é desde o acórdão *Mangold* um princípio geral de direito da União. Encontra também proteção na CDFUE e no próprio TFUE.

Em Portugal este princípio encontra proteção conforme já foi referido anteriormente nos arts. 24º a 29º do CT mas não só. Convém ter em atenção, ainda, o art. 348ºe a sua interpretação.

Parece-nos que, para que este artigo esteja em conformidade com todos os princípios comunitários nesta matéria, e ser aceite como uma discriminação direta mas que se encontra abrangida por um objetivo legítimo cujas medidas para o atingir sejam apropriadas e necessárias nos termos do art. 6º da Diretiva, que os trabalhadores só poderão ter o seu contrato convertido se já beneficiarem de um direito à reforma e que, contrariamente ao decidido em *Rosenbladt*, seja de valor considerável, ainda que inferior à última retribuição auferida.

Assim, concorda-se com o defendido por PAULO RAMOS DE FARIA[149], quando preconiza que o art. 348º do CT tem de, em primeiro lugar, ser alvo de uma interpretação restritiva, no sentido de que o previsto nos nº 1 e 2 deste artigo só é aplicável a contrato de trabalho de trabalhador que atinja a idade de 70 anos sem ter havido reforma, "quando este reúna as condições para a obter", defendendo ainda que, se o trabalhador completar os 70 anos sem poder pedir a reforma, a conversão do contrato só ocorre quando as condições necessárias estiverem reunidas, sustentando o mesmo para os contratos previstos no nº 3 do art. 348º. Assim, deve fazer-se, ainda, uma interpretação extensiva deste artigo para que

---

[149] "Velhos são os trapos: discorrendo por analogia sobre o Acórdão *Palacios de la Villa*", in *QL*, nº 34, p. 233.

esteja em conformidade com o direito comunitário, pois deve aplicar-se este regime aos contratos celebrados depois do trabalhador, com direito à reforma, atingir os 70 anos de idade.

8. Discriminação intersectorial

Uma outra questão relacionada com a discriminação em razão da idade está relacionada com a discriminação intersectorial, isto é, com a ligação desta forma proibida de discriminação com outras formas de discriminação. Através da política de encorajar a diversidade da idade, em vez de acabar coma discriminação, a aproximação à discriminação em razão da idade difere dos outros tipos de discriminação. E esta aproximação pode ser particularmente prejudicial na medida em que há uma forte ligação entre a discriminação em razão da idade e outras formas, já reguladas, de discriminação.

Desde logo a ligação entre a discriminação em razão da idade e em função do sexo.

Na verdade, a discriminação em razão da idade pode ser facilmente também uma discriminação em função do sexo na medida em que as mulheres mais velhas sofrem mais desvantagens do que homens mais velhos. Isto acontece porque elas tendem a viver mais e são mais pobres na medida em que em média recebem retribuições mais baixas, descontam durante menos tempo e auferem reformas mais baixas. Isto acontece também porque alguma parte da população feminina ainda depende das reformas dos maridos ou da sua retribuição e também porque têm mais períodos de suspensão do contrato de trabalho ou de não trabalho dada a tendência para serem elas, normalmente, a tomarem conta dos filhos e a gozarem a maior parte da licença parental.

Por outro lado, estudos demonstram os efeitos da aparência física nas decisões de recrutamento e da promoção e que as mulheres tendem a sofrer mais preconceitos em relação à idade e à correlação com a boa aparência física, ou o declínio desta, do que os homens[150].

E esta relação entre estes casos de múltipla discriminação pode originar que a mesma situação seja considerada ilegal como uma discriminação em função do sexo e legal em razão da idade[151].

Também pode acontecer que exista uma relação entre a discriminação em razão da idade e a discriminação em função da raça e da etnia, já que as taxas de desemprego são normalmente superiores relativamente aos trabalhadores ne-

---

[150] Vejam-se os estudos citados por MALCOLM SARGEANT, "For Diversity, Against Discrimination: the Contradictory Approach to Age Discrimination in Employment", in IJCLLIR, Winter 2005, pp. 639-640.
[151] Veja-se o caso Kleist já referido anteriormente.

gros ou de minorias étnicas, existindo certos dados que consideram que muitos trabalhadores de raça negra ou de minorias étnicas com idade superior a 45 anos e que beneficiam de uma pensão estatal sofrem simultaneamente uma "penalidade étnica" e uma "penalidade em razão da idade" no mercado de trabalho, sendo que as políticas que visam diminuir este tipo de discriminações são por vezes mais orientadas para os trabalhadores jovens e não para os trabalhadores mais velhos, o que é discriminatório.

Por último também pode existir claramente uma ligação entre a discriminação em razão da idade e a discriminação em razão da deficiência e, se existe proteção contra os trabalhadores deficientes, quando se combinam as duas formas de discriminação, isto é, quando se trata de um trabalhador idoso e deficiente, a proteção conferida reduz-se bastante porque o trabalhador é encarado como não apto e retirado do mercado de trabalho. Esta prática realizada manifesta claramente que os empregadores pretendem ter a possibilidade de remover os trabalhadores que mais facilmente poderão ficar incapazes, relacionando esta maior possibilidade com a idade. Por outro lado, não seria mais coerente com a proibição em função da deficiência tratar todos os trabalhadores por igual? Se uma pessoa tem realmente um problema mental, físico ou de saúde deve ser tratada pelo empregador da mesma forma que é tratado um trabalhador com deficiência ou doença crónica, independentemente da idade.

Nota-se assim que a discriminação intersectorial ou múltipla não pode ser dividida em várias partes, sendo um dos exemplos onde a soma das partes é superior à dos seus elementos individualmente visualizados. Uma mulher jovem e negra pode sofrer discriminação que uma mulher negra e idosa não sofre. A razão para eventualmente considerar que há uma discriminação deve basear-se no facto de que ela é nova, negra e mulher mas não três motivos separados e julgados segundo a legislação anti-discriminatória em razão da idade, depois da raça e depois do sexo. A múltipla discriminação é onde todas estas diferentes formas de discriminação se cruzam e resulta numa outra forma de discriminação.

E a discriminação em razão da idade, diferente das outras formas de discriminação que não aceitam a possibilidade de discriminação direta a não ser se for considerado um requisito essencial e determinante para a atividade em causa nos termos do art. 4º da Diretiva, pode servir para sublinhar este tipo de discriminação, reconhecendo uma aproximação que tenha em atenção que a discriminação é mais do que uma mera soma das partes.

A ligação da idade à deficiência ou ao sexo ou à raça cria diferentes formas de discriminação e o Tribunal de Justiça ainda não se debruçou sobre esta questão como um todo[152], embora a decisão do Tribunal de Justiça no caso *Kleist*, onde

---

[152] Segue-se de perto o entendimento de MALCOLM SARGEANT, última *op.* cit., pp. 641 e ss..

estabeleceu que a discriminação em função do sexo reveste carácter absolutamente primário, possa permitir resolver um pouco esta questão. Contudo, só estabeleceu esta solução perante uma discriminação direta e não perante uma discriminação indireta e a idade da reforma, por exemplo pois, tal como já referimos, em *Rosenbladt* poderia estar em causa uma discriminação indireta em função do sexo e em razão da idade pois sabe-se que as trabalhadores têm maior propensão para aceitarem trabalhos a tempo parcial do que os homens em virtude das suas responsabilidades familiares. Como resolver estas situações em que um tratamento formalmente neutro pode discriminar um grupo inteiro de trabalhadoras quando se reformarem[153]?

Ou um limite máximo de idade de 30 anos para aceder a uma determinada atividade pode constituir simultaneamente uma discriminação direta em razão da idade mas igualmente uma discriminação indireta em função do sexo se esta disposição trouxer um prejuízo para todo um grupo de jovens mulheres que, devido às suas responsabilidades familiares, abandonam temporariamente o mercado de trabalho[154]. Este tipo de exigências também pode prejudicar as pessoas deficientes se a sua formação exigir mais tempo e entrarem mais tarde no mercado de trabalho.

Como resolver estas questões?

Conclusões

1. As diferenças de tratamento em razão da idade são múltiplas e têm vindo a tornar-se cada vez mais evidentes e sujeitas a discussão. E esta não se cinge às diferenças de tratamento diretas mas também às indiretas como, por exemplo, o critério da antiguidade.

O Direito da União Europeia obriga todos os Estados membros, os parceiros sociais, os empregadores e todos os que determinam as condições de emprego e de trabalho a reverem as diferenças em razão da idade.

2. O princípio da não discriminação em razão da idade ascendeu a nível de princípio fundamental do ordenamento jurídico comunitário. A *ratio* da ação comunitária prende-se com a necessidade de combater todo o tipo de discriminação, favorecendo um alto nível de ocupação e inclusão social, através de uma ligação com as diferentes políticas nacionais.

---

[153] Neste sentido STEFANIA SCARPONI, *op.* cit., p. 557.

[154] Provavelmente estas trabalhadoras, para não se afastarem do mercado de trabalho, adiam a maternidade e decidem ter menos filhos o que é uma das causas para a elevada queda na taxa de natalidade.

Contudo, não podemos deixar de atender que esta forma de discriminação não é igual às outras e, por vezes, é mesmo de difícil compreensão e gestão dada a sua própria natureza e ao facto de certas diferenças entre grupos serem justificadas se elas permitirem atingir objetivos legítimos de política social.

3. Podemos afirmar, sem tibiezas, que o TJUE tem sido bastante proactivo em tentar esclarecer a interpretação que deve ser feita da Diretiva relativamente às medidas que os Estados membros podem adotar relativamente ao estabelecimento de discriminações diretas em razão da idade baseadas em motivos de política social.

4. Contudo, consideramos também que o caminho que tem seguido não tem sido, por vezes, o melhor.

A análise que fizemos da jurisprudência do Tribunal de Justiça leva-nos a concluir que é um princípio ainda frágil, uma espécie de *work in progress*.

A discriminação em razão da idade é em princípio interdita mas numerosas derrogações são admitidas e as condições em que estas derrogações podem ocorrer têm ainda contornos bastante fluidos. E uma das questões fundamentais é a de saber como é que estas derrogações previstas no direito comunitário se articulam com as leis nacionais e ao nível convencional.

5. Assim, parece-nos que o Tribunal de Justiça tem vindo a clarificar aspetos como a reforma e a ideia como uma característica essencial e determinante para a atividade profissional em causa, parecendo-nos que o entendimento mais restritivo que tem vindo a ser realizado é o correto.

Por outro lado, o TJUE tem tentado fornecer orientações para que possa saber-se, *inter alia*, o que são objetivos legítimos, idade máxima de recrutamento, idade da reforma, limites nas escolhas dos Estados membros relativamente às medidas adotadas, ainda que com uma margem de manobra que nos parece por vezes demasiado excessiva e causadora de várias disparidades entre os mesmos Estados.

Parece-nos que todos os casos julgados revelam que a idade é considerada uma ferramenta de política de emprego, diferentemente do que acontece relativamente aos outros fatores de discriminação previstos na legislação anti-discriminatória.

6. Porém, o Tribunal de Justiça ainda não contextualizou a idade em termos de uma vida mais longa e num contexto do envelhecimento de toda a população, assim como assumiu a idade como um fator que pode ser aceite para discriminações diretas relacionadas com uma diminuição na capacidade, preferindo a adoção de assunções gerais em vez de testar as capacidades individuais. Mas, relativamente a este aspeto, parece-nos ser mais importante saber o que é a idade para cada atividade e deixar de partir de certos preconceitos e estereótipos sobre os trabalhadores de idade mais avançada.

7. Por outro lado, o Tribunal de Justiça tem aceitado a possibilidade de existência de discriminações diretas em razão da idade, nomeadamente em matéria de reformas obrigatórias, nos termos do art. 6º da Diretiva com base na argumentação dos Estados de que a legislação foi estabelecida tendo em atenção a partilha de emprego mas sem existirem estudos concretos que realmente provem que os trabalhadores mais velhos querem sair ou se querem ficar, ou a razão pela qual o querem fazer ou se ocorre, realmente, esta *renovação* e partilha. Muitas vezes os trabalhadores pretendem continuar a trabalhar porque as condições de vida degradam-se e a retribuição que auferem quando estão a trabalhar é superior, tal como era o caso em *Rosenbladt*.

O Tribunal de Justiça entende que esta matéria é da competência dos Estados membros e reenvia esta análise para os juízes nacionais mas parece-nos bastante relevante o entendimento mais restrito que foi decidido em *Fuchs e Köhler* onde se estabeleceu que, embora considerações de ordem orçamental possam estar na base das opções de política social e influenciar as medidas que o Estado pretende adotar, estas considerações, por si sós, não podem ser aceites como um objetivo legítimo na aceção do art. 6º, nº 1 da Diretiva. Parece-nos que este é o caminho que deve ser seguido, ainda que com uma grande margem de apreciação conferida aos Estados membros, sob pena de, perante o argumento da crise económica que atravessamos, poderem vir a ser aceites várias discriminações em razão da idade, violando não só a legislação comunitária relativa a esta matéria mas também o próprio princípio da dignidade da pessoa humana.

Mais, o facto de neste acórdão mais recente o Tribunal de Justiça ter voltado a reafirmar, tal como tinha feito em *Age Concern England*, ainda que em *Rosenbladt* não o tenha cumprido, que o art. 6º, nº 1 da Diretiva, impõe a todos os Estados membros o ónus de demonstrar o carácter legítimo do objetivo invocado como justificação em função de um elevado limiar probatório assume grande importância, ainda que, mais uma vez, estabelecendo que os Estados dispõem de uma ampla margem de apreciação na escolha das medidas que consideram adequada, remetendo para o juiz nacional a análise dos elementos que são invocados para demonstrar o carácter apropriado e necessário da medida, tendo em atenção, ainda, que o juízo de proporcionalidade implica a análise da situação local e pode variar de Estado para Estado e entre momentos temporais, tal como ficou decidido em *Petersen*.

Contudo, defendemos que, embora haja esta elevada margem de apreciação, terá sempre de respeitar o Direito da União e também consideramos que as alegações dos Governos deveriam ser, muitas vezes, bem mais complexas e não basear-se em meros argumentos factuais e não jurídicos.

8. O Tribunal também ainda não atendeu à possibilidade de discriminações intersectoriais e a discriminação em razão da idade, dadas as suas peculiares características, chama a atenção para esta possibilidade de sobreposições de diferentes tipos de discriminações.

9. Assemelha-se-nos, ainda que várias outras questões se levantam relacionadas com a natureza particular da discriminação em razão da idade.

Como estabelecer a disparidade de tratamento quando o grupo que se considera em desvantagem e discriminado não está claramente definido?

Qual é o grupo que deverá servir de referência?

Quais são os outros objetivos que podem ser considerados legítimos para além dos mencionados na Diretiva? Já se decidiu em *Prigge* que a segurança aérea não pode ser um deles mas há mais?

Como deve ser aplicado o teste da proporcionalidade na prática?

Qual o tratamento que deve ser realizado quando uma disposição ou uma prática é contrária ao direito da União?

10. Entende-se que quando se interroga a discriminação em razão da idade, é toda a racionalidade do direito que é questionada pois esta questão pode estar potencialmente em todas as decisões. Torna-se assim essencial inserir dentro do discurso e da racionalidade jurídica *armas* que permitam a todos os trabalhadores, mas sobretudo os mais idosos, defender os seus interesses fundamentais neste nosso mundo global e em crise perante uma população que está a envelhecer.

Todos têm direito a gozar uma velhice em condições dignas e é esse o caminho que o Tribunal de Justiça, assim como os tribunais nacionais, devem trilhar mas parece-nos que, por agora, atendendo às decisões em causa, os direitos dos trabalhadores têm sido postergados em várias situações em nome de um interesse público ou socioprofissional que lhes impõe uma noção de bem comum que não é necessariamente a deles.

Ainda não estou convicta que tenhamos encontrado a melhor forma de nos ajudarmos a ultrapassar as mudanças (mas também aproveitar as oportunidades) colocadas pela mudança demográfica dos nossos dias, especialmente no que concerne à distribuição de trabalho entre as pessoas mais novas e as mais velhas. E sei que esta não é uma tarefa fácil.

Creio, assim, que nesta matéria da discriminação em razão da idade, verdadeira *Cinderela* na matéria da proibição da discriminação, que esta *Cinderela* encontrou um *sapatinho de cristal* mas que ainda não é o perfeito. É um sapato que serve mas que lhe traz algum incómodo e desconforto pois é demasiado estreito e apertado. Espero que dentro em breve a nossa *Cinderela* encontre o seu verdadeiro *sapatinho de cristal*.

Vila Nova de Gaia, maio de 2013

O ónus da prova em casos de discriminação

1. Introdução: *Actori incumbit probation*

1.1. A ideia da necessidade da existência de um ónus da prova é essencial para a noção de justiça, já que quem alega um facto tem de o provar. A alternativa a esta situação seria privilegiar injustamente o mero ato de acusação e encorajar queixas frívolas ou, até, vingativas.

Nenhum direito se efetiva se não for dada ao respetivo titular a possibilidade de o invocar em juízo e, principalmente, de provar a sua violação, pelo que é essencial tratar da prova nesta matéria. E a regra geral em matéria de direito probatório é a de quem alega um facto constitutivo de um direito que invoca deve prová-lo[1].

Esta ideia operou no sistema legal da Europa continental, quer a nível civil, quer a nível criminal, durante um longo tempo[2], e está consagrada, a nível civil, no art. 342º do Código Civil Português que estabelece que o ónus da prova incumbe a quem alega o facto. Da mesma forma, quem entender que foi tratado de forma injusta tem de fazer a respetiva prova.

Na verdade, se o direito processual é instrumental do direito substantivo, constituindo a sua *ratio essendi* na garantia dos princípios consagrados no direito substantivo, também este, sem princípios processuais adequados, ficaria incompleto sem possibilidade de se tornar efetivo ou, *tão efetivos,* quanto uma faca sem lâmina ou um sino sem campainha.

---

[1] Veja-se MANUELA BENTO FIALHO, "Igualdade do trabalho. Um caminho aberto, uma estrada por pavimentar...", *in PDT*, nºs 76,77,78, p. 98.

[2] Cf., no mesmo sentido, PHILIP ROSTANT, *The burden of proof in discrimination cases, in* www.era.int, p. 2.

1.2. Contudo, nos casos de discriminação, sobretudo na discriminação no emprego, este princípio do ónus da prova não pode atuar da mesma forma, cabendo aos tribunais nacionais e ao TJUE uma diferente abordagem[3]. Não podemos esquecer que as relações de trabalho são um exemplo paradigmático da existência de relações privadas desiguais não só no plano factual mas também no plano jurídico. Na verdade, no plano factual, os sujeitos contraentes – trabalhador e empregador – não dispõem da mesma liberdade no que concerne à celebração do contrato nem à estipulação de cláusulas contratuais, o que origina o aparecimento de um desequilíbrio contratual que se acentua em alturas de desemprego generalizado como, infelizmente, acontece nos nossos dias[4]. No plano jurídico, a conclusão do contrato de trabalho coloca o trabalhador numa situação de subordinação face ao empregador. Assim, figurando-se o domínio económico e social de uma parte, não se pode invocar, sem mais, o princípio da liberdade contratual, para se poder escolher arbitrariamente a contraparte, ou seja, o trabalhador. Nestes casos, surgindo este como a parte mais fraca e o empregador como a mais forte, que pode, mesmo, abusar dos seus poderes, justifica-se uma intervenção legal no sentido de proteger a primeira.

A maior parte das pessoas, incluindo os empregadores, estão conscientes que a discriminação não deve acontecer e, por isso, se cometerem tratamentos discriminatórios, não vão facilmente admitir que o fizeram[5]. E esta tendência para *encobrir* a natureza discriminatória das suas decisões e ações, evitando testemunhas e explicações por escrito, entre outros fatores, torna a discriminação muito difícil de provar[6].

Contudo, é importante não esquecer que em muitos casos os empregadores nem sequer estão conscientes que o tratamento que estão a realizar é discriminatório e nem existe uma intenção para realizar essa discriminação[7]. Desigual-

---

[3] É importante ter em atenção que o princípio da não discriminação proíbe discriminações mas já não diferenciações. Estas não só são admitidas como, até, podem ser impostas pelo princípio do Estado de Direito Social enquanto forma de compensação das desigualdades que determinadas pessoas têm. Veja-se, para mais desenvolvimentos, VERA RAPOSO, "Os limites da igualdade: um enigma por desvendar (a questão da promoção da igualdade laboral entre sexos)", *in Questões Laborais*, nº 23, pp. 48-51.

[4] A taxa de desemprego em finais de abril era de 17,8%.

[5] *Vd.* FIONA PALMER, "Re-dressing the Balance of Power in discrimination Cases: The Shift in the Burden of Proof", *in European Anti-Discrimination Law Review*, nº 4, 2006, p. 24.

[6] É necessário atender que esta alteração ao nível do princípio do ónus da prova é desnecessária quando é evidente que existiu uma discriminação. Cf. mais desenvolvidamente este aspeto em DAVID SNEATH, *The burden of proof in discrimination cases, in* www.era.int, p. 1. .

[7] Como esclareceu Lord Browne-Wilkinson,no caso *Glasgow City Council v. Zafar*, de 1998, "quem discrimina com base na raça ou género normalmente não anuncia os seus preconceitos, até porque podem nem estar conscientes dos mesmos".

dades estruturais na organização do dia-a-dia de uma sociedade originam muitas vezes efeitos discriminatórios concretos. Assim, por exemplo, uma sociedade que entende que o cuidado das crianças e dos menores é tarefa primordial dos pais, combinado com uma divisão do trabalho por sexos e o cuidado não pago dos filhos, leva a que muitas mulheres tenham de deixar de trabalhar temporariamente ou, até, permanentemente, quando o seu primeiro filho nasce, o que é uma das causas da diferença retributiva entre homens e mulheres.

Nalguns casos, a discriminação não é realizada intencionalmente mas terá apenas por base a ideia de que aquela pessoa "não irá sentir-se bem ou não irá adequar-se ou adaptar-se bem". Ou, ainda, ocasionalmente, pode até existir uma razão benigna para o tratamento menos favorável[8].

Porém, não nos podemos esquecer que a intenção não é um elemento necessário para que a discriminação ocorra no contexto da legislação sobre igualdade. Assim, nem o motivo, nem a intenção, nem a razão subjetiva que originaram que uma determinada pessoa tenha sido colocada numa posição menos favorável são relevantes.

A discriminação continua a ocorrer e representa um problema significativo ao nível da UE e não só, bastando socorrermo-nos das estatísticas apresentadas pelo Eurobarómetro nº 393 de 2012 onde uma larga proporção dos Europeus são da opinião que a discriminação está disseminada nos seus países, sendo a discriminação em razão da etnia como a mais disseminada, com cerca de 59%, seguida da discriminação em razão da idade[9] [10].

A discriminação é, muitas vezes, praticada de forma encoberta, trazendo graves problemas económicos, sociais, políticos e tendo causas também elas de vária índole relacionadas quer com fatores históricos, culturais e mesmo sociais, económicos e políticos que se relacionam entre si e estão a maior parte das vezes

---

[8] Veja-se, a título de exemplo, o caso do Reino Unido de 1990 *James v. Eastleigh Borough Council*, que tratava do acesso livre a piscinas para pessoas que atingissem a idade da reforma. Na altura a idade para os homens no reino Unido era de 65 e para as mulheres era de 60. Durante o processo alegou-se que o motivo que originou o livre acesso às piscinas baseava-se na ideia de oferecer benefícios a quem, em princípio, viu os seus rendimentos diminuírem com a reforma. O objetivo era ajudar os mais necessitados independentemente do sexo e não dando preferência a um sexo relativamente ao outro. Cf., para mais desenvolvimentos, JASON GALBRAITH-MARTEN, *Shifting the burden of proof and access to evidence, in* www.era.int, p. 2.

[9] Cf. relativamente ao ano de 2009 para comparação Special Eurobarometer 317, p. 4, e PHILIP ROSTANT, *op.* cit., p. 1, assim como, MARJOLEIN VAN DEN BRINK e MARIJE GRAVEN, *Proving discrimination – The mitigated burden of proof in EC equality law, in* www.era.int, p. 4.

[10] Podem ver-se, ainda, dados recentes relativamente a vários tipos de discriminação no Relatório Anual da FRA – European Union Agency for Fundamental Rights, *Fundamental rights: challenges and achievements in 2011*, Luxemburgo, 2012, pp. 128 e ss..

inter-relacionados[11], assentando, na maior parte dos casos, em preconceitos pré-estabelecidos[12] que estão muitas vezes omnipresentes mas nem sempre visíveis, parecendo, até, que quase sempre funcionam de forma invisível[13]. Na esteira de MATTEO-BONINI-BARALDI[14], pode dizer-se que a defesa da não discriminação assenta num "cruzamento dos bens mais queridos e controversos da nossa sociedade". Ou, ainda, na sugestiva imagem de MICHEL MINÉ[15], "o direito da discriminação pode ser comparado a uma árvore: tem raízes nos valores que tal direito defende (a dignidade da pessoa); um tronco comum com regras comuns a todas as discriminações (o regime probatório); e ramos que dizem respeito a cada motivo discriminatório específico (discriminação em função do sexo, racial, em função da idade, etc.)".

Atendendo a esta *omnipresença* e *invisibilidade* simultânea da discriminação, a prova em processo judicial não pode seguir os cânones clássicas do ónus da prova. Para assegurar às vítimas o direito efetivo à justiça tem de alterar-se a regra de atuação do ónus da prova, principalmente em casos onde os autores da ação não têm acesso à informação e aos dados para provar o seu caso, nomeadamente na fase de acesso e formação do contrato de trabalho ou, por exemplo, relativamente ao sistema de retribuições do empregador.

Entende-se que a questão da prova da discriminação reveste importância fundamental para a sua proibição, pois se a discriminação de forma clara é manifestamente proibida, a questão adensa-se quando aqueles que são responsáveis pela proibição a realizam de tal forma que se torna muito difícil detetá-la, principalmente quando a encobrem através de práticas, critérios e disposições que, apesar de aparentemente não serem discriminatórios, são realizados de tal forma que produzem o mesmo tipo de exclusão que os de uma discriminação realizada de forma clara.

Preconiza-se, assim, que a eficácia de uma legislação anti-discriminatória depende estreitamente do seu regime probatório, estando este, com as suas regras procedimentais, ao serviço da eficácia do direito contra a discriminação[16].

---

[11] *Vide* para maiores desenvolvimentos ISABELLE RORIVE, *Proving Discrimination Cases. The Role of Situation Testing*, Centre for Equal Rights e M.P.G., Bruxelas, 2009, p. 7.

[12] *Vide*, ainda que relativa à proibição da discriminação em razão do sexo, JÚLIA CAMPOS, "Igualdade e não discriminação no Direito do Trabalho", *in IV Congresso Nacional de Direito do Trabalho – Memórias*, (coord. ANTÓNIO MOREIRA), Almedina, Coimbra, 2002, p. 314.

[13] No mesmo sentido LOUSADA AROCHENA, *Community legislation on the burden of proof and Access to justice in sex discrimination cases*, *in* www.era.int, p. 2.

[14] *The burden of proof in discrimination cases: elements for a conceptualization from a private law perspective*, *in* www.era.int, p. 1.

[15] *Apud* JÚLIO GOMES, *Direito do Trabalho, volume I, Relações Individuais de Trabalho*, Coimbra editora, Coimbra, 2007, pp. 384-385, nota nº 1023.

[16] Partilhando a mesma opinião MICHEL MINÉ, *Le regime probatoire de la discrimination*, *in* www.era.int, p. 1.

2. Análise do ónus da prova em casos de discriminação

O direito à igualdade e à proibição da discriminação constitui um direito universal, reconhecido pela Declaração Universal dos Direitos do Homem, pela Convenção das Nações Unidas sobre a eliminação de todas as formas de discriminação contra as mulheres, pelos Pactos Internacionais das Nações Unidas sobre os Direitos Civis e Políticos e sobre os Direitos Económicos, Sociais e Culturais, e pela Convenção para a Proteção dos Direitos do Homem e das Liberdades Fundamentais, de que Portugal é signatário. Por outro lado, a Convenção nº 111 da Organização Internacional de Trabalho proíbe a discriminação em matéria de emprego e atividade profissional.

Também ao nível da UE esta proibição da discriminação está consagrada a vários níveis[17][18].

Durante décadas a UE defendeu a proibição da discriminação como uma forma de tentar conseguir um mercado interno mais forte, podendo defender-se atualmente que existe uma forte proteção a este nível contra a discriminação na medida em que esta não acontece apenas ao nível individual mas, também, coletivo pois é dirigida várias vezes contra grupos ou comunidades[19][20].

[17] Logo ao nível da Carta Comunitária dos Direitos Sociais Fundamentais dos Trabalhadores pode ler-se que um dos motivos para a adoção deste documento é a luta contra a discriminação: "Considerando que, para assegurar a igualdade de tratamento, lutar contra todas as formas de discriminação, designadamente as baseadas no sexo, na cor, na raça, nas opiniões e nos credos e que, num espírito de solidariedade, importa lutar contra a exclusão social".
Também ao nível do Conselho da Europa, pode ver-se na Carta Social Europeia esta defesa quando se estabelece que um dos motivos para o surgimento deste documento é a proibição da discriminação: "Considerando que os direitos sociais devem ser assegurados sem qualquer discriminação em razão da raça, etnia, sexo, religião, opinião política, nacionalidade ou origem social" – "Considering that the enjoyment of social rights should be secured without discrimination on grounds of race,colour, sex, religion, political opinion, national extraction or social origin".
[18] Conforme defende o Advogado-Geral Poiares Maduro no caso *Coleman*, processo C-303/06, parágrafo 9, "No seu nível mínimo, a dignidade humana implica o reconhecimento da igualdade de valor de todos os indivíduos. A vida de cada pessoa vale pelo mero facto de cada pessoa ser um ser humano, e não há vida que valha mais ou menos do que outra. Como Ronald Dworkin recordou recentemente, mesmo quando estamos em profundo desacordo sobre questões de moralidade política, de estrutura das instituições políticas e do funcionamento dos nossos Estados democráticos, continuamos, ainda assim, a partilhar de um compromisso para com este princípio fundamental. Por este motivo, a actuação dos indivíduos e das instituições políticas não deve negar a importância intrínseca de cada vida humana".
[19] Lilla Farkas, *How to Present a Discrimination Claim – Handebook on seeking remedies under the EU Non-discrimination Directives*, European Commission, Luxemburgo, 2011, p. 7. Ver, ainda, European Union Agency for Fundamental Rights, *Handbook on European Non-Discrimination Law*, Luxemburgo, 2011.
[20] Por exemplo, a discriminação em função da raça apresenta-se, muitas vezes, como uma discriminação intersectorial pois é frequente que uma minoria seja discriminada, não apenas em função da sua raça ou origem étnica, como também das suas convicções religiosas.

A legislação em matéria não discriminatória faz parte do quadro legislativo europeu desde a introdução das leis sobre igualdade do género da década de 70 do século passado.

Conforme o TJUE estabeleceu no caso *Defrenne II*, C-43/75, de 8 de Abril de 1976, sobre discriminação entre homens e mulheres relativo ao princípio da igualdade retributiva, combater a discriminação "faz parte dos objetivos sociais da Comunidade"[21].

O princípio da não discriminação ocupa um lugar central na UE e foi reforçado no Tratado de Lisboa pois, conforme se estabelece no no art. 2º do TUE, "A União funda-se nos valores do respeito pela dignidade humana, da liberdade, da democracia, da igualdade, do Estado de direito e do respeito pelos direitos do Homem, incluindo os direitos das pessoas pertencentes a minorias. Estes valores são comuns aos Estados-Membros, numa sociedade caracterizada pelo pluralismo, a não discriminação, a tolerância, a justiça, a solidariedade e a igualdade entre homens e mulheres"[22].

O Tratado de Lisboa consolidou preceitos específicos sobre igualdade e não discriminação. Desde logo, através do art. 10º do TFUE que estabelece que "Na definição e execução das suas políticas e ações, a União tem por objetivo combater a discriminação em razão do sexo, raça ou origem étnica, religião ou crença, deficiência, idade ou orientação sexual". Este artigo integra um catálogo anti-discriminatório, no seguimento do anterior art. 13º do Tratado de Roma, após a sua alteração pelo Tratado de Amesterdão. Não nos parece, contudo, que o elenco de fatores discriminatórios proibidos se restrinja aos que estão previstos neste artigo pois tem de ser necessariamente conciliado com o art. 21º, nº 1, da CDFUE que prevê um catálogo anti-discriminatório mais amplo e de carácter puramente exemplificativo, estabelecendo que "É proibida a discriminação em razão, <u>designadamente</u>[23], do sexo, raça, cor ou origem étnica ou social, características genéticas, língua, religião ou convicções, opiniões políticas ou outras, pertença a uma minoria nacional, riqueza, nascimento, deficiência, idade ou orientação sexual"[24].

Este artigo 10º do TFUE assume enorme importância já que alarga o conceito de *mainstreaming* não apenas à discriminação em razão do sexo mas, também, a

---

[21] Parágrafo 10.

[22] Conforme defende Marcelo Rebelo de Sousa, na anotação a este artigo, *in Tratado de Lisboa – Anotado e Comentado*, (coord. Manuel Lopes Porto e Gonçalo Anastácio), Almedina, Coimbra, 2012, p. 29, em última análise não é menos importante do que o art. 1º pois se este apresenta a União, aquele explica a sua razão de ser, isto é, substancializa a sua identidade.

[23] Sublinhado nosso.

[24] No mesmo sentido Dulce Lopes, em anotação a este artigo *in Tratado de Lisboa...*, cit., pp. 229-230.

O ÓNUS DA PROVA EM CASOS DE DISCRIMINAÇÃO

todas as outras formas de discriminação, incluindo-o nas políticas de emprego e nas relações externas.

O Tratado de Lisboa consolidou, ainda, no art. 19º, nº 1, do TFUE, uma norma mais específica nesta matéria ao consagrar que "Sem prejuízo das demais disposições dos Tratados e dentro dos limites das competências que estes conferem à União, o Conselho, deliberando por unanimidade, de acordo com um processo legislativo especial, e após aprovação do Parlamento Europeu, pode tomar as medidas necessárias para combater a discriminação em razão do sexo, raça ou origem étnica, religião ou crença, deficiência, idade ou orientação sexual"[25].

Em 2000, a UE introduziu duas diretivas em matéria de não discriminação, a Diretiva 2000/43/CE, de 29 de Junho de 2000, relativa à implementação do princípio da igualdade de tratamento entre as pessoas sem distinção de raça ou de origem étnica, e a Diretiva 2000/78/CE, de 27 de Novembro de 2000, que estabeleceu um quadro geral em favor da igualdade de tratamento no trabalho e no emprego. Estas duas Diretivas inserem o combate à discriminação numa política mais abrangente da promoção da igualdade de tratamento e da dignidade humana[26].

As diretivas relativas à não discriminação aplicam-se a todas as pessoas o que significa que não estão condicionadas à cidadania ou à nacionalidade, proibindo tratamentos discriminatórios com base na raça, origem étnica, religião ou convicções, deficiência, idade, orientação sexual e sexo[27]. Contudo, na legislação da UE não há uma definição destes fatores para além do sexo/género que inclui não só o biológico mas também o caso dos transexuais[28].

---

[25] Sobre este artigo veja-se RUI MOURA RAMOS em anotação aos arts. 18º a 23º, *in Tratado de Lisboa...*, cit., pp. 259-260.

[26] Neste sentido JÚLIO GOMES, *Direito do...*, cit., p. 386, critica um pouco a opção do legislador comunitário, escrevendo que "o edifício das normas anti-discriminação que está a ser laboriosamente construído arrisca-se a transformar-se num imponente labirinto", manifestando a suas surpresa perante o silêncio do legislador comunitário sobre a discriminação com base nas convicções políticas ou ideológicas, na filiação sindical ou na nacionalidade.

[27] Veja-se BERNARD TEYSSIÉ, *Droit Européen du Travail*, 4.ª edição, Litec, Paris, 2010, pp. 274 e ss.

[28] Em várias decisões do TJUE invocaram-se os considerandos destas diretivas para chamar a atenção da importância da proibição deste tipo de discriminações para a manutenção dos princípios da UE. Veja-se, a título de exemplo, o acórdão *Palácios de la Villa*, caso C-411/05, de 16 de Outubro de 2007, onde se citam vários considerandos da Diretiva 2000/78, sobretudo os nºs 11 e 12 "A discriminação baseada na religião ou nas convicções, numa deficiência, na idade ou na orientação sexual pode comprometer a realização dos objectivos do Tratado CE, nomeadamente a promoção de um elevado nível de emprego e de protecção social, o aumento do nível e da qualidade de vida, a coesão económica e social, a solidariedade e a livre circulação das pessoas.

Para o efeito, devem ser proibidas em toda a Comunidade quaisquer formas de discriminação directa ou indirecta baseadas na religião ou nas convicções, numa deficiência, na idade ou na orientação sexual, nos domínios abrangidos pela presente directiva. Esta proibição de discriminação

A transposição destas Diretivas foi realizada pelo Código do Trabalho – art. 2º, alíneas i) e j) do Diploma Preambular), e estão atualmente tratadas nos arts. 23º e ss., ainda que, no que concerne à Diretiva 2000/43/CE, se trate de uma transposição parcial na parte respeitante aos aspetos ligados ao contrato de trabalho, sendo que nos restantes aspetos a transposição foi realizada pela Lei nº 18/2004, de 11 de Maio[29].

As duas Diretivas basearam-se na versão anterior do art. 19º do TFUE e um dos seus objetivos é providenciar que, conforme o Considerando 29 da Diretiva 2000/78, "As pessoas que tenham sido vítimas de discriminação em razão da religião, das convicções, de uma deficiência, da idade ou da orientação sexual devem dispor de meios de proteção jurídica adequados", ou no Considerando nº 19 da Diretiva 2000/43, que "As pessoas que tenham sido objeto de discriminação baseada na origem racial ou étnica devem dispor de meios adequados de proteção jurídica".

Nestas Diretivas também se aproveitou a possibilidade para introduzir alterações em matéria de ónus da prova em casos de discriminação, aproveitando em grande parte a legislação existente em matéria de igualdade de género, assim como a própria jurisprudência do Tribunal de Justiça, tal como se pode depreender dos Considerandos 30 a 32 da Diretiva 2000/78[30], assim como 20 a 22 da Diretiva 2000/43[31][32].

---

deve-se aplicar igualmente aos nacionais de países terceiros, mas não abrange as diferenças de tratamento em razão da nacionalidade nem prejudica as disposições que regem a entrada e a estadia de nacionais de países terceiros e o seu acesso ao emprego e à actividade profissional".

[29] Relativamente à transposição das Diretivas noutros Estados membros pode ver-se ISABELLE CHOOPIN e THIEN UYEN DO, *Developing Anti-Discrimination Law in Europe – The 27 EU Member States, Croatia, Formar Yogoslav Republica f Macedonia and Turkey compared*, European Commission, Luxemburgo, 2011, sobretudo, pp. 106 e ss..

[30] (30) A aplicação efectiva do princípio da igualdade exige uma protecção judicial adequada contra actos de retaliação.

(31) Impõe-se a adaptação das regras relativas ao ónus da prova em caso de presunção de discriminação e, nos casos em que essa situação se verifique, a aplicação efectiva do princípio da igualdade de tratamento exige que o ónus da prova incumba à parte demandada. Não cabe, contudo, à parte demandada provar que a parte demandante pertence a uma dada religião, possui determinadas convicções, apresenta uma dada deficiência ou tem uma determinada idade ou orientação sexual.

(32) Os Estados-Membros podem decidir não aplicar as regras relativas ao ónus da prova nos processos em que a averiguação dos factos caiba ao tribunal ou à instância competente. Os processos em questão são aqueles em que a parte demandante está dispensada de provar os factos cuja averiguação incumbe ao tribunal ou à instância competente".

[31] "(20) A aplicação eficaz do princípio da igualdade exige uma protecção judicial adequada em matérias cíveis contra actos de retaliação.

(21) Impõe-se a adaptação das regras do ónus da prova em caso de presumível discriminação e, nos casos em que essa situação se verifique, a aplicação efectiva do princípio da igualdade de tratamento exige que o ónus da prova incumba à parte demandada.

A origem do desenvolvimento desta alteração do ónus da prova reside no facto de a experiência ter demonstrado a grande dificuldade que se encontra na obtenção de provas relativas à existência de discriminação. Muitas vezes a informação relevante para estabelecer a discriminação pertence à contraparte, isto é, ao empregador e, daí, a necessidade de atender a esta especificidade para assegurar o efetivo direito à igualdade e à não discriminação.

Esta legislação anti-discriminatória tem assim por objetivos fundamentais a promoção da igualdade, a proibição da discriminação, a proibição do assédio, a proibição da *vitimização*, o estabelecimento de adaptações razoáveis para pessoas deficientes, o facilitar o ónus da prova em casos de discriminação e permitir a adoção de medidas positivas para assegurar igualdade de oportunidades[33].

Convém ainda ter em atenção a Diretiva 2006/54/CE, de 5 de Julho de 2006, relativa à aplicação do princípio da igualdade de oportunidades e igualdade de tratamento entre homens e mulheres em domínios ligados ao emprego e à atividade profissional (reformulação), assim como a Diretiva 2004/113/CE, de 13 de Dezembro de 2004, que aplica o princípio de igualdade de tratamento entre homens e mulheres no acesso a bens e serviços e seu fornecimento[34].

2.1. Conceitos Fundamentais

Na linguagem quotidiana a palavra discriminação é muitas vezes utilizada como injustiça, desigualdade ou uma falta de oportunidades iguais e o conceito de discriminação relaciona-se com estes conceitos morais e filosóficos. Contudo, ao nível da UE, e mesmo ao nível nacional, o conceito é entendido a nível legal de forma muito mais restrita. A discriminação não significa injustiça ou violação de direitos humanos, sendo a proteção contra a discriminação apenas cingida a casos onde estão presentes determinadas características legalmente protegidas.

---

(22) Os Estados-Membros podem decidir não aplicar as regras relativas ao ónus da prova nos processos em que a averiguação dos factos caiba ao tribunal ou à instância competente. Os processos em questão são aqueles em que a parte demandante está dispensada de provar os factos, cuja averiguação incumbe ao tribunal ou à instância competente".

[32] Ao nível do TEDH podem ver-se, a título de exemplo, os seguintes casos relativos à matéria do ónus da prova: *Ivanova v Bulgaria*, de 12 de Abril de 2007, *Baczkowski v. Poland*, de 3 de Maio de 2007, e *Danilenkov v. Russia*, de 30 de Julho de 2009. Cf., ainda, para maiores desenvolvimentos, OLIVIER DE SCHUTTER, *The Prohibition of Discrimination Under European Human Rights Law*, Luxemburgo, 2011, pp. 25 e ss..

[33] Cf. EBERHARD EICHENHIFER, "Diskriminierungsverbote und Vertragsfreiheit", *in AuR*, nº 2/2013, pp. 62 e ss., assim como MANUELA TOMEI, "Análisis de los conceptos de discriminación y de igualdad en el trabajo", *in Revista Internacional del Trabajo*, vol. 122, nº 4, 2003, p. 441.

[34] Sobre esta Diretiva ver, entre outros, AILEEN MCCOLGAN, "The Goods and Services Directive: a curate's egg or an imperfect blessing, *in European Gender Equality Law Review*, nº 1, 2009, pp. 16 e ss..

Mais, a lei pode estabelecer regras que pareçam injustas ou, até, certos tratamentos desiguais podem ser justificáveis ao que acresce o facto de a discriminação poder ser justificada em determinadas circunstâncias, onde a aparência de não ser moral ou justa pode vir a ser ultrapassada pelo facto de ser legal[35].

Atendendo a estas possibilidades assume particular relevância aferir quando é que se está perante uma discriminação.

2.1.1. Discriminação direta

Nas várias diretivas sobre a discriminação, sobretudo nas Diretivas 2000/43 e 2000/48, adotou-se um conceito novo de discriminação direta. Assim, a Diretiva 2000/48/CE, define a discriminação direta no art. 2º, nº 2, alínea a) estabelecendo que "Considera-se que existe discriminação direta sempre que, por qualquer dos motivos referidos no artigo 1º, uma pessoa seja objeto de um tratamento menos favorável do que aquele que é, tenha sido ou possa vir a ser dado a outra pessoa em situação comparável", tendo a Diretiva 2000/43 praticamente uma redação semelhante no art. 2º, nº 2, alínea a): Considera-se que existe discriminação direta sempre que, em razão da origem racial ou étnica, uma pessoa seja objeto de tratamento menos favorável que aquele que é, tenha sido ou possa vir a ser dado a outra pessoa em situação comparável".

No mesmo sentido, o art. 2º, alínea a) da Diretiva 2006/54 preceitua que será "Discriminação direta: sempre que, em razão do sexo, uma pessoa seja sujeita a tratamento menos favorável que aquele que é, tenha sido ou possa vir a ser dado a outra pessoa em situação comparável" e o mesmo está consagrado no art. 2º, alínea a) da Diretiva de bens e serviços, a Diretiva 2004/113.

Esta noção parece-nos positiva, ainda que o facto de a comparação poder ser meramente potencial possa suscitar algumas dificuldades práticas.

O objetivo da discriminação direta é proteger a igualdade formal e, para que estejamos perante este tipo de discriminação tem de existir um tratamento desfavorável e uma causa. Porém, a legislação não exige que exista um motivo ou intenção para a discriminação. Este tipo de discriminação existe *de iure* e é evidente.

Exige-se, ainda, que seja possível estabelecer uma comparação, sendo que as diferentes situações têm de ser comparáveis, tal aliás como o TJUE teve ocasião de mais uma vez invocar no acórdão *Kleist*, processo C-356/09, de 18 de Novembro de 2010, parágrafo 34, "Deve examinar-se o carácter comparável de tais situações, nomeadamente, à luz do objeto da regulamentação que estabelece a diferença de tratamento". E, relativamente ao elemento comparador é importante atender que a situação pode ser comparada nos termos das várias

---

[35] Lilla Farkas, *op.* cit., p. 32.

definições a vários níveis, isto é, conforme se pode ler a discriminação direta acontece quando se consegue comparar o tratamento menos favorável com outra pessoa em situação comparável que é, tenha sido ou possa vir[36] a ser.

O elemento comparador tem de ser uma pessoa numa situação comparável, especialmente se a atividade desempenhada é similar à pessoa que se sente discriminada. Assim, a comparação deve ser feita com alguém que tem, teve ou terá as mesmas circunstâncias e que não são materialmente diferentes das do demandante, exceto pelo facto da característica protegida, *inter alia*, a origem racial, a etnia, a orientação sexual, a idade, a deficiência e o sexo.

Como se pode ver, em todas as situações, a não ser nas relacionadas com a gravidez[37], torna-se necessário encontrar um elemento comparador o que, nalguns casos, pode ser bastante problemático, como no caso, *v.g.*, da mudança de sexo. E as dificuldades adensam-se quando não há nenhum comparador atual e o Tribunal tem de considerar um comparador hipotético[38]. Nestes casos, a questão que tem de ser colocada é a de saber como o empregador teria tratado o hipotético comparador, confrontando o comportamento atual do empregador perante o demandante e o comportamento potencial perante o hipotético comparador. E a resposta do Tribunal deve basear-se em vários princípios: no princípio do comportamento racional que significa que o empregador comporta-se racionalmente atendendo à eficiência do trabalhador e à maximização do lucro; no princípio do cidadão obediente à lei, e, por isso, o empregador cumpre a lei o que inclui a obediência aos seus deveres enquanto empregador e o respeito pelos direitos dos trabalhadores; e o princípio do comportamento expectável, retirando ilações relativamente ao comportamento com os outros trabalhadores que servem de base para a criação da ideia de como o hipotético comparador irá ser provavelmente tratado. Porém, este princípio tem como pressuposto que a situação tem de ser similar e é condicional relativamente aos dois princípios anteriores[39].

E várias são as discriminações diretas que são proibidas. Desde logo, a discriminação por associação, tal como o TJUE decidiu no acórdão *Coleman*, processo C-303/06, de 17 de Julho de 2008, onde se considerou que existe discriminação mesmo quando esta não seja feita diretamente à pessoa que tem deficiência

---

[36] Sublinhado nosso.

[37] Vários autores defendem que o TJUE rejeitou a necessidade de elemento comparador nos casos da discriminação devido a gravidez. Veja-se DAGMAR SCHIEK, L. WADDINGTON e M. BELL, *Cases, Materials and Test on national, Supranational and International Non-Discrimination Law*, Hart-Publishing, Oxford, Portland-Oregon, 2007, p. 216.

[38] Ver, para mais desenvolvimentos, PHILIP ROSTANT, *op.* cit., p. 7.

[39] Segue-se de perto a divisão e as questões referidas por KLAUS MICHAEL ALENFELDER, *Dealing with a discrimination case, in* www.era.int., p. 4.

IGUALDADE E NÃO DISCRIMINAÇÃO

mas a um familiar deste, tal como se pode ler na decisão "A Diretiva 2000/78/ /CE do Conselho, de 27 de Novembro de 2000, que estabelece um quadro geral de igualdade de tratamento no emprego e na atividade profissional, e, nomeadamente, os seus artigos 1º e 2º, nºs 1 e 2, alínea a), devem ser interpretados no sentido de que a proibição de discriminação direta que estabelecem não se limita apenas às pessoas que são elas próprias portadoras de deficiência. Quando um empregador dá a um trabalhador que não é deficiente um tratamento menos favorável do que o que dá, deu ou daria a outro trabalhador numa situação comparável e quando se prove que o tratamento menos favorável de que esse trabalhador é vítima se baseia na deficiência de um filho ao qual o trabalhador presta o essencial dos cuidados de que o mesmo carece, tal tratamento é contrário à proibição de discriminação direta prevista no referido artigo 2º, nº 2, alínea a)"[40]. Pode considerar-se ainda compreendida nesta noção de discriminação a realizada com base numa perceção, tal como EVELYN ELLIS[41] defende.

---

[40] O problema ao qual o TJUE ainda não deu resposta é o de saber se esta discriminação por associação pode ser aplicada a todos os outros motivos. Contudo, se analisarmos os parágrafos 22 e 23 da opinião do Advogado-Geral no caso *Coleman*, talvez se possa entender que será extensível também aos outros motivos. Assim, "a diretiva tem por efeito proibir que um empregador se baseie na religião, na idade, na deficiência ou na orientação sexual para tratar alguns trabalhadores menos bem do que outros. Fazê-lo equivale a sujeitar estes indivíduos a um tratamento injusto e a desrespeitar a sua dignidade e autonomia. Este facto não se altera quando o trabalhador que é objeto da discriminação não é ele próprio deficiente. A razão que serve de base para a discriminação que sofre continua a ser uma deficiência. A diretiva opera *ao nível das razões da discriminação*. O mal que pretende solucionar é a utilização de determinadas características como razões para tratar alguns trabalhadores menos bem do que outros; a diretiva retira totalmente a religião, a idade, a deficiência e a orientação sexual da lista de razões que um empregador pode legitimamente usar para tratar algumas pessoas menos bem. Dito de outro modo, a diretiva não permite que a hostilidade que um empregador possa mostrar contra pessoas abrangidas pelas referidas «suspect classifications» funcione como base para qualquer tipo de tratamento menos favorável no contexto do emprego e da actividade profissional. Como já expliquei, esta hostilidade pode ser expressa abertamente, ao visar os próprios indivíduos que possuem determinadas características ou, de uma maneira mais subtil e dissimulada, ao visar aqueles que têm uma relação com os indivíduos que possuem as características. Na primeira situação, penso que tal conduta está errada e deve ser proibida; a segunda situação é exactamente idêntica em todos os aspectos materiais. Nos dois casos, é a hostilidade do empregador para com idosos, deficientes, homossexuais ou pessoas com uma determinada crença religiosa que o leva a tratar menos bem alguns trabalhadores. 23. Por esse motivo, se alguém for objeto de discriminação devido a alguma das características referidas no artigo 1.º, então essa pessoa pode invocar utilmente a protecção da directiva, ainda que ela própria não possua uma dessas características".

[41] *The concept of Equality Under EU Law and the ECHR: on the way to accession*, conferência proferida no dia 17 de setembro de 2012 no Congresso organizado pela ERA, Trier, subordinado ao tema – "Current reflections on EU equality and non-discrimination Law".

O ÓNUS DA PROVA EM CASOS DE DISCRIMINAÇÃO

Uma discriminação direta pode ainda acontecer mesmo que não exista uma vítima claramente identificável, tal como o TJUE decidiu no acórdão *Feryn*, caso C-54/07, de 10 de Julho de 2008, onde declarou que "1) O facto de uma entidade patronal declarar, publicamente, que não contratará trabalhadores assalariados de certa origem étnica ou racial constitui uma discriminação direta a nível da contratação, na aceção do artigo 2º, nº 2, alínea a), da Diretiva 2000/43/CE do Conselho, de 29 de Junho de 2000, que aplica o princípio da igualdade de tratamento entre as pessoas, sem distinção de origem racial ou étnica, dado que tais declarações podem dissuadir seriamente certos candidatos de apresentarem a sua candidatura e, portanto, dificultar o seu acesso ao mercado de trabalho.

2) As declarações públicas pelas quais uma entidade patronal anuncia que, no âmbito da sua política de contratação, não empregará trabalhadores assalariados de determinada origem étnica ou racial são suficientes para presumir, na aceção do artigo 8º, nº 1, da Diretiva 2000/43, a existência de uma política de contratação diretamente discriminatória. Cabe, assim, a esta entidade patronal provar que não foi violado o princípio da igualdade de tratamento. Pode fazê-lo demonstrando que a prática real de contratação da empresa não corresponde a essas declarações. Compete ao órgão jurisdicional de reenvio verificar se estão provados os factos imputados à referida entidade patronal e apreciar se são suficientes os elementos fornecidos em apoio das afirmações desta última, segundo as quais não violou o princípio da igualdade de tratamento.

3) O artigo 15º da Diretiva 2000/43 exige que, <u>mesmo quando não exista uma vítima identificável</u>[42], o regime das sanções aplicáveis às violações de disposições nacionais adotadas para transpor esta diretiva seja eficaz, proporcional e dissuasivo".

Mais recentemente, o TJUE identificou casos de discriminação direta quando formalmente há um critério neutro mas que, de facto, afeta apenas um grupo em particular como aconteceu no acórdão *Maruko*, processo C-267/06, de 1 de Abril de 2008. O Tribunal decidiu que a recusa em conferir uma pensão de sobrevivência a parceiros do mesmo sexo constituía uma discriminação em razão da orientação sexual: "As disposições conjugadas dos artigos 1º e 2º da Diretiva 2000/78 opõem-se a uma legislação como a que está em causa no processo principal, por força da qual, após a morte do seu parceiro, o parceiro sobrevivo não recebe uma prestação de sobrevivência equivalente à concedida a um cônjuge sobrevivo, apesar de, segundo o direito nacional, a união de facto colocar as pessoas do mesmo sexo numa situação comparável à dos cônjuges no que respeita à referida prestação de sobrevivência". No caso não existia qualquer intenção de discriminar as pessoas com base na sua orientação sexual mas ficou claro da lei-

---

[42] Sublinhado nosso.

tura da lei nacional que o motivo para não conferir o benefício social baseava-se no facto do demandante não ser heterossexual.

Nos casos em que a limitação do benefício está expressa serão muito mais fáceis de provar mas, na maior parte dos casos, a razão da exclusão ou da limitação não será explícita.

O CT transpôs este conceito no art. 23º, nº 1, alínea a), que estabelece que há "discriminação direta, sempre que, em razão de um fator de discriminação, uma pessoa seja sujeita a tratamento menos favorável do que aquele que é, tenha sido ou venha a ser dado a outra pessoa em situação comparável".

Contudo, não podemos deixar de saudar a redação do art. 24º, nº 1 que conjuntamente com o art. 25º, nº 1, do CT proíbe fatores discriminatórios distintos dos da legislação europeia, estabelecendo um elenco bem mais amplo e ainda assim não taxativo de situações, pelo que o sistema de igualdade e não discriminação nacional estabelece situações de maior proteção a que não será alheio o edifício constitucional em que assenta, nomeadamente o art. 13º da CRP[43][44].

A discriminação direta é proibida, a não ser nalguns casos em que as próprias diretivas permitem diferenças de tratamento que não constituem discriminação estabelecendo, desta forma, exceções. Esta possibilidade de diferenciação acontece, desde logo, no art. 4º, nº 1, da Diretiva 2000/78/CE que permite uma diferença de tratamento legítima pois estabelece que "Sem prejuízo do disposto nos nºs 1 e 2 do artigo 2º, os Estados-Membros podem prever que uma diferença de tratamento baseada numa característica relacionada com qualquer dos motivos de discriminação referidos no artigo 1º não constituirá discriminação sempre que, em virtude da natureza da atividade profissional em causa ou do contexto da sua execução, <u>essa característica constitua um requisito essencial e determinante para o exercício dessa actividade, na condição de o objectivo ser legítimo e o requisito proporcional</u>"[45][46].

---

[43] No mesmo sentido MANUELA BENTO FIALHO, *op.* cit., p. 95.

[44] Assim, segundo o art. 24º, nº 1, estabelece-se que "O trabalhador ou candidato a emprego tem direito a igualdade de oportunidades e de tratamento no que se refere ao acesso ao emprego, à formação e promoção ou carreira profissionais e às condições de trabalho, não podendo ser privilegiado, beneficiado, prejudicado, privado de qualquer direito ou isento de qualquer dever em razão, nomeadamente, de ascendência, idade, sexo, orientação sexual, estado civil, situação familiar, situação económica, instrução, origem ou condição social, património genético, capacidade de trabalho reduzida, deficiência, doença crónica, nacionalidade, origem étnica ou raça, território de origem, língua, religião, convicções políticas ou ideológicas e filiação sindical", proibindo o empregador no art. 25º, nº 1, de praticar qualquer discriminação, direta ou indirecta, baseada nalgum dos fatores elencados no nº 1 do artigo 24º.

[45] Sublinhado nosso.

[46] É importante ter em atenção que este artigo se aplica a qualquer dos critérios previstos no art. 1º, ainda que em termos jurisprudenciais só se tenham colocado casos relacionados com a idade.

O art. 25º, nº 2, do CT corresponde a este artigo 4º pois estabelece que: "Não constitui discriminação o comportamento baseado em fator de discriminação que constitua um requisito justificável e determinante para o exercício da atividade profissional, em virtude da natureza da atividade em causa ou do contexto da sua execução, devendo o objetivo ser legítimo e o requisito proporcional"[47], preferindo o termo *essencial* da Diretiva ao termo *justificável* do Código do Trabalho pois parece-nos que essencial é mais restrito do que justificável e chama a atenção para o facto de que estas exceções devem ser entendidas num sentido muito restrito, aliás tal como o 23º considerando da Diretiva precisa ao estipular que uma diferença de tratamento só pode ser justificada em "circunstâncias muito limitadas" e sempre que uma característica relacionada, nomeadamente, com a idade, constitua uma requisito essencial e determinante[48].

É importante ainda atender à possibilidade de justificação de uma discriminação direta prevista no art. 2º, nº 5, desta mesma Diretiva na medida em que estabelece que "a presente diretiva não afeta as medidas previstas na legislação nacional que, numa sociedade democrática, sejam necessárias para efeitos de segurança pública, defesa da ordem e prevenção das infrações penais, proteção da saúde e proteção dos direitos e liberdades de terceiros".

Esta previsão baseia-se numa política pública de exclusão que foi inserida em *cima da hora* na Directiva para evitar que pessoas como pedófilos, perigosos membros de seitas ou pessoas com doenças mentais e físicas perigosas pudessem obter proteção pela Diretiva[49].

Contudo, uma análise da jurisprudência demonstra que o Tribunal não tem restringido esta política pública de exclusão ao seu sentido original. Desde logo, no caso *Petersen*, o Tribunal considerou que a fixação de uma idade máxima de 68 anos para os dentistas poderia ser justificada pela ideia geral de proteção da saúde pública, tal como se pode ler no parágrafo 45: "decorre da jurisprudência que os objetivos que consistem em manter um serviço médico de qualidade e evitar um risco grave para o equilíbrio financeiro do sistema de segurança social se enquadram no objetivo de proteção da saúde pública, na medida em que contribuem ambos para a realização de um nível elevado de proteção da saúde[50]".

Há ainda que atender ao art. 6º, nº 1, desta Diretiva que permite uma discriminação direta em razão da idade em determinadas circunstâncias, tal como se

---

[47] Sublinhado nosso.

[48] Veja-se a decisão do TJUE, *Prigge*, processo C-447/09, de 13 de Setembro de 2011, parágrafo 71, assim como o acórdão *Torsten Hörnfeldt*, processo C-141/11, de 5 de Julho de 2012, e caso *Johnston*, processo C-222/84, de 15 de maio de 1986.

[49] Cf. CLAIRE KILPATRICK, "The Court of Justice and Labour Law in 2010: a new EU discrimination Law architecture", *in ILJ*, vol. 40, nº 3, 2011, p. 299.

[50] Sublinhado nosso.

pode ler "Sem prejuízo do disposto no nº 2 do artigo 2º, os Estados-Membros podem prever que as diferenças de tratamento com base na idade não constituam discriminação se forem objetiva e razoavelmente justificadas, no quadro do direito nacional, por um objetivo legítimo, incluindo os objetivos legítimos de política de emprego, do mercado de trabalho e de formação profissional, e desde que os meios para realizar esse objetivo sejam apropriados e necessários.

Essas diferenças de tratamento podem incluir, designadamente:

a) O estabelecimento de condições especiais de acesso ao emprego e à formação profissional, de emprego e de trabalho, nomeadamente condições de despedimento e remuneração, para os jovens, os trabalhadores mais velhos e os que têm pessoas a cargo, a fim de favorecer a sua inserção profissional ou garantir a sua proteção;

b) A fixação de condições mínimas de idade, experiência profissional ou antiguidade no emprego para o acesso ao emprego ou a determinadas regalias associadas ao emprego;

c) A fixação de uma idade máxima de contratação, com base na formação exigida para o posto de trabalho em questão ou na necessidade de um período razoável de emprego antes da reforma".

Também no art. 25º, nº 3, do CT se estabelece que "são nomeadamente permitidas diferenças de tratamento baseadas na idade que sejam necessárias e apropriadas à realização de um objetivo legítimo, designadamente de política de emprego, mercado de trabalho ou formação profissional", mas não concretiza nem dá exemplos, contrariamente ao que acontece com a Diretiva.

Contudo, importa sublinhar que o terreno em que se move o TJUE encontra-se "minado"[51] pelo necessário respeito pela ampla discricionariedade reservada aos Estados membros, não apenas na definição dos objetivos de política de emprego, mercado de trabalho ou formação profissional, que podem justificar um tratamento diferenciado direta ou indiretamente baseado na idade, mas também na definição das medidas que visam atingir esses objetivos.

Assim, para que a nossa lei esteja em conformidade com o Direito da União Europeia, terá de atender-se à interpretação que dele tem sido feita pela profícua jurisprudência comunitária nesta matéria, não aplicando, caso seja necessário, as disposições da legislação nacional contrárias ao princípio da discriminação em razão da idade, atendendo ao princípio do primado do Direito da União, de que o princípio da não discriminação em razão da idade também beneficia, e no seguimento do que já foi defendido várias vezes pelo TJUE em várias decisões, decidindo que a exigência de uma interpretação conforme do direito nacional

---

[51] Maria Vittoria Ballestrero, "Pensionati recalcitranti e discriminazione fondata sull'età", *in Lavoro e Diritto*, nº 1, 2011, p. 158.

é inerente ao sistema do Tratado, na medida em que permite ao órgão jurisdicional nacional assegurar, no âmbito das suas competências, a plena eficácia do Direito da União quando se pronuncia sobre o litígio que lhe foi submetido[52] [53].

2.1.2. Discriminação indireta

Pode existir, também, uma discriminação indireta[54], sendo em relação a esta que maiores problemas de prova se colocam. É que, sob a capa aparente de critérios neutros, o empregador discrimina o candidato ou o trabalhador com base nalgum dos fatores de discriminação. Também este tipo de comportamentos é punido, e a consagração da proibição deste tipo de discriminação constitui um alargamento da proteção pois as pessoas ficam protegidas contra o tratamento injusto, mesmo no caso de este tratamento não ser intencional, como por exemplo no caso em que as pessoas responsáveis pela introdução de uma determinada prática não se aperceberam do efeito que esta teria em pessoas diferentes. Por isso, o que releva não é a intenção, mas sim as consequências do ato.

As Diretivas comunitárias consagraram uma noção de discriminação deste tipo, que pode ser, desde logo, a que está prevista na Diretiva 2000/78/CE, no art. 2º, nº 2, alínea b), onde se pode ler que existe discriminação indireta quando: "uma disposição, critério ou prática aparentemente neutra seja suscetível de colocar numa situação de desvantagem pessoas com uma determinada religião ou convicções, com uma determinada deficiência, pessoas de uma determinada classe etária ou pessoas com uma determinada orientação sexual, comparativamente com outras pessoas, a não ser que:

i) essa disposição, critério ou prática sejam objetivamente justificados por um objetivo legítimo e que os meios utilizados para o alcançar sejam adequados e necessários, ou que,

---

[52] Ver a título de exemplo, os acórdãos *von Colson e Kamann*, de 10 de Abril de 1984, processo 14/83, parágrafo 26, *Recueil*, p. 1891, *Marleasing*, processo C- 106/89, parágrafo 8, de 13 de Novembro de 1990, *Colectânea*, p. I- 4135, e *Kücükdeveci*, parágrafos 48-53.

[53] Cf., para mais desenvolvimentos, "A discriminação em razão da idade no contexto de uma população envelhecida na UE", pp. 9 e ss..

[54] Sobre a origem da discriminação indireta que está relacionada com a lei nos EUA e, em particular, com a interpretação realizada pelo *US Supreme Court do Civil Rights Act de 1964* e o caso *Griggs vs. Duke Power Co.*, vide Simon Forshaw e Marcus Pilgerstorfer, "Direct and Indirect Discrimination: Is There Something in between?", *in ILJ*, vol. 37. nº 4, 2008, pp. 349 e ss.. Cf., ainda, Maria Mauela Maia da Silva, "A discriminação sexual no mercado de trabalho – Uma reflexão sobre as discriminações directas e indirectas", *in Questões Laborais*, nº 15, p. 89, que entende que o conceito de discriminação indireta partiu da teoria do impacto ou efeito adverso, tendo tido origem no ac. *Griggs* "onde o Tribunal Supremo considerou serem proibidas não só as discriminações directas mas também as práticas que, sendo formalmente justas, são discriminatórias na sua realização, salvo se o empresário provasse a necessidade empresarial".

ii) relativamente às pessoas com uma determinada deficiência, a entidade patronal, ou qualquer pessoa ou organização a que se aplique a presente diretiva, seja obrigada, por força da legislação nacional, a tomar medidas adequadas, de acordo com os princípios previstos no artigo 5º, a fim de eliminar as desvantagens decorrentes dessa disposição, critério ou prática".

O mesmo está previsto na Diretiva 2000/43/CE, no art. 2º, nº 2, alínea b) que estabelece que "Considera-se que existe discriminação indireta sempre que uma disposição, critério ou prática aparentemente neutra coloque pessoas de uma dada origem racial ou étnica numa situação de desvantagem comparativamente com outras pessoas, a não ser que essa disposição, critério ou prática seja objetivamente justificada por um objetivo legítimo e que os meios utilizados para o alcançar sejam adequados e necessários", ou na Diretiva 2006/54/CE, no art. 2º, nº 1, alínea b): "sempre que uma disposição, critério ou prática, aparentemente neutro, seja suscetível de colocar pessoas de um determinado sexo numa situação de desvantagem comparativamente com pessoas do outro sexo, a não ser que essa disposição, critério ou prática seja objetivamente justificado por um objetivo legítimo e que os meios para o alcançar sejam adequados e necessários", com igual redação no art. 2º, alínea b), da Diretiva sobre bens e serviços.

O objetivo da proibição da discriminação indireta é o de proteger a igualdade substancial entre as partes e, mais uma vez, não há qualquer exigência de intenção ou motivo, sendo uma discriminação *de facto*.

Assim, está-se perante uma discriminação indireta quando uma <u>disposição, critério ou prática</u>, aparentemente neutra, coloque a pessoa numa situação de desvantagem comparativamente com outras pessoas, <u>a não ser</u> que essa <u>disposição, critério ou prática</u> seja a) <u>objetivamente justificada por um objetivo legítimo</u> e b) que <u>os meios utilizados para o alcançar sejam adequados e necessários</u>[55].

Contudo, tem de saber-se, em primeiro lugar, o que deve entender-se por disposição, critério ou prática. Quanto ao primeiro conceito pode incluir-se qualquer tipo de disposição, desde a lei, IRCT, cláusulas do contrato individual de trabalho, uma ordem, códigos de conduta, entre outros exemplos. Relativamente ao conceito de critério está relacionado com o fator que originou a decisão do empregador como, por exemplo, na altura da celebração do contrato de trabalho ou na altura da promoção do trabalhador. Uma prática inclui a aplicação prática de uma disposição ou critério[56].

Para que possa ocorrer uma discriminação deste tipo terá de conseguir definir-se um grupo contingente e a escolha de um comparador é de importância crucial pois, se este não for corretamente escolhido pode considerar-se que não

---

[55] Sublinhado nosso.
[56] Cf., no mesmo sentido, KLAUS MICHAEL ALENFELDER, *op.* cit., pp. 5-6.

existe um elemento comparador, como aconteceu, ainda que não nos pareça ter sido a melhor decisão, no caso *Gruber*, processo C-249/97, de 14 de Setembro de 1999[57], concordando-se mais com a opinião do Advogado-Geral PHILIPPE LÉGER[58].

É ainda necessário provar a situação de desvantagem e a questão essencial é saber quais são os meios de prova admissíveis.

A utilização de estatísticas para a demonstração de discriminação deste tipo tem sido aceite pelo TJUE em inúmeros casos[59], embora tenha suscitado opi-

---

[57] "Deve, portanto, começar-se por examinar se a aplicação do § 23a, n.º 3, tem como resultado prejudicar um trabalhador como G. Gruber relativamente a outros trabalhadores que se encontrem numa situação idêntica ou análoga à sua.

28 A este respeito, foram sustentadas duas teses diferentes.

29 Segundo a primeira, defendida por G. Gruber e pela Comissão, os grupos a comparar são, por um lado, o dos trabalhadores que se demitem em razão de maternidade e, por outro, o dos que se demitem por motivos graves. Nesta óptica, existe um prejuízo, uma vez que o primeiro grupo apenas recebe metade da indemnização por despedimento concedida ao segundo. Este modo de ver traduz--se em considerar a rescisão por causa de maternidade como um motivo equivalente a um motivo grave na acepção do § 26 da AngG, conferindo o direito à indemnização por despedimento integral prevista no § 23, n.º 1, desta lei.

30 Em contrapartida, a Silhouette e o Governo austríaco sustentam que os grupos a comparar são, por um lado, o dos trabalhadores que se demitem por causa de maternidade e, por outro, o dos que se demitem sem motivo grave ou que põem voluntariamente fim à sua relação laboral por conveniência pessoal. Nesta óptica, não há prejuízo, uma vez que o primeiro grupo tem direito a uma indemnização por despedimento e o segundo não. Daqui resulta que o § 23a, n.º 3, da AngG, que confere o direito a uma indemnização por despedimento limitada, constitui uma disposição excepcional que concede um tratamento de favor aos trabalhadores por ela abrangidos.

31 A justeza de uma ou de outra destas teses depende da questão de saber se o objecto e a causa da situação em que se encontram os trabalhadores que se demitem para se ocuparem dos seus filhos são similares aos que caracterizam a situação dos trabalhadores que se demitem por razões graves na acepção dos §§ 26 da AngG e 82a do GewO 1859. Ora, parece resultar dos exemplos mencionados nos §§ 26 da AngG e 82a do GewO 1859 que as situações em causa têm por característica comum uma relação com as condições de trabalho na empresa ou com o comportamento do empregador, que tornam impossível a prossecução do trabalho, de modo que não se pode exigir que o trabalhador mantenha a sua relação laboral, mesmo no decurso do prazo de pré-aviso normalmente previsto para os casos de demissão.

33 Nestas condições, as situações anteriormente referidas têm um objecto e uma causa de natureza diferente da da situação em que se encontra o trabalhador G. Gruber.

34 Daqui resulta que a exclusão de um trabalhador, como G. Gruber, do benefício do § 23, n.º 1, da AngG não constitui uma medida indirectamente discriminatória".

[58] Conclusões apresentadas em 23 de Fevereiro de 1999.

[59] Vejam-se, a título de exemplo, os seguintes: acórdão *Voss*, processo C-300/06, de 6 de Dezembro de 2007, parágrafo 41, "Importa igualmente recordar, como o Tribunal de Justiça decidiu no n.º 59 do acórdão de 9 de Fevereiro de 1999, Seymour-Smith e Perez(C-167/97, Colect, p. I-623), que o melhor método de comparação das estatísticas consiste na aferição da proporção de traba-

niões profundamente diversas e não possamos deixar de atender que a Diretiva 2006/54/CE alterou a noção de discriminação indireta da Diretiva 97/80, conhecida como a diretiva sobre o ónus da prova, pois afastou a necessidade de ser estabelecida uma desproporção "consideravelmente elevada" entre a parte que se sentia discriminada e a outra parte o que, sem dúvida, retira grande parte da necessidade de recorrer a estatísticas[60]. Enquanto alguns autores, como diz JÚLIO GOMES[61], entendem que o método estatístico pode constituir um instrumento auxiliar útil que não apenas facilita o ónus probatório como também denota uma certa visão da discriminação centrada no grupo, outros têm, bem pelo contrário, uma profunda antipatia e até hostilidade relativamente à sua utilização. Como um juiz norte-americano declarou um dia "muitos usam as estatísticas como um bêbado usa um poste de iluminação – para apoio e não precisamente, para iluminação". Na verdade, as estatísticas parece que fornecem a fundação mas não a iluminação[62].

Defende-se que as estatísticas não podem ser o único meio para provar um caso de discriminação indireta e pode notar-se que nas próprias Diretivas se estabelece a possibilidade de carrear outros meios de prova, como se pode ver, a título de exemplo, no considerando 15 da Diretiva 2000/78/CE que preceitua que "A apreciação dos factos dos quais se pode presumir que houve discriminação direta ou indireta é da competência dos órgãos judiciais ou de outros órgãos competentes, a nível nacional, de acordo com as normas ou as práticas nacionais, que podem prever, em especial, que a discriminação indireta possa ser estabelecida por quaisquer meios e, inclusive, com base em dados estatísticos".

Assim, parece-nos que o método de provar por estatística o impacto desfavorável ou a desvantagem não está excluído das diretivas, bastando ver os Considerandos das mesmas, embora, a admissibilidade deste meio de prova implique

---

lhadores masculinos afetados pela referida diferença de tratamento, por um lado e a mão-de-obra feminina atingida, por outro. Acórdão *Seymour-Smith*, processo C-167/97, de 9 de Fevereiro de 1999, parágrafos 54, 59 e 60, acórdão *Royal Copenhagen*, C-400/93, de 31 de Maio de 1995, parágrafo 24, acórdão *Enderby*, C-129/92, de 27 de Outubro de 1993, parágrafo 17, acórdão *Jenkins*, C-96/81, de 31 de Março de 1981, parágrafo 13, acórdão *Bilka-kaufhaus*, C-170/84, de 13 de Maio de 1986, parágrafos 29 a 31, acórdão *Rinner-kühn*, C-171/88, de 13 de Julho de 1989, parágrafos 11 e 12, e acórdão *Nikoloudi*, C-196/02, de 10 de Março de 2005.

[60] A Diretiva 97/80 estabelecia a seguinte noção de discriminação indireta: "Para efeitos do princípio da igualdade de tratamento referido do nº 1, verifica-se uma situação de discriminação indirecta sempre que uma disposição, critério ou prática aparentemente neutra afecte uma <u>proporção considueravelmente mais elevada</u> de pessoas de um sexo, salvo quando essas disposições, critérios ou práticas sejam adequadas e necessárias e possam ser justificadas por factores objectivos não relacionados com o sexo" – sublinhado nosso.

[61] *Direito do...*, cit., pp. 396-397.

[62] Ver, para maiores desenvolvimentos, JANE RUSSELL, *Statistics: experiences of a lawyer*, in www.era.int.

O ÓNUS DA PROVA EM CASOS DE DISCRIMINAÇÃO

que o demandante tenha de provar dois factos: desde logo, que a prova por estatística é o meio mais adequado para estabelecer os factos dos quais se pode inferir que existiu uma diferença de tratamento de um grupo específico de pessoas quando comparado com pessoas pertencentes a outro grupo e, por outro lado, o tribunal nacional que se ocupe da análise destes dados tem de considerar que as mesmas são credíveis e plausíveis[63].

Acresce, para este tipo de prova estatística, o facto de muitas vezes se basear no processamento de dados sensíveis, protegidos na Diretiva 95/46/CE, transposta para o ordenamento jurídico nacional pela Lei 67/98, de 26 de Outubro, a Lei de Proteção de Dados Pessoais. Certo tipo de dados pessoais previstos no art. 8º, nº 1[64], relacionados com a raça, as opiniões políticas, religiosas, com a filiação

---

[63] No mesmo sentido EDUARDO ESPÍN, *Burden of proof in Council Directives 2000/43/EC and 2000/78/EC on equal treatment, in* www.era.int., p. 5, assim como OLIVIER DE SCHUTTER, *Proving discrimination, in* www.era.int., p. 2. Cf. ainda, a recente decisão do TJUE *Margaret Kenny e outros,* processo C-427-11, de 28 de fevereiro de 2013, onde mais uma vez o Tribunal teve ocasião de pronunciar-se sobre o conceito de discriminação indireta e prova por estatísticas.

[64] "1. Os Estados-membros proibirão o tratamento de dados pessoais que revelem a origem racial ou étnica, as opiniões políticas, as convicções religiosas ou filosóficas, a filiação sindical, bem como o tratamento de dados relativos à saúde e à vida sexual. 2. O nº 1 não se aplica quando: a) A pessoa em causa tiver dado o seu consentimento explícito para esse tratamento, salvo se a legislação do Estado-membro estabelecer que a proibição referida no nº 1 não pode ser retirada pelo consentimento da pessoa em causa; ou b) O tratamento for necessário para o cumprimento das obrigações e dos direitos do responsável pelo tratamento no domínio da legislação do trabalho, desde que o mesmo seja autorizado por legislação nacional que estabeleça garantias adequadas; ou c) O tratamento for necessário para proteger interesses vitais da pessoa em causa ou de uma outra pessoa se a pessoa em causa estiver física ou legalmente incapaz de dar o seu consentimento; ou d) O tratamento for efectuado, no âmbito das suas actividades legítimas e com as garantias adequadas, por uma fundação, uma associação ou qualquer outro organismo sem fins lucrativos de carácter político, filosófico, religioso ou sindical, na condição de o tratamento dizer unicamente respeito aos membros desse organismo ou às pessoas que com ele mantenham contactos periódicos ligados às suas finalidades, e de os dados não serem comunicados a terceiros sem o consentimento das pessoas em causa; ou e) O tratamento disser respeito a dados manifestamente tornados públicos pela pessoa em causa ou for necessário à declaração, ao exercício ou à defesa de um direito num processo judicial. 3. O nº 1 não se aplica quando o tratamento dos dados for necessário para efeitos de medicina preventiva, diagnóstico médico, prestação de cuidados ou tratamentos médicos ou gestão de serviços de saúde e quando o tratamento desses dados for efectuado por um profissional da saúde obrigado ao segredo profissional pelo direito nacional ou por regras estabelecidas pelos organismos nacionais competentes, ou por outra pessoa igualmente sujeita a uma obrigação de segredo equivalente. 4. Sob reserva de serem prestadas as garantias adequadas, os Estados-membros poderão estabelecer, por motivos de interesse público importante, outras derrogações para além das previstas no nº 2, quer através de disposições legislativas nacionais, quer por decisão da autoridade de controlo referida no artigo 28º, nº 5. O tratamento de dados relativos a infracções, condenações penais ou medidas de segurança só poderá ser efectuado sob o controlo das autoridades públicas ou se o direito nacional estabelecer garantias ade-

sindical, a saúde e a vida sexual, por exemplo, são particularmente protegidas e o seu eventual tratamento está sujeito a princípios mais rigorosos relacionados com os riscos associados a uma discriminação pela utilização desses mesmos dados. Devido a esta restrição, que se compreende perfeitamente e se defende, fica-se nestes casos perante uma espécie de paradoxo: a utilização dos dados considerados sensíveis está sujeita a restrições particulares pois referem-se a características que são irrelevantes para o processo de decisão do empregador e, se fossem tratados, poderiam originar tratamentos discriminatórios. Contudo, se a vítima de um processo de discriminação necessitar de fundamentar o seu caso através da utilização de estatísticas relacionadas com alguns destes dados que iriam sustentar, *prima facie*, um caso de discriminação, eventualmente invertendo o ónus da prova e originando que fosse o demandado, isto é, o empregador, a provar que não era culpado de qualquer discriminação, então a vítima necessita de ter acesso a esses dados sensíveis e poder fazer uso deles.

Assim, antes de sabermos se uma dada disposição, critério ou decisão tem um impacto adverso e causa uma desvantagem em determinadas pessoas com base na sua raça ou etnia, idade, deficiência, orientação sexual, sexo, ou crenças, é necessário dividir as pessoas que se inserem no grupo discriminado e os que fazem parte do outro grupo. E, apesar de se defender a limitação do tratamento deste tipo de dados considerados sensíveis, não deixam de se colocar dificuldades para a prova através de estatísticas.

Por outro lado, entende-se que no caso de eventual utilização de dados considerados sensíveis, o paradoxo a que eventualmente se chegue pode ser ultrapassado com o recurso a certos mecanismos previstos também na diretiva 95/46/CE e na nossa LPDP.

Assim, a utilização de estatísticas pode ser possível desde que se adotem algumas cautelas, previstas logo na própria noção de dados pessoais. Dados Pessoais são, segundo o art. 3º, alínea a) da Lei de Proteção de Dados Pessoais "qualquer informação, de qualquer natureza e independentemente do respetivo suporte, incluindo som e imagem, relativa a uma pessoa singular <u>identificada ou identificável</u>[65] («titular dos dados»); é considerada identificável a pessoa que

---

quadas e específicas, sob reserva das derrogações que poderão ser concedidas pelo Estado-membro com base em disposições nacionais que prevejam garantias específicas e adequadas. Contudo, o registo completo das condenações penais só pode ser mantido sob o controlo das autoridades públicas. Os Estados-membros podem estabelecer que o tratamento de dados relativos a sanções administrativas ou decisões cíveis fique igualmente sujeito ao controlo das autoridades públicas. 6. As derrogações ao nº 1 previstas nos nºs 4 e 5 serão notificadas à Comissão. 7. Cabe aos Estados-membros determinar as condições em que um número nacional de identificação ou qualquer outro elemento de identificação de aplicação geral poderá ser objecto de tratamento."
[65] Sublinhado nosso.

possa ser identificada direta ou indiretamente, designadamente por referência a um número de identificação ou a um ou mais elementos específicos da sua identidade física, fisiológica, psíquica, económica, cultural ou social". Ora, se as estatísticas se basearem em informação anónima ou que se torne anónima parece que, em princípio, será possível. E, mesmo que os dados sejam identificáveis poderá, eventualmente, ocorrer uma das situações do art. 5º, nº 2[66] da Lei de Proteção de Dados Pessoais e do próprio art. 6º, nº 1, alínea b) da Diretiva[67]. Contudo, no caso de dados considerados sensíveis, para que ocorra este eventual tratamento para fins estatísticos é ainda necessário que o titular dos dados dê o seu consentimento e que haja um interesse público relevante, segundo o disposto nos arts. 7º, nº 2[68], da LPDP e nos arts. 6º e 8º da Diretiva.

Acresce que todo e qualquer tratamento tem de respeitar o princípio da proporcionalidade que está previsto no art. 6º, nº 1, alínea c), da Diretiva 95/46/CE, e no art. 5º, nº 1, alínea c), da Lei de Proteção de Dados Pessoais. O respeito por este princípio significa que o tratamento de dados pessoais deve ser adequado, pertinente e não excessivo relativamente às finalidades para que os dados são recolhidos. Diga-se, ainda, que o princípio da proporcionalidade está associado à qualidade dos dados pessoais, constituindo um fator fundamental para a legalidade do seu tratamento.

Impõe-se, desta forma, o tratamento exclusivo dos dados pertinentes e não excedentários em relação à finalidade para a qual são recolhidos, sendo a *ratio* da norma a do emprego dos dados pessoais aos casos em que seja indispensável para a consecução dos objetivos pretendidos, funcionando como *ultima ratio, in extremis*. Concluindo, é sempre imperioso efetuar um juízo prévio sobre a necessidade ou indispensabilidade da medida e um juízo posterior sobre a proporcionalidade dos sacrifícios que comporta[69].

---

[66] "Mediante requerimento do responsável pelo tratamento, e caso haja interesse legítimo, a CNPD pode autorizar a conservação de dados para fins históricos, estatísticos ou científicos por período superior ao referido na alínea *e*) do número anterior".

[67] "Recolhidos para finalidades determinadas, explícitas e legítimas, e que não serão posteriormente tratados de forma incompatível com essas finalidades. O tratamento posterior para fins históricos, estatísticos ou científicos não é considerado incompatível desde que os Estados-membros estabeleçam garantias adequadas"

[68] "Mediante disposição legal ou autorização da CNPD, pode ser permitido o tratamento dos dados referidos no número anterior quando por motivos de interesse público importante esse tratamento for indispensável ao exercício das atribuições legais ou estatutárias do seu responsável, ou quando o titular dos dados tiver dado o seu consentimento expresso para esse tratamento, em ambos os casos com garantias de não discriminação e com as medidas de segurança previstas no artigo 15º".

[69] Veja-se, para mais desenvolvimentos, EMMANUELLE BRIBOSIA e ISABELLE RORIVE, *In search of a balance between the right to equality and other fundamental rights*, European Commission, Luxemburgo, 2010, pp. 33 e ss..

A discriminação indireta pode ser justificável, tal como o próprio TJUE já decidiu em vários casos como, por exemplo, no caso *Bilka-Kaufhaus*, processo C-170/84, de 13 de Maio de 1986, onde o empregador provou que fatores objetivos, não relacionados com a discriminação, originavam a diferença de tratamento: "1) Viola o artigo 119º do Tratado CEE uma sociedade de grandes armazéns que exclui os empregados a tempo parcial do regime de pensões de empresa quando esta medida abrange um número muito mais elevado de mulheres do que de homens, salvo se a empresa provar que <u>tal medida se explica por fatores objetivamente justificados e estranhos a qualquer discriminação em razão do sexo</u>", acrescentando no nº 2 das conclusões que "Nos termos do artigo 119º, uma sociedade de grandes armazéns pode justificar a adoção de uma política salarial que comporte a exclusão dos trabalhadores a tempo parcial do regime de pensões de empresa, independentemente do seu sexo, mostrando que tem por objetivo empregar o menor número possível de trabalhadores deste tipo, quando se verificar que os meios escolhidos para alcançar este objetivo correspondem a uma verdadeira necessidade da empresa, são adequados para atingir o objetivo em questão e necessários para esse efeito".

Também não existirá discriminação se uma categoria protegida não é a causa da desvantagem produzida, tal como o TJUE referiu no acórdão *Macarthys Ltd*, processo C129/79, de 27 de Março de 1980, no parágrafo 12, onde se pode ler que "não pode deixar de se ter em conta que uma diferença de retribuição entre dois trabalhadores que ocupam o mesmo posto de trabalho ainda que em períodos diferentes pode explicar-se pela intervenção de fatores alheios à discriminação em razão do sexo", embora, no caso em apreço tenha decidido, com uma escolha de palavras muito cuidada, que o princípio da igualdade retributiva previsto no artigo 119º é aplicável aos casos em que se demonstre que uma trabalhadora, tendo em atenção a natureza da sua atividade, recebeu uma retribuição inferior à que recebia um trabalhador masculino empregado anteriormente à trabalhadora e que efetuava o mesmo trabalho para o empregador.

O art. 23º, nº 1, alínea b) do CT consagra uma definição de discriminação indireta em termos semelhantes aos da Diretiva, quando diz que há discriminação indireta "sempre que uma disposição, critério ou prática aparentemente neutro seja suscetível de colocar uma pessoa, por motivo de um fator de discriminação, numa posição de desvantagem comparativamente com outras, a não ser que essa disposição, critério ou prática seja objetivamente justificado por um fim legítimo e que os meios para o alcançar sejam adequados e necessários". Porém, existe uma grande dificuldade em saber quando um critério aparentemente neutro está indissociavelmente ligado a um destes fatores ou quando se trata de um critério igual aos outros que não estabelece qualquer tipo de discriminação.

2.1.3. Assédio

O assédio é considerado também uma forma de discriminação e consiste numa conduta não desejada que está relacionada com algum destes vários fatores de discriminação. A noção de assédio pode ser encontrada nas várias Diretivas.

Assim, na Diretiva 2000/43/CE, o art. 2º, nº 3, estabelece que "o assédio é considerado discriminação na aceção do nº 1 sempre que ocorrer um comportamento indesejado relacionado com a origem racial ou étnica, com o objetivo ou o efeito de violar a dignidade da pessoa e de criar um ambiente intimidativo, hostil, degradante, humilhante ou desestabilizador. Neste contexto, o conceito de assédio pode ser definido de acordo com as leis e práticas nacionais dos Estados-Membros".

No mesmo sentido, o art. 2º, nº 3, da Diretiva 2000/78/CE preceitua que "o assédio é considerado discriminação, na aceção do nº 1, sempre que ocorrer um comportamento indesejado relacionado com um dos motivos referidos no artigo 1º, com o objetivo ou o efeito de violar a dignidade de uma pessoa e de criar um ambiente de trabalho intimidativo, hostil, degradante, humilhante ou destabilizador. Neste contexto, o conceito de «assédio» pode ser definido em conformidade com as legislações e práticas nacionais dos Estados-Membros".

Como se pode ver destas noções, a que acresce a da Diretiva 2006/54/CE, no art. 2º, nº 1, alínea c) "sempre que ocorrer um comportamento indesejado, relacionado com o sexo de uma dada pessoa, com o objetivo ou o efeito de violar a dignidade da pessoa e de criar um ambiente intimidativo, hostil, degradante, humilhante ou ofensivo", o assédio também motiva a alteração ao nível do ónus da prova e, mais uma vez, mesmo que a intenção não seja assediar, estabelecendo-se um ambiente hostil, degradante ou humilhante que viole a dignidade da pessoa, há a prática de assédio.

O problema do assédio é que a vítima tem de demonstrar, desde logo, um comportamento indesejado, depois, que tenha como propósito violar a dignidade da pessoa, em terceiro lugar que crie um ambiente hostil, degradante humilhante ou ofensivo, e, finalmente, que esse comportamento existe pelo facto de pertencer a um determinado grupo de pessoas.

Parece-nos que, atendendo a tudo o que tem de ser provado, se torna bem mais difícil que a prova de um tratamento menos favorável por pertencer a um determinado grupo protegido. Mas, por outro lado e muitas vezes, cada um destes comportamentos indesejados pode constituir, simultaneamente, um tratamento menos favorável da pessoa o que pode revelar, *a priori*, uma discriminação direta.

O TJUE já teve ocasião de decidir sobre um caso de assédio discriminatório no caso *Coleman*, processo C-303/06 onde considerou assédio a situação em causa. Neste caso, tal como já referimos anteriormente, tratava-se de uma discriminação por associação já que a trabalhadora fora vítima de um comportamento indesejável constitutivo de assédio ligado à deficiência de que sofria um filho ao qual prestava o essencial dos cuidados necessários que a sua situação exigia, estabelecendo no parágrafo 59, e quanto a nós bem, que "quando se prove que o comportamento indesejável constitutivo de assédio sofrido por um trabalhador que não é portador de deficiência está ligado à deficiência de um filho ao qual presta o essencial dos cuidados de que este carece, tal comportamento é contrário ao princípio da igualdade de tratamento consagrado pela Diretiva 2000/78 e, designadamente, à proibição de assédio enunciada no seu artigo 2º, nº 3".

O artigo 29º do CT transpôs também esta parte e no nº 1 estabeleceu que "entende-se por assédio o comportamento indesejado, nomeadamente o baseado em fator de discriminação, praticado aquando do acesso ao emprego ou no próprio emprego, trabalho ou formação profissional, com o objetivo ou o efeito de perturbar ou constranger a pessoa, afetar a sua dignidade, ou de lhe criar um ambiente intimidativo, hostil, degradante, humilhante ou desestabilizador". Contudo, não deixa de ser interessante notar que, na redação do artigo, o assédio deixa de estar apenas ligado a uma fator discriminatório podendo existir sem a ligação a uma situação de discriminação[70]. Contudo, o ónus da prova neste último caso será o da regra geral do art. 342º do CC.

2.2. Evolução histórica em relação ao ónus da prova em casos de discriminação

Combater a discriminação nos tribunais constitui a forma mais efetiva para acabar com a situação de discriminação. Na prática, porém, existem muitas dificuldades e desafios num caso de discriminação. Em primeiro lugar, a discriminação é muito difícil de provar pois, na maior parte dos casos, é realizada de maneira escondida ou disfarçada. E, para uma pessoa que é confrontada com uma situação de discriminação, torna-se difícil, se não impossível, conseguir provar, *prima facie*, o caso. Assim, a título de exemplo, um candidato a trabalho pode ter a impressão que foi rejeitado devido, *inter alia*, à sua etnia, mas será muito difícil conseguir carrear para o tribunal os dados do processo de seleção que se referem a esse fator discriminatório como a razão para a sua não contratação.

Tendo em atenção estas razões, e partindo da evolução em matéria de discriminação em razão do sexo, as duas Diretivas de 2000 relativas à igualdade e não discriminação, consagraram normativos específicos relativamente à repartição do ónus da prova[71].

---

[70] Ver GUILHERME DRAY, "Igualdade e não Discriminação", *in Código do Trabalho – A revisão de 2009*, (coord. PAULO MORGADO DE CARVALHO), Coimbra Editora, Coimbra, 2011, pp. 130-131.
[71] Cf. ROGER BLANPAIN, *European Labour Law*, 12.ª edição, Wolters Kluwer – Kluwer Law International, Netherlands, 2010, pp. 522 e ss..

2.2.1. Os artigos das Diretivas 2000/43 e 2000/78 não podem ser dissociados dos desenvolvimentos relativos à aproximação legal em matéria de discriminação em razão do sexo. Inicialmente, a União Europeia considerou a discriminação entre homens e mulheres apenas no campo da retribuição e relacionava-o com um problema económico e competitivo, assim como um problema social. No TFUE, o art. 157º[72] regula a igualdade de retribuição estabelecendo no nº 1 que "Os Estados-Membros assegurarão a aplicação do princípio da igualdade de remuneração entre trabalhadores masculinos e femininos, por trabalho igual ou de valor igual", sendo que o motivo para a inclusão deste artigo ficou a dever-se a razões de natureza social bem como económicas.

Na verdade, um problema de competitividade surgiu entre os diferentes Estados-Membros já que aqueles que introduziram esquemas igualitários entre homens e mulheres estavam em desvantagem perante os que permitiam diferenças já que poderiam produzir de forma mais barata, com custos de produção inferiores. Por outro lado, a discriminação relativamente às mulheres também foi considerada como um problema social já que traduzia uma violação de princípios fundamentais como os da CEDH. Assim, desde a década de 70 do século passado, o TJUE começou a ter de decidir casos onde se alegava estar perante discriminações retributivas em razão do sexo. E nos vários casos o Tribunal repetidamente asseverou que a dimensão social da UE, que inclui a igualdade de tratamento, é igual, senão mais importante, que a sua dimensão económica[73].

---

[72] Anterior art. 141º.

[73] Vejam-se os casos *Defrenne III*, processo C-149/77, de 15 de Junho de 1978, onde se pode ler no parágrafo 26 que: "o Tribunal tem repetidamente afirmado que o respeito dos direitos fundamentais da pessoa humana faz parte integrante dos princípios gerais do direito comunitário, cujo cumprimento tem por missão garantir". Vide, igualmente, o caso *Deutsche Telekom*, processo C-50/96, de 10 de Fevereiro de 2000, onde o Tribunal sustentou nos parágrafos 55 e 56 que "Por outro lado, o Tribunal de Justiça sublinhou que esta disposição se integra nos objectivos sociais da Comunidade, não se limitando esta a uma união económica, mas devendo assegurar ao mesmo tempo, através de uma acção comum, o progresso social e prosseguir uma melhoria constante das condições de vida e de emprego dos povos europeus, tal como é salientado no preâmbulo do Tratado. Esta finalidade é acentuada pela inserção do artigo 119º do Tratado no conjunto do capítulo consagrado à política social, cuja disposição de abertura, a saber, o artigo 117º do Tratado CE (os artigos 117º a 120º do Tratado CE foram substituídos pelos artigos 136º CE a 143º CE), assinala a necessidade de promover a melhoria das condições de vida e de trabalho dos trabalhadores permitindo a sua igualização no progresso (acórdão Defrenne II, já referido, nºs 10 e 11)" e no parágrafo 56 que "Todavia, na sua jurisprudência ulterior, o Tribunal de Justiça t em reiteradamente declarado que o direito de não ser discriminado em razão do sexo constitui um dos direitos fundamentais da pessoa humana, cujo respeito incumbe ao Tribunal garantir (v., neste sentido, acórdãos de 15 de Junho de 1978, Defrenne III, 149/77, Colect., p. 463, nºs 26 e 27; de 20 de Março de 1984, Razzouk e Beydoun/Comissão, 75/82 e 117/82, Recueil, p. 1509, nº 16, e de 30 de Abril de 1996, P./S., C-13/94, Colect., p. I-2143, nº 19)".

Em 1975 a Comissão Europeia introduziu a Diretiva 75/117 que tinha como objetivo a harmonização das diferentes legislações nacionais em matéria do princípio da igualdade de remuneração entre trabalhadores masculinos e femininos, por trabalho igual ou de valor igual, tentando ultrapassar o problema de o trabalho realizado por dois trabalhadores não ser exatamente igual mas de valor igual. Contudo, na prática, os demandantes enfrentavam muitos problemas, principalmente quando os empregadores não mantinham uma política clara e transparente de retribuição, o que originava que a prova em tribunal fosse uma prova praticamente impossível.

Assim, com a adoção desta Diretiva em 1975 e, depois a de 1976 – Diretiva 76/207, de 9 de Fevereiro, sobre igualdade de tratamento entre homens e mulheres no que se refere ao acesso ao emprego, à formação e promoção profissionais e às condições de trabalho, estavam criados os mecanismos para que os trabalhadores pudessem reclamar que tinham sido vítimas de uma discriminação com base no sexo. Contudo, muitas vezes as trabalhadoras perdiam os processos pois não conseguiam fazer prova da discriminação de que consideravam ter sido vítimas, tendo a Comissão tomado consciência dessa situação pois existia um direito mas de efetivação muito difícil.

A Comissão elaborou, então, isto é, em 1988, uma proposta de Diretiva sobre o ónus da prova no domínio da igualdade retributiva e igualdade de tratamento entre homens e mulheres mas que não viu a luz do dia. Só em 1997, através da Diretiva 97/80, de 15 de Dezembro de 1997, é que se estabeleceu uma diretiva acerca do ónus da prova nos casos de discriminação baseada no sexo. Nesta Diretiva, que aplicou todo o *acquis* comunitário da jurisprudência do TJUE, estabeleceu-se no art. 4º, nº 1, que "Os Estados-membros tomarão as medidas necessárias, em conformidade com os respetivos sistemas jurídicos, para assegurar que quando uma pessoa que se considere lesada pela não aplicação, no que lhe diz respeito, do princípio da igualdade de tratamento apresentar, perante um tribunal ou outra instância competente, elementos de facto constitutivos da presunção de discriminação direta ou indireta, incumba à parte demandada provar que não houve violação do princípio da igualdade de tratamento".

2.2.2. Na ausência de legislação europeia nesta matéria, coube ao TJUE o importante papel de ir estabelecendo regras e princípios sobre uma eventual partilha ou inversão do ónus da prova em matéria de discriminação.

Assim, no caso *Danfoss*, processo C-109/88, de 17 de Outubro de 1989, o Tribunal abordou esta questão pela primeira vez e decidiu que deve existir uma inversão do ónus da prova quando "uma empresa aplica um sistema de remuneração caracterizado pela total falta de transparência, cabendo ao empregador o ónus da prova de que a sua prática salarial não é discriminatória, sempre que

O ÓNUS DA PROVA EM CASOS DE DISCRIMINAÇÃO

o trabalhador feminino demonstre, em relação a um número relativamente importante de assalariados, que a remuneração média dos trabalhadores femininos é inferior à dos trabalhadores masculinos", pois, tal como o Tribunal notou no parágrafo 13, "deve notar-se, ainda, que, numa situação em que está em causa um mecanismo de majorações individuais do salário caracterizado pela total falta de transparência, os trabalhadores femininos apenas podem provar a diferença existente entre remunerações médias. Não disporiam de qualquer meio eficaz para fazer respeitar o princípio de igualdade de remuneração perante os tribunais nacionais, caso o facto de carrear essa prova não tivesse por efeito impor ao empregador o ónus de demonstrar que a sua prática salarial não é, efetivamente, discriminatória"[74].

Esta visão do Tribunal assenta na ideia de que a aplicação da normal repartição do ónus da prova nestes casos quando o empregador não tem um sistema transparente ou de fácil acesso à retribuição, tornaria extremamente difícil para as trabalhadoras conseguirem provar que a discriminação teria ocorrido.

Tendo em atenção esta ideia defendida pelo Tribunal, não se percebe muito bem a razão por que decidiu no caso *Galina Meister*, processo C-415/10, de 19 de Abril de 2012, que "Os artigos 8º, nº 1, da Diretiva 2000/43/CE do Conselho, de 29 de junho de 2000, que aplica o princípio da igualdade de tratamento entre as pessoas, sem distinção de origem racial ou étnica, 10º, nº 1, da Diretiva 2000/78/ /CE do Conselho, de 27 de novembro de 2000, que estabelece um quadro geral de igualdade de tratamento no emprego e na atividade profissional, e 19º, nº 1, da Diretiva 2006/54/CE do Parlamento Europeu e do Conselho, de 5 de julho de 2006, relativa à aplicação do princípio da igualdade de oportunidades e igualdade de tratamento entre homens e mulheres em domínios ligados ao emprego e à atividade profissional, devem ser interpretados no sentido de que não preveem o direito de um trabalhador, que alegue de forma plausível preencher os requisitos indicados num anúncio de recrutamento e cuja candidatura não tenha sido aceite, aceder à informação sobre se o empregador, no final do processo de recrutamento, contratou outro candidato. Contudo, <u>não se pode excluir a possibilidade de a recusa de acesso à informação por parte da demandada constituir um dos elementos a ter em conta no âmbito da demonstração dos factos que permitam presumir a existência de uma discriminação direta ou indireta.</u>

---

[74] Sobre esta decisão veja-se JÚLIO GOMES, "Algumas reflexões sobre o ónus da prova em matéria de paridade de tratamento retributivo ("a trabalho igual salário igual")", *in I Congresso Nacional de Direito do Trabalho – Memórias*, (coord. ANTÓNIO MOREIRA), Almedina, Coimbra, 1998, pp. 323-324. A comparação com a situação no nosso ordenamento jurídico defendendo, à data, que a repartição do ónus da prova deveria ocorrer mesmo quando a ação é proposta por um trabalhador ou candidato, desde que existisse a aparência de discriminação,

Incumbe ao órgão jurisdicional de reenvio, tendo em conta todos os factos do litígio que lhe foi submetido, verificar se é esse o caso no processo principal"[75].

Entende-se que, perante este caso, o Tribunal poderia ter invertido o ónus da prova, tal como fez em *Danfoss*, cabendo ao empregador provar que a candidata foi excluída por razões objetivas[76].

Mais tarde, noutros casos, o TJUE concretizou mais especificamente a utilização de estatísticas por parte de trabalhadoras para provar as diferenças retributivas entre trabalhadores de sexo diferente. O Tribunal considerou que as estatísticas que indicam uma diferença retributiva entre trabalhadoras e trabalhadores poderiam originar uma "aparente discriminação" e, consequentemente, o ónus da prova de que esta diferença assentava em razões objetivas deveria caber ao empregador, tendo como caso mais emblemático o *Enderby*, processo C-127/92, de 27 de Outubro de 1993, onde o Tribunal decidiu que, num caso de discriminação indireta, "quando houver estatísticas significativas que revelem uma diferença sensível de remuneração entre duas funções de valor igual, das quais uma é exercida quase exclusivamente por mulheres e a outra principalmente por homens, o artigo 119º do Tratado impõe à entidade patronal que justifique esta diferença por fatores objetivos e estranhos a qualquer discriminação em razão do sexo.

2) Não basta, para justificar objetivamente a diferença de remuneração entre duas funções de valor igual, das quais uma é exercida quase exclusivamente por mulheres e a outra principalmente por homens, invocar a circunstância de as remunerações de cada uma dessas duas funções terem sido determinadas por negociações coletivas que, se bem que adotados pelas mesmas partes, são distintas e cada uma delas, considerada separadamente, não tem em si efeitos discriminatórios.

3) Cabe ao órgão jurisdicional nacional determinar, aplicando, se necessário, o princípio da proporcionalidade, se e em que medida a escassez de candidatos a uma função e a necessidade de os atrair mediante salários mais elevados constituem uma razão económica objetivamente justificada da diferença de remuneração entre as funções em causa".

Nesta decisão pode ler-se, numa passagem que nos parece muito importante relativamente ao pensamento do Tribunal quanto a este ónus da prova, que "Compete normalmente à pessoa que alega factos em apoio de um pedido fazer a prova da sua existência. O ónus de provar a existência de uma discriminação

---

[75] Sublinhado nosso.

[76] Veja-se, para maiores desenvolvimentos, LILLA FARKAS, "Getting it right the wrong way? The consequences of a summary judgement: the *Meister* case", *in European Anti-Discrimination Law Review*, nº 15, 2012, p. 23 e ss., e ANNA BRAUNROTH, "Zurück auf Los: Diskriminierung und Auskunft bei Bewerbungen", *in AuR*, nº 9, 2012, pp. 343 e ss..

em matéria de remuneração baseada no sexo recai portanto, em princípio, sobre o trabalhador que, considerando-se vítima de tal discriminação, intenta uma ação judicial contra a sua entidade patronal com vista a obter a eliminação desta discriminação.

No entanto, resulta da jurisprudência do Tribunal de Justiça que o ónus da prova pode ser invertido, quando tal se revelar necessário para não privar os trabalhadores aparentemente vítimas de discriminação de qualquer meio eficaz para fazer respeitar o princípio da igualdade de remunerações. Assim, quando uma medida que distingue os empregados segundo o seu tempo de trabalho atingir desfavoravelmente, de facto, um número muito mais elevado de pessoas de um ou de outro sexo, esta medida deve considerar-se contrária ao objetivo prosseguido pelo artigo 119º do Tratado, a menos que a entidade patronal demonstre que ela se justifica por fatores objetivos e estranhos a qualquer discriminação em razão do sexo (acórdão de 13 de Maio de 1986, Bilka, 170/84, Colect., p. 1607, nº 31; acórdão de 27 de Junho de 1990, Kowalska, C-33/89, Colect., p. I-2591, nº 16; acórdão de 7 de Fevereiro de 1991, Nimz, C-184/89, Colect., p. I-297, nº 15). Do mesmo modo, quando uma empresa aplique um sistema remuneratório caracterizado pela total falta de transparência, cabe ao empregador provar que a sua prática salarial não é discriminatória, sempre que o trabalhador feminino demonstre, em relação a um número relativamente elevado de assalariados, que a remuneração média dos trabalhadores femininos é inferior à dos trabalhadores masculinos (acórdão de 17 de Outubro de 1989, H. K./Danfoss, 109/88, Colect., p. 3199, nº 16)"[77].

Estes desenvolvimentos relativamente à utilização de dados estatísticos foram reforçados em 1999 quanto aos casos de discriminação indireta, no caso *Seymour Smith and Perez*, processo C-167/97, de 9 de Fevereiro de 1999, onde o Tribunal decidiu que incumbe aos Tribunais nacionais avaliar a fiabilidade das estatísticas apresentadas, estabelecendo que "Compete ao juiz nacional determinar, tendo em conta todas as circunstâncias jurídicas e de facto pertinentes, a data em que se deve apreciar a legalidade de uma regra que determina que a proteção contra os despedimentos sem justa causa só se aplica aos trabalhadores assalariados que tenham trabalhado durante um período mínimo de dois anos" e que "para verificar se uma medida adotada por um Estado-Membro afeta de modo diferente os homens e as mulheres a tal ponto que isso equivale a uma discriminação indireta na aceção do artigo 119º do Tratado, o juiz nacional deve verificar se os dados estatísticos disponíveis mostram que uma percentagem consideravelmente mais baixa de trabalhadores femininos do que de trabalhadores masculinos pode satisfazer a condição imposta por essa medida. Se assim

---

[77] Parágrafos 13 e 14.

for, há discriminação indireta baseada no sexo, salvo se essa medida se justificar por fatores objetivos e alheios a qualquer discriminação baseada no sexo.

5) Caso se verifique que uma percentagem consideravelmente mais baixa de trabalhadores femininos do que de trabalhadores masculinos satisfaz a condição dos dois anos de emprego imposta pela regra descrita no nº 3 deste dispositivo, incumbe ao Estado-Membro, na sua qualidade de autor da regra alegadamente discriminatória, demonstrar que essa regra responde a um objetivo legítimo da sua política social, que esse objetivo é alheio a qualquer discriminação fundada no sexo e que podia razoavelmente considerar que os meios escolhidos eram adequados à realização desse objetivo".

2.3. O ónus da prova nas Diretivas 2000/78/CE e 2000/43/CE e no CT

O legislador comunitário teve em atenção a enorme dificuldade de provar todo este tipo de situações e, por isso, estabeleceu nas Diretivas uma espécie de *partilha do ónus da prova*[78] entre as partes demandante e demandada, o que significa que a responsabilidade de provar ou não a razão do processo é partilhada entre as duas partes. Assim, o trabalhador ou candidato deve demonstrar, em primeiro lugar, que os factos são consistentes com a ocorrência de discriminação e o empregador tem de provar que não agiu de forma injusta e que existe uma razão legítima para o seu procedimento. As Diretivas impõem, ainda, que as pessoas que apresentem queixa por discriminação sejam protegidas adequadamente contra atos de retaliação ou represálias que, caso não sejam controlados, as poderiam impedir de exercer o seu direito de igualdade de tratamento. Esta proteção também é válida para testemunhas em processos de discriminação como uma forma de incentivá-las a depor. Como mais uma forma de proteger as vítimas de discriminação consagra-se, também, a proibição da "instrução no sentido de discriminar", que acontece quando alguém instrui outra pessoa no sentido de agir de forma discriminatória[79].

Assim, quer o art. 8º da Diretiva 2000/43, quer o art. 10º da Diretiva 2000/78, estabelecem, à semelhança do que estava previsto na Diretiva 97/80 relativa ao ónus da prova que "1. Os Estados-Membros tomam as medidas necessárias, de acordo com os respetivos sistemas judiciais, para assegurar que, quando uma

---

[78] Conforme defende a advogada-geral JULIANE KOKOTT, nas conclusões do processo C-394/11, em 20 de Setembro de 2012, "com o regime de inversão do ónus da prova em todas as diretivas antidiscriminação, o legislador escolheu uma solução que mantém um equilíbrio justo entre os interesses da vítima da discriminação e aqueles do seu respetivo adversário processual. Em particular, este regime não elimina completamente o ónus da prova da alegada vítima de discriminação, apenas o altera". Ver, ainda, *European Handbook...*, cit., pp. 124 e ss..

[79] Cf., sobre esta possibilidade, entre outros, IRENE ASSCHER-VONK, "Instruction to Discriminate", *in European Gender Equality Law Review*, nº 1, 2012, pp. 4 e ss..

pessoa que se considere lesada pela não aplicação, no que lhe diz respeito, do princípio da igualdade de tratamento apresentar, perante um tribunal ou outra instância competente, elementos de facto constitutivos da presunção de discriminação direta ou indireta, incumba à parte requerida provar que não houve violação do princípio da igualdade de tratamento.

2. O disposto no nº 1 não obsta a que os Estados-Membros imponham um regime probatório mais favorável à parte demandante.

3. O disposto no nº 1 não se aplica aos processos penais.

4. O disposto nos nºs 1, 2 e 3 aplica-se igualmente às ações judiciais intentadas nos termos do nº 2 do artigo 9º.

5. Os Estados-Membros podem não aplicar o disposto no nº 1 nas ações em que a averiguação dos factos incumbe ao tribunal ou à instância competente".

O nº 1 destes artigos evidencia os elementos relevantes para a inversão do ónus da prova, incluindo a necessidade da sua aplicação a nível nacional, se o demandante conseguiu estabelecer factos a partir dos quais a discriminação pode ser presumida, sendo que esta inversão ou, melhor dizendo, esta partilha do ónus da prova, aplica-se quer aos casos da discriminação direta quer aos de discriminação indireta.

Este regime visa facilitar aos trabalhadores, assim como aos candidatos vítimas de discriminação, o acesso à justiça já que, na maior parte dos casos, é o empregador que detém os elementos que poderão afastar a presunção de que essa conduta, critério ou medida resulta de um comportamento discriminatório.

Até hoje o TJUE não forneceu muitas *pistas* de como se deve repartir este ónus da prova mas o caso *Feryn*, processo C-54/07, indica um pouco o caminho, referindo o que o demandante tem de alegar para estabelecer uma conduta *prima facie* discriminatória.

Assim, pode ver-se que o Tribunal defendeu nos parágrafos 29-34, especificamente quanto à inversão do ónus da prova, que "A terceira e a quinta questões visam determinar como deve ser aplicada a regra da inversão do ónus da prova, prevista no artigo 8º, nº 1, da Diretiva 2000/43, a uma situação na qual a existência de uma política de contratação discriminatória é alegada com base em declarações públicas de uma entidade patronal sobre a sua política de contratação.

30 O artigo 8º da Diretiva 2000/43 precisa, a este respeito, que incumbe à parte demandada provar que não houve violação do princípio da igualdade de tratamento quando são apresentados elementos de facto constitutivos da presunção de discriminação direta ou indireta. A obrigação de produzir prova em contrário, que, nestes termos, incumbe ao presumível autor da discriminação, depende apenas da existência de uma presunção de discriminação, que deve ser baseada em factos assentes.

31 Podem constituir tais factos que permitem presumir a existência de uma política de contratação discriminatória as declarações pelas quais uma entidade patronal anuncia publicamente que, no âmbito da sua política de contratação, não empregará trabalhadores de determinada origem étnica ou racial.

32 Por consequência, cabe a esta entidade patronal produzir a prova de que não foi violado o princípio da igualdade de tratamento, o que pode fazer, designadamente, demonstrando que a prática real de contratação da empresa não corresponde a essas declarações.

33 Compete ao órgão jurisdicional de reenvio, por um lado, verificar se estão demonstrados os factos imputados a essa entidade patronal e, por outro, apreciar se são suficientes os elementos que esta fornece em apoio das suas afirmações segundo as quais não violou o princípio da igualdade de tratamento.

34 Por conseguinte, importa responder à terceira a quinta questões que as declarações públicas pelas quais uma entidade patronal anuncia que, no âmbito da sua política de contratação, não empregará trabalhadores assalariados de determinada origem étnica ou racial são suficientes para presumir, na aceção do artigo 8º, nº 1, da Diretiva 2000/43, a existência de uma política de contratação diretamente discriminatória. Cabe, assim, a esta entidade patronal provar que não foi violado o princípio da igualdade de tratamento. Pode fazê-lo demonstrando que a prática real de contratação da empresa não corresponde a essas declarações. Compete ao órgão jurisdicional de reenvio verificar se estão provados os factos imputados à referida entidade patronal e apreciar se são suficientes os elementos fornecidos em apoio das afirmações desta última, segundo as quais não violou o princípio da igualdade de tratamento".

Assim, pode dizer-se que em vez de duas existem três fases: na primeira, o demandante tem de estabelecer, *prima facie*, um tratamento discriminatório; na segunda, se o demandante o conseguir então o ónus da prova incumbe ao demandante; e, na terceira fase, incumbe a este provar que o motivo que originou o tratamento não é causado por nenhum tratamento discriminatório, isto é, tem de provar que existe uma razão para a decisão e que esta não é discriminatória, sendo que este motivo não discriminatório é o único que justifica a decisão[80].

2.3.1. Esta regra tem de ser transposta pelos Estados-Membros, de acordo com o seu sistema judicial, o que implica que as circunstâncias nas quais o ónus da prova pode ser alterado podem variar consoante as regras legais dos Estados-membros[81].

---

[80] No mesmo sentido MATTEO BONINI-BARALDI, *op.* cit., p. 5.

[81] *Vd.*, para mais desenvolvimentos, *Developing Anti-Discrimination Law in Europe – The 27 EU Member States compared*, European Comission, Luxemburgo, 2010.

Nesta parte a Diretiva foi também transposta para o nosso ordenamento jurídico. Assim, o nº 5 do art. 25º do Código do Trabalho consagra a inversão do ónus da prova, regra que já existia antes do CT de 2003 mas apenas a propósito do princípio da igualdade em função do sexo. Esta inversão parece-nos muito positiva pois torna-se difícil para o trabalhador e, ainda mais para o candidato, provar que uma exclusão do trabalho ou do processo de seleção teve por base algum dos fatores de discriminação que constam do nº 1 do art. 24º[82].

Por outro lado, há que atender a que esta inversão do ónus, que mais nos parece uma partilha do mesmo[83], aplica-se não apenas a propósito das condições de trabalho mas também no acesso ao emprego, à formação e promoção profissionais, bastando ter em atenção o nº 6 deste artigo 25º[84].

Há que atender, ainda, que esta *inversão* do ónus da prova não origina que o empregador tenha de provar que não realizou qualquer prática discriminatória, pois ele não tem de destruir a presunção mas antes, demonstrar de forma concreta e pormenorizada a existência de uma causa lícita justificativa da diferenciação, ou que o critério, prática ou regra utilizada está objetivamente justificado[85].

Assim, o procedimento relativo a esta *partilha* do ónus da prova é muito mais atenuado do que uma verdadeira inversão do ónus pois o que existe é uma partilha e uma mudança do ónus relativamente àqueles elementos que pertencem a cada uma das partes. Não existe uma mudança total dos procedimentos normais em caso de prova que estabelecem que incumbe ao demandante a prova dos factos pois também aqui ele tem de carrear factos que originem a dúvida e estabeleçam a presunção de um tratamento discriminatório[86]. E, verdadeiramente, trata-se de uma presunção pois até aqui tudo o que o demandante fez foi apresentar factos a partir dos quais pode inferir-se que ocorreu uma diferença de tratamento. Só se o demandado, isto é, o empregador, não conseguir provar que a medida é legal e proporcional é que a presunção se torna uma evidência e estabelece-se que efetivamente ocorreu uma discriminação.

2.3.2. O estabelecimento dos factos pelo demandante da ação

2.3.2.1. Em primeiro lugar tem de aferir-se quem pode intentar a ação no Tribunal. Desde logo, o candidato a emprego ou, se já existir uma relação labo-

---

[82] Cf., no mesmo sentido, GUILHERME DRAY, *op.* cit., pp. 127-128.

[83] No mesmo sentido JÚLIO GOMES, *Contrato de...*, cit., p. 424, referindo-se a uma "repartição do ónus da prova".

[84] Neste sentido *vide* GUILHERME DRAY, *op.* cit., pp. 129-130, que entende que o atual art. 25º do CT é mais preciso quanto ao âmbito de aplicação do que o art. 23º do CT de 2003.

[85] Cf. CATARINA CARVALHO, "Considerações sobre o estatuto jurídico-laboral da mulher", *in IV Congresso Nacional de Direito do Trabalho – Memórias*, cit. p. 140.

[86] Da mesma opinião EDUARDO ESPÍN, *op.* cit., p. 2

ral, o trabalhador, podem, por si mesmos, exercer em juízo os direitos decorrentes do direito à igualdade de oportunidades e de tratamento.

Contudo, a nossa legislação, no seguimento do previsto nas Diretivas, vai mais longe e estabelece que também as associações sindicais dispõem de legitimidade para o efeito nos termos do art. 443º, nº 1, alínea d) do CT. Assim, podem representar nos casos de discriminação indireta em que esteja em causa um grupo de pessoas ou de interesses coletivos que aqueles representam, nos termos do art. 5º, nº 1, do CPT. Porém, também lhes assiste legitimidade para, em representação e substituição de trabalhadores seus associados, que o autorizem, invocarem em juízo direitos individuais destes e violados com carácter de generalidade, nos termos do art. 5º, nº 2, alínea c) do CPT.

2.3.2.2. O demandante da ação em Tribunal tem de "estabelecer factos" a partir dos quais a presunção de discriminação surge, isto é, tem de estabelecer uma conduta *prima facie* discriminatória. E este estabelecimento de factos tem de acontecer quer nos casos de discriminação direta, quer nos de discriminação indireta, para evitar ou prevenir casos de acusação injustificados ou inexistentes de discriminação por parte das pessoas.

Este estabelecimento dos factos releva do papel do juiz nacional que tem de atender a todas as indicações dadas pelo juiz comunitário com o objetivo de dar um "efeito útil" às diretivas[87], tendo o juiz um papel essencial na condução de todo este processo.

Contudo, este estabelecimento dos factos é diferente consoante se trate de uma discriminação direta ou indireta.

2.3.2.3. Relativamente a casos de discriminação direta o demandante tem de apresentar factos que evidenciem que a presunção que ele foi tratado menos favoravelmente que "aquele que é, tenha sido ou possa vir a ser dado a outra pessoa em situação comparável". Isto exige, tal como já se referiu anteriormente, que se tenha um comparador concreto ou, numa situação onde tal não é possível, um comparador hipotético. E, nesta última situação, cabe ao demandante tornar plausível que, em certas situações, não é necessária a existência de um comparador. Assim, por exemplo, quando um doente no hospital adota um comportamento xenófobo em relação a um médico de uma minoria étnica, será suficiente para este provar que o paciente fez este comentário racista e xenófobo, sem ter de estabelecer que não fez o mesmo relativamente aos outros médicos que também o examinaram.

---

[87] Neste sentido MICHEL MINÉ, *op.* cit., p. 4.

O ÓNUS DA PROVA EM CASOS DE DISCRIMINAÇÃO

Por outro lado, a análise *in concreto* da situação pode ser feita quer de maneira atual, isto é, entre duas pessoas que trabalham presentemente na empresa ou, ainda, de maneira sucessiva, isto é, pode realizar-se uma comparação entre o tratamento de pessoas que se sucederam no mesmo posto de trabalho[88].

Há, também, a possibilidade de realizar uma análise *in abstracto*, estabelecendo uma comparação entre as pessoas atuais e o tratamento que beneficiaria um outro grupo de pessoas se estivesse presente, realizando, nomeadamente, uma avaliação comparada das competências ou qualificações reconhecidas aos trabalhadores ou aos candidatos.

Desta forma, os factos que o demandante apresenta devem criar no Tribunal competente a dúvida ou a suspeita de que o comportamento em causa poderá ser discriminatório à luz da lei que existe nessa matéria.

O demandante deve estabelecer que a tomada da decisão com base no critério discriminatório é plausível, criando uma dúvida no espírito do juiz, considerando que a situação não é plenamente racional, existindo uma anomalia que incita a continuar a pesquisa, isto é, passar à segunda fase do processo e interrogar o empregador.

Assim, a apreciação do juiz interno é fundamental e determinante para dizer a partir de quando e a partir de quê os factos sobre uma disparidade de situação são considerados como estabelecidos.

Estes factos podem ser de diversa índole, como é o caso, *inter alia*, de diferenças de remuneração, de progressão na carreira, de acesso à formação profissional e da escolha das pessoas para um despedimento coletivo.

Mais ainda, os factos apresentados têm de ser precisos, pois se o demandante alegar apenas que, *v.g.*, é homossexual ou negro, ou é uma mulher e que sofreu uma particular desvantagem, não vai motivar a alteração do princípio do ónus da prova. As Diretivas da UE e a nossa lei apenas permitem uma *inversão* do ónus quando, *prima facie*, se tenha estabelecido um tratamento discriminatório. Se apenas meras afirmações deste tipo fossem suficientes qualquer pessoa poderia queixar-se a todo o tempo que se sentia injustiçado e considerar que tinha sido com base no seu sexo ou género, na sua orientação sexual, na sua raça, na sua etnia ou na sua idade, pois todas as pessoas, *inter alia*, têm um sexo, uma orientação sexual ou pertencem a uma raça ou etnia. Assim, o demandante tem de estabelecer factos que geram uma suspeição, isto é, a presunção, que existe

---

[88] Veja-se o acórdão *Macarthys*, processo C-129/78, de 27 de Março de 1980, onde o TJUE, decidiu que o princípio da igualdade retributiva entre homens e mulheres não se limitava às situações em que estes efetuavam simultaneamente o mesmo trabalho para o mesmo empregador mas também nos casos em que se demonstre que uma trabalhadora recebe menos do que um trabalhador empregado anteriormente para o mesmo posto de trabalho.

IGUALDADE E NÃO DISCRIMINAÇÃO

uma conexão entre a desvantagem ou o tratamento desigual e o particular campo protegido pela legislação anti discriminatória.

É necessário encontrar-se, assim, um equilíbrio. O juiz pode não considerar um caso que se apoia em simples alegações sem consistência como preenchendo esta primeira fase. Mas, também não pode ser demasiado exigente sob pena de o sistema probatório continuar sem efeito[89].

No ordenamento jurídico português cremos que a jurisprudência nacional tem sido restritiva, não potenciando a regra da inversão do ónus da prova previsto no CT[90]. Assim, o STJ já teve ocasião de decidir em que termos deve realizar-se esta partilha do ónus da prova dizendo, em 22 de Abril de 2009 que "III – O que decorre do princípio *para trabalho igual salário igual* é a igualdade de retribuição para trabalho igual em natureza, quantidade e qualidade, e a proibição de diferenciação arbitrária (sem qualquer motivo objetivo) ou com base em categorias tidas como fatores de discriminação (sexo, raça, idade e outras) destituídas de fundamento material atendível, proibição que não contempla, naturalmente, a diferente remuneração de trabalhadores da mesma categoria profissional, na mesma empresa, quando a natureza, a qualidade e quantidade do trabalho não sejam equivalentes, atendendo, designadamente, ao zelo, eficiência e produtividade dos trabalhadores.

IV – Nos casos em que a ação tem por fundamento algum dos *fatores característicos da discriminação* consignados no nº 1, do artigo 23º do Código do Trabalho de 2003 e no artigo 35º do Regulamento do Código do Trabalho (Lei nº 35/2004, de 29 de Julho), ou outros equiparáveis, segundo o critério da igual dignidade sócio laboral, o trabalhador que se sente discriminado não tem de alegar e demonstrar factos relativos à natureza, qualidade e quantidade das prestações laborais em comparação, pois que, provados os factos que integram o invocado fundamento, atua a presunção de que a diferença salarial a ele se deve, invertendo-se, apenas, quanto ao nexo causal presumido, o ónus da prova.

V – <u>Mas tem, em tais casos, de alegar e provar, além dos factos que revelam a diferenciação de tratamento, também, os factos que integram um daqueles *fatores característicos da discriminação*</u>[91].

VI – Isto significa que a presunção de discriminação não resulta da mera prova dos factos que revelam uma diferença de remuneração entre trabalhadores da mesma categoria profissional, ou seja, da mera diferença de tratamento, pois, exigindo a lei que a pretensa discriminação seja fundamentada com a indicação do trabalhador ou trabalhadores favorecidos (artigo 23º, nº 3, do Código do Tra-

---

[89] Socorremo-nos dos exemplos de MICHEL MINÉ, *op.* cit., p. 5.
[90] No mesmo sentido GUILHERME DRAY, *op.* cit., p. 134.
[91] Sublinhado nosso.

balho de 2003), naturalmente, tal fundamentação há-de traduzir-se na narração dos factos que, reportados a características, situações e opções dos sujeitos em confronto, de todo alheias ao normal desenvolvimento da relação laboral, atentem, direta ou indiretamente, contra o princípio da igual dignidade sócio laboral, que inspira o elenco de *fatores característicos da discriminação* exemplificativamente consignados na lei.

VII – Deste modo, numa ação em que se não invocam quaisquer factos que, de algum modo, possam inserir-se na categoria de *fatores característicos de discriminação*, no sentido referido, não funciona a aludida presunção, por isso que compete ao autor, nos termos do artigo 342º, nº 1, do Código Civil, alegar e provar factos que, referindo-se à natureza, qualidade e quantidade de trabalho prestado por trabalhadores da mesma empresa e com a mesma categoria, permitam concluir que o pagamento de diferentes remunerações viola o princípio *para trabalho igual salário igual,* pois que tais factos, indispensáveis à revelação da existência de *trabalho igual,* se apresentam como constitutivos do direito a *salário igual.*

VIII – Nesta conformidade, numa ação em que a autora alega a violação do princípio *para trabalho igual salário igual,* não constando dos seus fundamentos qualquer dos *fatores característicos da discriminação,* e tendo-se apenas provado que desde 2001 até Setembro de 2003 aquela integrou o quadro de pessoal da ré, com a categoria de técnica jurista, e que, a partir desta última data, passou a desempenhar ao serviço da mesma ré novas funções, concretamente as funções de assessoria jurídica num determinado gabinete, auferindo, em Abril de 2004 a quantia mensal ilíquida de € 878,00, e a partir de Fevereiro de 2005 o valor de € 897,40, e que a jurista admitida para o exercício das funções anteriormente desempenhadas pela autora auferia, desde Setembro de 2003, € 1.250,00, e a partir de Setembro de 2004, € 1.500,00, tais factos são insuficientes para se concluir que o trabalho prestado pela autora, antes e depois de mudar de funções, é igual ou objetivamente semelhante em natureza, quantidade e qualidade ao prestado pela outra trabalhadora jurista que, com a mesma categoria de assessora jurídica, a substituiu no lugar por aquela anteriormente ocupado".

Num outro caso, o STJ decidiu, também em 12 de Outubro de 2011, que "III – A inversão do ónus da prova a que alude o nº3 do art. 23º do Código do Trabalho, complementado pelos arts. 32º e 35º do RCT (Regulamento aprovado pela Lei nº 35/2004, de 29 de Julho), com a presunção que nela se contém, pressupõe a alegação e prova, por banda do trabalhador, de factos que constituam fatores característicos de discriminação.

IV – Não tendo sido invocado/provado tal fundamento, a existência de factos bastantes que permitam concluir pela verificação da prestação de trabalho, objetivamente semelhante em natureza, qualidade e quantidade relativamente ao trabalhador face ao qual se diz discriminado, constitui ónus do A., não bastando, para o efeito do juízo comparativo a estabelecer, a prova da mesma categoria profissional e da diferença retributiva".

Estas duas decisões, apesar de se reportarem ao CT de 2003, são perfeitamente transponíveis para as alterações ao CT de 2009 e para a redação do art. 25º do CT.

Assim, no ordenamento jurídico português exige-se, de uma forma que nos parece demasiado restritiva, que a regra da *inversão* do ónus da prova só pode beneficiar o trabalhador ou o candidato se este, para além de invocar uma diferença de tratamento que lhe é desfavorável, aludir e invocar, ainda, o fator de discriminação que, do seu ponto de vista, esteve na origem da diferenciação que foi realizada[92].

Mais ainda, conforme adverte MANUELA BENTO FIALHO[93], se cabe àquele que invoca a discriminação apenas fundamentá-la nos termos do art. 25º, nº 5, por outro lado, também lhe compete a prova do dano sofrido e pelo qual pretende ser indemnizado, situação em que opera a regra geral do art. 342º, nº 1, do CC. Assim, e socorrendo-nos do exemplo da autora, se um trabalhador se considerar discriminado em razão da religião que professa, terá de alegar que professa tal religião e terá ainda de alegar a medida que lhe foi imposta ou a ordem que lhe foi dada e que o foi em razão e por causa da religião que professa indicando outro ou outros trabalhadores relativamente aos quais tal medida não foi imposta.

2.3.2.4. No caso da prova na discriminação indireta, atendendo à sua noção, não se pode procurar a intenção do seu autor não sendo esta um elemento constitutivo da prova.

Nestes casos a prova implica uma análise dos efeitos da prática, da disposição ou do critério em causa, partindo da análise dos efeitos discriminatórios sobre pessoas ou um grupo de pessoas. O processo probatório no caso da discriminação indireta recorre a uma análise do grupo recorrendo várias vezes aos dados quantitativos e às estatísticas[94], que devem ser significativas e com relevo sociológico no litígio em causa. Convém notar, no entanto, que o recurso a estes dados quantitativos é apenas uma possibilidade e não uma obrigação já que a dimensão estatística não será a melhor opção para presumir uma discriminação indireta relativamente a pessoas discriminadas em razão da sua deficiência, da sua orientação sexual ou, por exemplo, da sua etnia.

Em determinados casos, no entanto, as estatísticas podem ser um auxiliar precioso, como no caso em que se constata que existe uma percentagem muito

---

[92] *Vide* GUILHERME DRAY, *op.* cit., pp. 134-135.
[93] *Op.* cit., p. 100.
[94] Relativamente a estas cf. tudo o que referimos *supra* 2.1.2..

baixa ou até inexistente de trabalhadores do mesmo tipo do demandante na ação que foram selecionados para postos de trabalho equivalentes; ou que demonstram que determinado tipo de trabalhadores estão sub-representados naquela área do trabalho; ou estatísticas que demonstram que existe uma desproporção entre trabalhadores de raças diferentes para um posto de trabalho, sendo que os da raça a que pertence o demandante não são tão facilmente selecionados, entre vários outros casos[95], sendo que estas estatísticas podem demonstrar ou ajudar em vários casos de discriminação indireta[96].

Mais, é necessária a realização de um trabalho de constituição de grupos comparáveis, sendo fundamental encontrar grupos em número suficiente e em situação comparável, inserindo a pessoa discriminada no grupo das pessoas discriminadas, podendo o juiz encontrar um grupo específico, ainda que não muito elevado, persistente e constante, sendo as estatísticas um dado a ser combinado, dependendo do que estiver em causa no caso concreto.

Numa situação deste tipo cabe ao candidato ou ao trabalhador alegar, por exemplo, a prática implementada e que essa prática coloca o grupo numa posição de desvantagem, referindo as comparações possíveis. O TJUE, *inter alia*, no caso *Enderby*, processo C-127/92, apurou que o serviço nacional de saúde britânico pagava retribuições mais baixas a médicos especializados em áreas ocupadas maioritariamente por mulheres em comparação com a dos médicos de especialidades integradas por homens. O Tribunal decidiu que se estava perante uma aparência de discriminação baseada no sexo, provada por dados estatísticos significativos, cabendo ao empregador o ónus de provar que existiam razões objetivas para a diferença de retribuição verificada, demonstrando, designadamente, que a escassez de oferta de trabalho pode justificar um aumento salarial adequado que não é preciso estabelecer em profissões cuja oferta de trabalho é maior[97].

---

[95] Cf., para mais desenvolvimentos, Catherine Rayner, última *op.* cit., pp. 26-27.

[96] Um exemplo útil da aproximação do TEDH relativamente ao ónus da prova é o caso *Bulgarian Rome Education – DHv Czech Republic*, de 2006, tendo o Tribunal decidido que colocar crianças de origem cigana em escolas especiais resultou de um preconceito com base na raça.

[97] Nos termos dos parágrafos 16-18 o Tribunal decidiu que "Na realidade, porém, se a remuneração relativa às funções de ortofonista for sensivelmente inferior à que respeita as funções de farmacêutico e se os primeiros forem quase exclusivamente ocupados por mulheres, ao passo que os segundos principalmente por homens, tal situação revela uma aparência de discriminação baseada no sexo, pelo menos as duas funções em causa forem de valor igual e os dados estatísticos que caracterizam esta situação forem válidos.

17 Cabe ao juiz nacional apreciar se pode tomar em linha de conta estes dados estatísticos, isto é, se dizem respeito a um número suficiente de indivíduos, se não são mera expressão de fenómenos puramente fortuitos ou conjunturais e se, de uma maneira geral, parecem ser significativos.

IGUALDADE E NÃO DISCRIMINAÇÃO

2.3.2.5. Contudo, as partes, isto é, o trabalhador ou o candidato e, por outro lado, o empregador, estão numa situação de desigualdade em relação ao acesso à informação para conseguir estabelecer os factos, sendo que, para permitir um processo justo, a igualdade no que concerne ao regime probatório deve ser restabelecida.

Este é, aliás, o objetivo da alteração do ónus da prova e relativamente ao nosso ordenamento jurídico há ainda que ter em atenção a imposição feita a todas as entidades empregadoras que devem manter, durante cinco anos, registo dos recrutamentos feitos donde constem, por sexos, elementos que podem fornecer dados relevantes para a convicção acerca das práticas discriminatórias, elementos esses que, por estarem na posse da parte demandada, podem sempre ser-lhe requisitados, nos termos do art. 32º do CT. Contudo, afigura-se-nos que a sanção aplicável é muito leve pois, segundo o art. 32º, nº 2, a violação deste artigo apenas constitui uma contraordenação leve e, por outro lado, poderia ser alargado a outros fatores de discriminação que não constituíssem, simultaneamente, dados sensíveis, na aceção da Diretiva 95/46/CE e da LPDP.

Por outro lado, o juiz tem de aceitar que o demandante tem direito de acesso a provas que estão nas mãos do demandado, isto é, do empregador, o que origina que dum processo de duas fases se passe a ter uma terceira fase, intermédia que serve para permitir o acesso às provas pelas partes[98].

2.3.3. A justificação da medida pelo empregador
Cabe ao juiz nacional apreciar a justificação do empregador tendo em atenção os objetivos do Direito da União Europeia e as regras estabelecidas pelo TJUE. E, mais uma vez, a prova da não discriminação tem de distinguir-se consoante a justificação do empregador esteja relacionada com um caso de discriminação direta ou discriminação indireta.

2.3.3.1. No caso da discriminação direta, em princípio, esta não pode ser justificada, pois constitui uma violação direta do princípio da igualdade, a não

---

18 Numa situação de discriminação aparente, cabe à entidade patronal demonstrar que existem razões objectivas para a diferença de remuneração verificada. Com efeito, os trabalhadores seriam privados do meio para fazer respeitar o princípio da igualdade de remuneração perante o órgão jurisdicional nacional se a apresentação de elementos susceptíveis de revelar uma discriminação aparente não tivesse por efeito impor ao empregador o ónus de demonstrar que a diferença de remuneração não é, efectivamente, discriminatória (v., por analogia, o acórdão H. K./Danfoss, já referido, nº 13)".

[98] Ver, para mais desenvolvimentos, Sophie Latraverse, *The challenge of Evidence in Implementing EU Discrimination Law in Civil Law Countries – The Example of France*, in www.era.int., pp. 4-5, assim como, *L'ouverture de la Jurisprudence en matière d'acces a la prevue: le défi de la mise en oeuvre du droit de la discrimination en France*, in www.era.int, pp. 6-7.

ser no caso da discriminação em razão da idade e apenas em determinadas situações, conforme já defendemos anteriormente.

Assim, o empregador tem de provar por meio de testemunhos, provas claras, ou que não existe qualquer desigualdade de tratamento, mostrando, por exemplo, que a situação da pessoa que se presume ter sido discriminada não é igual à situação da pessoa comparada[99], ou provar a pertinência da diferença de tratamento como, por exemplo, no caso de diferenças retributivas provando que uma pessoa é mais bem remunerada do que outra com base na qualidade do seu trabalho apoiando-se em elementos objetivos materialmente verificáveis e não unicamente no seu poder discricionário.

A apreciação destes factos incumbe ao juiz que deve verificar o carácter pertinente e proporcional dos argumentos invocados pelo empregador, não aceitando meras declarações de política económica ou de prática usual na empresa.

Há ainda a possibilidade de o empregador ter detalhes sobre todo o processo de seleção numa candidatura ou, até, numa promoção, devendo, então, apresentar os elementos de facto que originaram aquela decisão como, por exemplo, notas das entrevistas, dos questionários, exemplos das questões colocadas e se existirem provas de que determinadas questões foram colocadas a uns trabalhadores e não a outros como, *inter alia*, "Precisará de ter tempo para tomar conta dos seus filhos?" ou "Planeia ter mais filhos?" ou "Como mulher terá força para conseguir levantar estas caixas?"[100], podem apontar para um comportamento discriminatório apesar de, por vezes, poder ser inconsciente e não intencional.

Acresce ainda que quando parece no caso concreto que quer o demandante, quer o candidato escolhido com que é estabelecida a comparação de discriminação direta têm qualificações e experiências muito semelhantes, os empregadores terão de apresentar, enquanto demandados na ação, explicações claras e racionais para a escolha de uma pessoa relativamente à outra pois, se o empregador pode ter bons motivos para procurar uma pessoa com determinadas qualidades por considerar que se irá integrar melhor tem, contudo, de ser capaz de explicar

---

[99] O TJUE já decidiu no caso *Feryn* que "As declarações públicas pelas quais uma entidade patronal anuncia que, no âmbito da sua política de contratação, não empregará trabalhadores assalariados de determinada origem étnica ou racial são suficientes para presumir, na acepção do artigo 8º, nº 1, da Directiva 2000/43, a existência de uma política de contratação directamente discriminatória. Cabe, assim, a esta entidade patronal provar que não foi violado o princípio da igualdade de tratamento. Pode fazê-lo demonstrando que a prática real de contratação da empresa não corresponde a essas declarações. Compete ao órgão jurisdicional de reenvio verificar se estão provados os factos imputados à referida entidade patronal e apreciar se são suficientes os elementos fornecidos em apoio das afirmações desta última, segundo as quais não violou o princípio da igualdade de tratamento."

[100] Veja-se estas e outras questões em Catherine Rayner, *The burden of proof in sex discrimination cases*, cit., p. 23.

a razão de forma objetiva. E se não for capaz de providenciar uma explicação adequada, objetiva e razoável, será considerado como tendo discriminado o/a trabalhador(a) ou o/a candidato(a).

Por outro lado, podem existir derrogações em casos de exigências profissionais essenciais quando se trate, conforme já referimos e está presente também nas Diretivas e no nosso art. 25º, nº 2, de "um requisito justificável e determinante para o exercício da atividade profissional".

Contudo, tal como defendemos, parece-nos que esta exceção terá de ser entendida em termos restritivos. Por vezes, em certas atividades, o sexo ou o género poderão ser essenciais. Figure-se o caso de um posto de trabalho para modelo de *lingerie* feminina onde só se aceitarão mulheres, ou para o papel de uma pessoa de raça negra onde só serão admitidas pessoas desta raça, ou, ainda, para fazer de uma jovem e ingénua adolescente onde poderá limitar-se as candidatas a uma certa idade sem que, em nenhum dos casos, tenha existido uma discriminação.

Por outro lado, também em determinadas organizações a religião pode ser um fator decisivo, como no caso das organizações de tendência, embora nos pareça, relevante apenas, para as *tarefas de tendência*, ou seja, para aquelas tarefas em que o cumprimento da prestação laboral se identifica com a realização dos valores ideais em que a organização se baseia. Em causa estão os trabalhadores que vão desempenhar tarefas cujo conteúdo implica, forçosamente, a adesão às conceções de tendência da organização, sendo exigível que o candidato ao emprego possua um certo grau de conhecimento e de respeito pela mensagem divulgada pela entidade. Já não é o mesmo nas denominadas tarefas *neutras*, ou seja, naquelas tarefas que não requerem para a sua execução profissional a partilha da visão ideológica do empregador – imagine-se o caso do jardineiro dum sindicato ou o cozinheiro de um convento de freiras. Para estes tem de defender-se a ilicitude de todas as investigações ou discriminações no emprego em razão de motivos políticos, sindicais ou religiosos[101].

É ainda possível, na esteira do que já defendemos anteriormente, certas justificações específicas por parte do empregador. Assim, no caso dos trabalhadores com deficiência, a Diretiva 2000/78/CE estabeleceu no art. 5º que "Para garantir o respeito do princípio da igualdade de tratamento relativamente às pessoas deficientes, são previstas adaptações razoáveis. Isto quer dizer que a entidade patronal toma, para o efeito, as medidas adequadas, em função das necessidades numa situação concreta, para que uma pessoa deficiente tenha acesso a um

---

[101] Veja-se, para mais desenvolvimentos, TERESA COELHO MOREIRA, *Da esfera privada do trabalhador e o controlo do empregador*, *Studia Iuridica*, Coimbra Editora, Coimbra, 2004.

O ÓNUS DA PROVA EM CASOS DE DISCRIMINAÇÃO

emprego, o possa exercer ou nele progredir, ou para que lhe seja ministrada formação, exceto se essas medidas implicarem encargos desproporcionados para a entidade patronal[102]. Os encargos não são considerados desproporcionados quando forem suficientemente compensados por medidas previstas pela política do Estado-Membro em causa em matéria de pessoas deficientes".

Também relativamente à idade o art. 6º desta Diretiva e o art. 25º, nº 3, do CT estabelece que diferenças de tratamento podem ser justificadas se fundadas em matéria de política pública de emprego.

2.3.3.2. No caso da discriminação indireta a questão da eventual justificação do empregador adquire novos contornos.

Assim, se o empregador provar através de razões objetivas convincentes e explicando a diferença de tratamento, pode considerar-se que não existiu qualquer tratamento discriminatório mesmo se as pessoas em causa sofreram um tratamento desigual pois a discriminação não fica provada.

O TJUE já deu várias indicações aos juízes nacionais para analisarem estes critérios objetivos. Primeiro no acórdão *Bilka-Kaufhaus*, processo C-170/84, de 13 de Maio de 1986 e, mais tarde, noutros, como no *Seymour-Smith*, C-167/97, de 9 de Fevereiro de 1999, ou no caso *Susanna Brunnhofer*, processo C-381/99, de 26 de Junho de 2001. Em todos eles o Tribunal sustentou que o empregador por vezes pode utilizar critérios objetivos que provoquem um efeito desfavorável mas que não podem ser qualificados juridicamente como discriminação indireta, desde que correspondam a uma necessidade real e objetiva do empregador e que respeite o princípio da proporcionalidade[103].

---

[102] Sublinhado nosso.

[103] No caso *Bilka-Kaufhaus*, pode ler-se que "Nos termos do artigo 119.°, uma sociedade de grandes armazéns pode justificar a adopção de uma politica salarial que comporte a exclusão dos trabalhadores a tempo parcial do regime de pensões de empresa, independentemente do seu sexo, mostrando que tem por objectivo empregar o menor número possível de trabalhadores deste tipo, quando se verificar que os meios escolhidos para alcançar este objectivo correspondem a uma verdadeira necessidade da empresa, são adequados para atingir o objectivo em questão e necessários para esse efeito".

No caso *Seymour-Smith*, pode ler-se que "Caso se verifique que uma percentagem consideravelmente mais baixa de trabalhadores femininos do que de trabalhadores masculinos satisfaz a condição dos dois anos de emprego imposta pela regra descrita no nº 3 deste dispositivo, incumbe ao Estado-Membro, na sua qualidade de autor da regra alegadamente discriminatória, demonstrar que essa regra responde a um objetivo legítimo da sua política social, que esse objetivo é alheio a qualquer discriminação fundada no sexo e que podia razoavelmente considerar que os meios escolhidos eram adequados à realização desse objetivo" – sublinhado nosso.

Também no caso *Susanna Brunnhofer* o Tribunal entendeu que "em regra, compete ao trabalhador que se considera vítima de discriminação provar que recebe uma remuneração inferior à paga pelo empregador a um seu colega do outro sexo e que exerce, na realidade, o mesmo trabalho

IGUALDADE E NÃO DISCRIMINAÇÃO

Contudo, há que analisar a forma como o empregador dá essa justificação aparentemente objetiva.

Assim, a justificação tem de ter uma carácter objetivo entendendo-se que generalidades sobre uma prática corrente da empresa não constituem uma justificação, assim como um critério baseado em razões económicas pois, tal como o TJUE no caso *Hill*, processo C-243/95, de 17 de Junho de 1998[104] decidiu nos parágrafos 38 e 40, "A este respeito, deve declarar-se que nem a justificação apresentada pelos Revenue Commissioners e pelo Department of Finance, segundo o qual existe uma prática corrente na função pública de «contabilizar» apenas o serviço efetivamente cumprido, nem a justificação segundo a qual esta prática representa um sistema de recompensa que mantém a motivação, o empenhamento e o moral do pessoal são pertinentes. A primeira justificação é uma simples generalidade que não foi justificada por critérios objetivos.

No que respeita à justificação baseada em razões económicas, deve recordar-se que uma entidade patronal não pode justificar uma discriminação que resulta de um regime de trabalho a tempo partilhado apenas pela razão de que a eliminação dessa discriminação implicaria um aumento de custos".

Bem esteve quanto a nós o Tribunal ao decidir desta forma e estes são os princípios que devem estar subjacentes ao avaliar uma eventual tentativa de justificação por parte do empregador.

Mais ainda, o objetivo tem de ser legítimo, isto é, tem de ser totalmente contrário a qualquer intuito discriminatório. O controlo da legitimidade do fim deve ser analisado no contexto específico do caso atendendo ao tipo de empresa em concreto, como, *inter alia*, ao setor profissional em que está inserida e ao mercado de trabalho.

Torna-se ainda essencial que exista um nexo de causalidade entre a justificação e o objetivo legítimo invocado pelo empregador analisando, casuisticamente se se respeita o princípio da proporcionalidade na sua tripla vertente. Assim, existe uma adequação dos meios com o objetivo pretendido? A medida é necessária ou baseia-se em estereótipos sem qualquer razão jurídica? Os meios utilizados são proporcionais ao objetivo a atingir?

Parece-nos que atendendo a estas questões e também a toda a análise que o TJUE tem vindo a fazer há mais de 30 anos em matéria de discriminação sexual

---

ou um trabalho de igual valor, comparável ao efetuado pelo seu colega de referência; o empregador tem, então, a possibilidade não só de contestar que as condições de aplicação do princípio da igualdade de remuneração entre trabalhadores masculinos e trabalhadores femininos estão reunidas no caso mas igualmente de comprovar razões objetivas e alheias a qualquer discriminação baseada no sexo para justificar a diferença de remuneração verificada".

[104] Veja-se o caso *Hill*, processo C-243/95, de 17 de Junho de 1998.

O ÓNUS DA PROVA EM CASOS DE DISCRIMINAÇÃO

o juiz nacional dispõe de uma ampla latitude para apreciar a diversidade e a complexidade dos factos[105].

Assim, considerações de ordem económica para um Estado e de natureza financeira para um empregador não podem constituir uma justificação[106], assim como se se aceitar que justificações gerais como refere MICHEL MINÉ[107] de natureza económica que se baseiem no "interesse da empresa" ou na sua "competitividade" sem que seja exigível ao empregador que efetivamente prove as mesmas, originam a inefetividade do Direito da União Europeia relativamente à matéria da igualdade e da não discriminação.

O juiz nacional deve analisar casuisticamente cada medida e apreciar o carácter voluntário e transparente da mesma e se, no caso concreto, não seria possível ao empregador utilizar uma outra que não provocasse um tratamento desfavorável.

Mais, defende-se que o empregador não pode validamente justificar a adoção daquela medida ou daquele critério apenas nos seus poderes de empregador principalmente no seu poder diretivo e de apreciação ou de avaliação dos trabalhadores pois falta a objetividade da argumentação. E a empresa não é nem pode ser um local onde não se aplique o princípio da igualdade de tratamento e a proibição da discriminação. E esta partilha do ónus da prova bem como o encargo que incumbe ao empregador tem por efeito racionalizar a gestão dos recursos humanos, cabendo ao juiz nacional como que *ajudar* a empresa a "profissionalizar-se"[108] na medida em que todas as decisões que adotar terão de ser justificáveis e com base numa gestão transparente.

---

[105] Cf., para mais desenvolvimentos, MICHEL MINÉ, *op.* cit., pp. 7-9.

[106] Veja-se o caso *Helga Kutzb-Bauer*, processo 187/00, de 20 de Março de 2003, onde o Tribunal defendeu nos parágrafos 59-60 que "Quanto ao argumento do Governo alemão sobre os encargos suplementares que decorreriam da admissão ao benefício em causa no processo principal dos trabalhadores femininos mesmo quando estes adquiriram o direito a uma pensão de reforma à taxa máxima, importa ter presente que, embora considerações de ordem orçamental possam estar na base das opções de política social de um Estado-Membro e influenciar a natureza ou o alcance das medidas de proteção social que pretenda adotar, não constituem todavia, em si mesmas, um objetivo prosseguido por essa política, não sendo em consequência suscetíveis de justificar uma discriminação em detrimento de um dos sexos (acórdão de 24 de Fevereiro de 1994, Roks e o., C-343/92, Colect., p. I-571, nº 35).

Além disso, admitir que considerações de ordem orçamental possam justificar uma diferença de tratamento entre homens e mulheres, o que constituiria uma discriminação indireta baseada no sexo, implicaria que a aplicação e o alcance de uma regra tão fundamental do direito comunitário como a da igualdade entre homens e mulheres pudesse variar, no tempo e no espaço, em função do estado das finanças públicas dos Estados-Membros (acórdãos, já referidos, Roks e o., nº 36, e Jørgensen, nº 39)".

[107] *Op.* cit., p. 10.

[108] Socorremo-nos da terminologia de MICHEL MINÉ, *op.* cit., p. 11.

3. Conclusões

1. A discriminação é imoral porque constitui um ataque direto à dignidade humana e, simultaneamente, economicamente danoso. Tem, assim, de se conseguir conferir uma proteção efetiva à dignidade humana pois ela é atacada não apenas pela discriminação mas também pelo assédio de que os trabalhadores ou os candidatos são vítimas. A lei tem de conferir uma adequada proteção à dignidade humana conferindo uma indemnização à vítima por todos os danos patrimoniais e não patrimoniais suficientemente real que exerça também uma função dissuasora na pessoa que pratica a discriminação parecendo-nos que só altos níveis de compensação garantem o fim da discriminação. Assim, a indemnização tem de ser eficaz, proporcional e dissuasiva[109].

2. O TJUE assim como a legislação europeia nesta matéria introduziram mecanismos processuais que conseguiram estabelecer um melhor equilíbrio entre os diferentes interesses em confronto em casos de discriminação. A dificuldade em provar a discriminação é atenuada pela possibilidade de inversão do ónus da prova presente em várias Diretivas e transposta para o nosso ordenamento jurídico.

A parte que tem acesso à maior parte das informações, como acontece com o empregador, deve ter uma maior responsabilidade e um *maior ónus* para refutar a presunção de discriminação do que a parte que não tem acesso a qualquer informação.

Os inúmeros casos do TJUE, assim como os dos Tribunais nacionais mostram que não basta uma mera declaração de factos por parte do demandante para que o ónus da prova se inverta. O demandante tem de carrear factos e circunstâncias que façam presumir a existência de uma discriminação. Só depois desta construção é que o demandado é chamado para provar que não cometeu este ato específico e discriminatório.

3. Ora, é exatamente pelo facto de, em determinadas circunstâncias, o demandante ter de ir mais além do que as Diretivas exigem, tendo não só de estabelecer *prima facie* uma discriminação mas também provar a própria inversão ou, ainda, em alguns casos, estabelecer um número tão significativo de elementos perante o Tribunal, que nos parece que o sistema vigente não é totalmente satisfatório. A primeira parte que incumbe ao demandante não deveria constituir um obstáculo para as vítimas ou para os seus representantes interporem ações em Tribunal e entendemos que, a nível nacional, a jurisprudência deveria ser menos restritiva a este nível.

---

[109] Vejam-se os artigos 15º da Diretiva 2000/43/CE e 17º da Diretiva 2000/78/CE.

4. Cabe aos Tribunais nacionais o importante papel de "avaliar as provas apresentadas pela entidade patronal, e com o objetivo de ilidir essa presunção, há que considerar que o tribunal nacional deve aplicar as normas processuais pertinentes, desde que, em primeiro lugar, essas normas não sejam menos favoráveis do que as que regulam ações análogas de natureza interna (princípio da equivalência) e, em segundo lugar, não impossibilitem ou tornem excessivamente difícil, na prática, o exercício dos direitos conferidos pela ordem jurídica comunitária (princípio da efetividade)"[110].

5. Esta inversão ou, melhor dizendo, esta partilha do ónus da prova constitui uma quase *revolução* para os juízes, um mecanismo preciso com largos poderes deixados ao juiz nacional, revestindo um papel importante para as partes, sendo que o estabelecimento *prima facie* de um tratamento discriminatório é de suma importância e que, embora não possa nem deva ser considerado como uma facilidade, também não deve dificultar demasiado a possibilidade de potenciais vítimas recorrerem aos Tribunais.

6. Toda a eficiência de uma legislação que proíba o tratamento discriminatório depende da capacidade de todos os intervenientes para aplicarem os mecanismos legais, saberem ir além dos tradicionais meios judiciais e permitirem que o demandante possa aceder a todos os meios de prova. E esta partilha do ónus da prova constitui uma forma de tentar minorar as dificuldades que as potenciais vítimas de discriminação têm para provar um caso deste tipo. Assim, tal como noutros casos, torna-se necessária a atuação de todos os que operam com estas matérias, sendo essencial a evolução das mentalidades para a operatividade prática destes princípios.

Vila Nova de Gaia, maio de 2013

---

[110] Conclusões do Advogado-Geral POIARES MADURO, no caso *Feryn*, parágrafo 24.

Discriminação com base na orientação sexual dos trabalhadores[*]

1. Introdução

A orientação sexual do trabalhador inclui-se na sua privacidade e deve, em princípio, estar protegida de toda e qualquer indagação por parte do empregador, quer na fase de acesso e formação do contrato de trabalho, quer na sua execução, impedindo comportamentos discriminatórios ou juízos de censura.

O tema coloca algumas questões prévias. Em primeiro lugar a de saber o que deve entender-se por orientação sexual e se abarca os casos de transexualidade, podendo o trabalhador ser discriminado em razão desta[1].

---

[*] Este artigo traduz-se na *revisitação* de uma questão por nós já abordada em "A conduta e a orientação sexuais do trabalhador", *in Estudos de Direito do Trabalho em Homenagem ao Prof. Manuel Alonso Olea*, Almedina, Coimbra, 2004, "Discriminação pela conduta e orientação sexuais do trabalhador", *in Minerva – Revista de Estudos Laborais*, Ano III, nº 5, 2004, e *Da esfera privada do trabalhador e o controlo do empregador, Studia Iuridica*, nº 78, Coimbra Editora, Coimbra, 2004, assim como "Discriminação com base na orientação sexual dos trabalhadores: anotação ao acórdão do TJUE, *Jürgen Römer vs. City of Hamburg*, de 5 de Maio de 2011, processo C-147/08", *in Estudos de Direito do Trabalho*, Almedina, Coimbra, 2011.

[1] Em relação aos trabalhadores transexuais, tentaremos apenas levantar alguns problemas já que as maiores dificuldades encontram-se, como nota ALONSO OLEA, "El despido de un transexual (a propósito de la sentencia comunitária de 30 de Abril de 1996", *in R.E.D.T.*, nº 87, 1998, p. 17, na sua vida futura, quer pessoal, quer familiar, que é bastante distinta em função do sexo para o qual é feita a mudança. Existem algumas questões prévias a equacionar face a estes trabalhadores nomeadamente o da modificação do seu assento de nascimento donde passará a constar sexo diferente daquele com que nasceram. No entanto, citando ALONSO OLEA, *op.* cit., p. 17, toda esta matéria "exigiria um estudo no qual este deliberadamente não entra, não porque a argumentação

Outra das questões gravita em torno das organizações de tendência[2]. Será que nestas é possível indagar os trabalhadores sobre a sua orientação sexual ou, apenas, questioná-los sobre a conduta sexual no caso em que desempenhem *funções de tendência*? Será que nestas organizações poderá invocar-se a exceção do requisito essencial e determinante, previsto quer no art. 4º, nº 1, da Diretiva 2000/78, quer no art. 25º, nº 2, do CT, para justificar um diferente tratamento?

A situação do trabalhador transexual suscita, também, algumas dúvidas. O empregador que contrata um trabalhador com um determinado sexo poderá sancioná-lo disciplinarmente se durante a vigência do contrato de trabalho o mesmo mudar de sexo?

A homossexualidade, a bissexualidade e a transexualidade têm sido desde sempre objecto de críticas severas por parte da sociedade e têm originado exclusão social, exclusão esta que conduz muitas vezes a atos discriminatórios com uma enorme transcendência jurídica nas diversas facetas do Direito. Como refere CONSUELO CHACARTEGUI JÁVEGA[3] "tradicionalmente tem-se apresentado a família como o núcleo de convivência baseado no casamento entre heterossexuais, com uma perspetiva de finalidade reprodutora da mesma, negando-se a nível social e jurídico outras realidades afetivas, ou, simplesmente, silenciando--as." Contudo, cada vez mais aparecem novos modelos de convivência que pretendem ter um espaço de liberdade na sociedade e os seus direitos reconhecidos deixando o modelo tradicional de família de ter tanta importância.

Uma primeira premissa necessária na altura de analisar este tema é a de aferirmos o conceito de orientação sexual, sabendo *a priori* que todos têm uma determinada orientação sexual e que, a nível legislativo, não há qualquer definição. Para CONSUELO CHACARTEGUI JÁVEGA[4], referindo uma noção de PÉREZ CÁNOVAS, esta consiste na "atração sexual e sentimental que sente um indivíduo por outros de sexo contrário (orientação heterossexual) ou do mesmo sexo (orientação homossexual)"[5], acrescentando que ao nível da perspetiva jurídica abarca ainda "o direito que corresponde a cada indivíduo à sua identidade sexual e afe-

---

exigisse um esforço maior do que merece o seu objeto, mas precisamente ao contrário, dadas as limitações de tempo.

[2] Adotaremos o termo organizações de tendência por mais abrangente abarcando empresas e outras formas organizativas.

[3] *Discriminación y orientación sexual del trabajador*, Editorial Lex Nova, Valladolid, 2001, p. 23.

[4] *Op.* cit., p. 24.

[5] ROGER RAUPP RIOS, "A discriminação por gênero e por orientação sexual", *in Série Cadernos do CEJ*, nº 24, 2003, p. 156, refere que há um consenso entre os antropólogos de que a orientação sexual será "a identidade que se atribui a alguém em função da direção de sua conduta ou atração sexual. Se essa conduta ou atração se dirige a alguém do mesmo sexo, denomina-se de orientação sexual homossexual; se, ao contrário, a alguém do sexo oposto, denomina-se heterossexual; se pelos dois sexos, de bissexual".

tiva como reflexo do livre desenvolvimento da sua personalidade". Existiria discriminação quando uma conduta sexual adotada por uma pessoa comportasse um tratamento diferente e pejorativo como consequência da opção sexual que o indivíduo tivesse escolhido livremente (heterossexual, homossexual, bissexual ou transexual), embora seja em relação aos três últimos que mais problemas se levantam ao nível da discriminação[6].

Uma segunda premissa que temos de atender é a de que a discriminação por orientação sexual abrange toda a sociedade, tanto do ponto de vista dos discriminadores como do ponto de vista dos discriminados. Podemos encontrar casos de discriminação independentemente da raça, credo, classe social, cor, condição económica, religião ou orientação política, idade, resultando em grande parte de preconceitos enraizados na sociedade contra o comportamento sexual dos homossexuais, bissexuais ou transexuais[7].

Perante esta realidade seguimos a opinião de ROGER RAUPP RIOS[8] de que poderão existir três grandes maneiras dos ordenamentos jurídicos tratarem esta problemática, principalmente em relação à homossexualidade. Em primeiro lugar há o denominado "modelo de reconhecimento mínimo" que não criminaliza a conduta ou a atração homossexual nem a bissexual (e, claramente, nem a heterossexual). Em segundo lugar, surgem ordenamentos jurídicos que vão um pouco mais além e, para além de não criminalizarem este tipo de condutas, proíbem também a discriminação das pessoas que tenham uma orientação homossexual ou bissexual. É o chamado "modelo de reconhecimento intermédio". Por último há ordenamentos jurídicos que para além da proibição de criminalização e da discriminação, incluem medidas de promoção da igualdade e da diversidade entre as pessoas. Consideramos que o nosso ordenamento jurídico se encontra neste último grupo.

Contudo é importante referir que existem ainda vários ordenamentos jurídicos que consideram a prática de atos homossexuais como crime, inclusive punível com a pena de morte[9].

Começaremos por referir alguns problemas que poderão surgir na fase prévia à celebração do contrato de trabalho e avaliar da possível reação do candidato,

---

[6] Diferente tem vindo a ser o entendimento do TEDH e do TJUE que em várias decisões têm considerado a discriminação dos transexuais como uma discriminação em razão do sexo.

[7] Nos EUA, num caso de 1989 – *Price Waterhouse v. Hopkins* –, o Supremo Tribunal decidiu que uma trabalhadora a quem é negada uma ascensão na carreira em razão da sua maneira de se apresentar ser demasiado "macho", constitui uma discriminação em razão do sexo. Tratava-se de um caso de uma trabalhadora a quem foi dito que se "andasse de uma maneira mais feminina, falasse de forma mais feminina, se vestisse mais feminina, usasse maquilhagem e mudasse o seu penteado", deixando de ter uma aparência muito máscula, passaria a ter uma quota na empresa.

[8] *Op.* cit., p. 158.

[9] Ver os dados referidos por CONSUELO CHACARTEGUI JÁVEGA, *op.* cit., pp. 23-24, notas nºs 2 e 3.

IGUALDADE E NÃO DISCRIMINAÇÃO

passando depois a analisar algumas questões relacionadas com a possível tentativa do empregador em conhecer, controlar e sancionar factos da vida privada do trabalhador durante a execução do contrato de trabalho.

2. A orientação sexual na fase de acesso e formação do contrato de trabalho

A orientação sexual das pessoas está abrangida no conceito de reserva da vida privada e faz parte da esfera mais íntima e reservada do ser humano[10] [11]. Trata-se de um direito de personalidade indisponível e irrevogável. Assim o impõe o art. 81º, nº 1, do CC que veda a limitação voluntária dos direitos de personalidade quando esta se mostre contrária aos princípios da ordem pública[12].

---

[10] Em abstrato, o conteúdo da noção de vida privada engloba a informação a ela respeitante, à identidade da pessoa: impressões digitais ou o seu código genético, elementos concernentes à saúde; factos ou acontecimentos tais como encontros com amigos, deslocações, destinos de férias e outros comportamentos privados; os elementos inerentes à vida familiar, conjugal, amorosa e afetiva das pessoas; a vida do lar e os factos que nela têm lugar, assim como noutros locais privados (ex: carro) ou mesmo públicos (ex: cabine telefónica); as comunicações por correspondência, quer com suporte em papel quer com suporte digital, e a informação patrimonial e financeira. Assim, o conceito de vida privada não pode ser reduzido a uma única fórmula onde estejam contemplados todos os aspetos merecedores da tutela do direito. Deve ser entendido como um *conceito aberto* onde estão em causa aspetos que se prendem com as "experiências, lutas e paixões pessoais de cada um e que não devem, enquanto tal, ser objeto da curiosidade do público". Cf. a este respeito GUILHERME DRAY, "Justa causa e esfera privada", *in Estudos do Instituto de Direito do Trabalho*, vol. II, *Justa causa de despedimento*, Instituto de Direito do Trabalho da Faculdade de Direito da Universidade de Lisboa, (coord. PEDRO ROMANO MARTINEZ), Almedina, Coimbra, 2001, p. 48, e PAULO MOTA PINTO, "A proteção da vida privada e a Constituição", *in BFDUC*, nº 76, 2000, pp. 167-169.

[11] Neste sentido aponta MENEZES CORDEIRO, "O respeito pela esfera privada do trabalhador", *in I Congresso Nacional de Direito do Trabalho – Memórias*, (coord. ANTÓNIO MOREIRA), Almedina, Coimbra, 1998, p. 37, que, a propósito da eventual suspensão do despedimento de uma trabalhadora acusada de manter no local de trabalho relações sexuais com um trabalhador, sendo que o ato foi presenciado através das frinchas na porta do gabinete onde ocorreu e alvo de comentários públicos, em que o Tribunal da RE, em 7 de Abril de 1992, entendeu não se justificar a suspensão, defende que o despedimento é injustificado uma vez que as práticas sexuais estão <u>sempre sob tutela da vida privada,</u> tendo os trabalhadores em causa sido vítimas de violação do seu direito ao respeito da vida privada. Opinião diferente tem M.ª DO ROSÁRIO PALMA RAMALHO, "Contrato de Trabalho e Direitos Fundamentais da Pessoa", *in Estudos em Homenagem à Professora Doutora Isabel de Magalhães Collaço*, vol. II, Almedina, Coimbra, 2002, p. 411, considerando que "as situações jurídicas devem ser exercidas dentro dos limites de adequação funcional ou de admissibilidade para que foram conferidas" e, por isso, é justificado o despedimento devido a uma "inadequação do comportamento em questão ao local onde se desenrolou".

[12] Há que ter em atenção que há vários pressupostos para ocorrer uma limitação voluntária dos direitos de personalidade. Um dos primeiros é o da conformidade com os princípios da ordem pública e, por isso, esta limitação deve ter um âmbito precisamente demarcado, referido somente

Tudo o que se refira à vida sexual releva somente da escolha dos trabalhadores e o empregador não se pode imiscuir. Mais ainda, se este pudesse indagar sobre a conduta sexual ou a orientação sexual dos possíveis trabalhadores ocorreria uma estigmatização de determinados grupos sociais como os homossexuais, consagrando os preconceitos que contra eles ainda existem.

2.1. Assim, um dos problemas fundamentais que se coloca no âmbito da discriminação por razão da orientação sexual é, precisamente, na fase de acesso ao emprego em virtude de vários preconceitos enraizados na sociedade e dos quais se presume a inaptidão para determinados postos de trabalho dos trabalhadores com uma determinada conduta sexual ou com uma certa orientação sexual: homossexuais, bissexuais e transexuais[13]. A problemática ainda se torna mais densa se tivermos em atenção que é na fase de acesso que o trabalhador ou candidato se encontra mais fragilizado na medida em que é nesta altura que a desigualdade real entre ele e o empregador mais se evidencia, concretizada numa inferioridade pré-contratual derivada da sua "singular debilidade económica e da escassa expectativa de emprego, o que o induz a abdicar parcialmente da sua personalidade [...] em garantia de adesão do seu comportamento futuro à vontade ordenadora e dispositiva do empregador"[14]. Tendo em atenção estes aspetos e ainda o domínio económico e social de uma parte – o empregador –, não se pode invocar, sem mais, o princípio da liberdade contratual, para se poder escolher arbitrariamente a contraparte, isto é, o trabalhador. Nestes casos, surgindo este como a parte mais fraca e o empregador como a mais forte que pode, mesmo, *abusar* dos seus poderes, justifica-se uma intervenção legal no sentido de proteger a primeira evitando discriminações e indagações ilícitas. Não podemos esquecer que parece ser nesta fase que se podem produzir as violações mais

---

a determinados factos que estejam delimitados material, temporal ou espacialmente. Deve resultar de uma vontade esclarecida, consciente, ponderando os diferentes efeitos desta limitação. Ver neste sentido HEINRICH HÖRSTER, *A Parte Geral do Código Civil Português – Teoria Geral do Direito Civil*, Almedina, Coimbra, 1992, pp. 269-271 e PAULO MOTA PINTO, "A limitação voluntária do direito à reserva sobre a intimidade da vida privada", *in Estudos em Homenagem a Cunha Rodrigues*, vol. 2, Coimbra Editora, Coimbra, 2001, p. 546.

[13] Num estudo realizado nos EUA sobre seleção de candidatos de vários tipos demonstrou-se que o candidato que mais dificilmente seria contratado seria o trabalhador homossexual, sendo o grupo de pessoas que mais facilmente seria discriminado na fase de acesso, já que os candidatos heterossexuais (quer fossem mulheres, homens, brancos ou negros) seriam selecionados em primeiro lugar. Ver, com mais pormenor, STEPHEN CROW, LILLIAN FOK e J. HARTMAN, "Who is at the greatest risk of work-related discrimination – women, blacks, or homosexuals", *in Employee Responsibilities and Rights Journal*, vol. 11, nº 1, 1998, pp. 20-21.

[14] GOÑI SEIN, *El respeto a la esfera privada del trabajador – un estúdio sobre los l*ímites del poder de control empresarial, Civitas, Madrid, 1986, p. 39.

flagrantes da lei e dos direitos fundamentais dos trabalhadores sendo, por isso mesmo, necessária uma maior vigilância e proteção de possíveis intromissões na vida privada do candidato[15]. Este, com receio de ser excluído do processo de seleção, disponibilizar-se-á para mencionar dados e factos da sua vida privada que não facultaria numa situação normal, ocorrendo assim uma *limitação voluntária*[16] de um direito de personalidade nos termos do art. 81º, nº 2 do CC, que excede muitas vezes o razoável e o necessário para o conhecimento da sua aptidão para o posto de trabalho em causa.

2.2. O nosso ordenamento jurídico aborda a questão nos arts. 23º e ss., *maxime* art. 24º do Código do Trabalho considerando, no entanto, no nº 2 do artigo 25º que não constitui discriminação o comportamento baseado num dos fatores indicados no artigo 24º, sempre que, em virtude da natureza das atividades profissionais em causa ou do contexto da sua execução, "esse fator constitua um requisito justificável e determinante para o exercício da atividade profissional, devendo o objetivo ser legítimo e o requisito proporcional". Consideramos que

---

[15] M.ª DO ROSÁRIO PALMA RAMALHO, *Da Autonomia Dogmática do Direito do Trabalho*, Almedina, Coimbra, 2000, p. 775, considera que, com "referência à salvaguarda da intimidade da vida privada do trabalhador, são reconhecidos e têm sido invocados pela doutrina e pela jurisprudência direitos fundamentais dos trabalhadores contra excessos do empregador no *iter* negocial", defendendo ainda em "Contrato de Trabalho...", cit., p. 393, que os direitos fundamentais da pessoa do trabalhador têm "um relevante significado" em matéria de Direito do trabalho, designadamente "pela especificidade da prestação de trabalho, cuja inseparabilidade da pessoa do trabalhador torna mais prováveis as ameaças aos seus direitos fundamentais". Também em "O Novo Código do Trabalho – reflexões sobre a Proposta de Lei relativa ao novo Código do Trabalho", *in Estudos de Direito do Trabalho*, vol. I, Almedina, Coimbra, 2003, p. 35, refere a necessidade de proteger o trabalhador na fase de celebração do contrato de trabalho já que o trabalhador não está, na maior parte das vezes, em condições de debater com o empregador as cláusulas deste contrato.

[16] Colocamos em itálico pois não nos parece que, muitas vezes, esta limitação seja totalmente voluntária nem livre, resultando mais do medo do candidato em perder a possibilidade de celebrar o contrato de trabalho. A este propósito convém referir que o consentimento ou limitação realizada pelo candidato a trabalhador ou pelo próprio trabalhador deve ser devidamente esclarecido, informado, específico e livre. Ora, o grande problema que se levanta nesta fase é o da liberdade do consentimento já que o candidato pode não dispor da liberdade no sentido de limitar os seus direitos fundamentais por receio de represálias – *maxime* a exclusão do processo de seleção. Tal como PAULO MOTA PINTO, "A limitação voluntária...", cit., p. 539, é necessário atender à verificação da "integridade do consentimento, uma vez que, sobretudo em situações de necessidade, dependência ou simplesmente inferioridade de poder económico do titular do direito, as pessoas podem ser levadas a limitar a reserva sobre a sua vida privada por temerem as consequências de uma eventual recusa", dando como exemplos as relações entre trabalhador e empregador. Para M.ª DO ROSÁRIO PALMA RAMALHO, "Contrato de Trabalho...", cit., p. 414, o problema deste tipo de limitações poderá ser resolvido pela aplicação conjunta do regime previsto no art. 18º da CRP relativo à tutela dos direitos, liberdades e garantias, e do art. 81º do CC.

estas disposições são bastante positivas mas, em relação à orientação sexual, há que ter várias cautelas na aplicação do nº 2 deste último artigo. Não nos podemos esquecer que esta redação resulta da transposição da Diretiva nº 2000/78/ CE do Conselho, de 27 de Novembro, que estabelece um quadro geral de igualdade de tratamento no emprego e na atividade profissional[17] e que no art. 4º, nº 1, estabelece que "os Estados-Membros podem prever que uma diferença de tratamento baseada numa característica relacionada com qualquer dos motivos de discriminação referidos no artigo 1 não constituirá discriminação sempre que, em virtude da natureza da atividade profissional em causa ou do contexto da sua execução, essa característica constitua um requisito essencial e determinante para o exercício dessa atividade, na condição de o objetivo ser legítimo e o requisito proporcional". Tendo em atenção estes preceitos não visualizamos situações onde a orientação sexual deva ser entendida como *um requisito essencial e determinante*, preferindo o termo *essencial* da Diretiva ao termo *justificável* do Código do Trabalho.

2.3. Esta discriminação pode manifestar-se de forma visível através de questionários que, direta ou indiretamente, indagam sobre a conduta e a orientação sexuais do trabalhador. Tais questionários violam os art.13º e 26º, nº 1, da CRP e são ilegais, pois supõem uma ingerência na esfera privada das pessoas ao pretenderem respostas a perguntas como: "sinto-me atraído por pessoas do mesmo sexo" e "nunca me entreguei a práticas sexuais fora do comum"[18]. Claramente os art. 23º e 24º do CT proíbem este tipo de questões, considerando-se um caso de discriminação direta. Também o próprio art. 17º do CT estabelece a mesma proibição.

Há ainda que atender que a forma como o trabalhador decide relacionar--se na sua vida privada não pode constituir uma informação importante para o

---

[17] Publicada no JO nº L 303, de 2000/12/02, p. 0016-0022 e que tem por objeto "estabelecer um quadro geral para lutar contra a discriminação em razão da [...] orientação sexual, no que se refere ao emprego e à atividade profissional, com vista a pôr em prática nos Estados-Membros o princípio da igualdade de tratamento", aplicando-se, nos temos do art. 3º, nº 1, "a todas as pessoas, tanto no sector público como no privado, incluindo os organismos públicos, no que diz respeito", alínea c), "às condições de emprego e de trabalho, incluindo o despedimento e a remuneração".

[18] Sirvam de exemplo os casos referidos por Consuelo Chacartegui Jávega, *op*. cit., pp. 99-100. A guarda de Valência em 1995 obrigava os agentes de polícia a responder a um questionário onde se indagava sobre a orientação sexual dos polícias com perguntas às quais se deveria responder com verdadeiro ou falso, como: "sinto-me atraído por pessoas do mesmo sexo", "há algo errado com os meus órgãos genitais" ou "nunca me entreguei a práticas sexuais fora do comum". Também 365 professores em centros educativos do governo de Navarra tiveram que responder a um questionário sobre as suas inclinações sexuais e conduta sexual que integravam as provas a que eram submetidos os docentes que concorriam para a ocupação dos lugares da Comunidade Autónoma de Navarra.

empregador e, por isso, não é uma aptidão profissional necessária para a execução da prestação laboral. Por esta razão, qualquer atuação do empregador que tente indagar sobre estes factos direta ou indiretamente é ilícita e ao trabalhador é legítimo recusar-se a responder e, quando for mesmo necessário dar uma resposta, poderá não dar elementos, pois a não prestação de dados que não são relevantes para a celebração do contrato é lícita na medida em que se apresente como uma das possíveis defesas dos seus direitos fundamentais.

Porém, a falta de resposta envolverá, por vezes, riscos acrescidos já que poderá não ser contratado e, por isso mesmo, o candidato poderá falsear os dados, isto é, mentir sobre a sua orientação sexual. Na verdade, não poderá o empregador mais tarde vir invocar a invalidade do contrato de trabalho com base em erro sobre as qualidades da pessoa ou sobre a sua identidade, nos termos do art. 251º do CC, se questionou abusivamente o trabalhador sobre factos da vida privada e este mentiu. Se o trabalhador tem determinados deveres de informação em relação ao empregador, não tem, contudo, de lhe fornecer informações sobre factos que não sejam <u>diretamente pertinentes</u> para aferir da sua aptidão ou idoneidade para o posto de trabalho em causa. Como refere Menezes Cordeiro[19] "no tocante à pessoa do declaratário, o erro pode reportar-se à sua identidade ou às suas qualidades. Em qualquer dos casos, ele <u>só será relevante quando atinja um elemento concretamente essencial</u>[20], sendo – ou devendo ser – essa essencialidade conhecida pelo declaratário, pela aplicação do artigo 247º".

Considera-se, ainda, que deveriam ter-se em atenção os deveres de informação pré-contratuais que incumbem a ambas as partes num contrato de trabalho já que, se por um lado, a boa-fé impõe uma conduta reta nos métodos de investigação e no desenvolvimento da negociação, por outro lado, postula que, na fase que antecede a realização do contrato, as partes atuem através de um comportamento honesto, correto e leal. No art. 227º do CC está consagrado o princípio da *culpa in contrahendo* que tem consagração também no Código do Trabalho – art. 102º.

Este princípio constitui "um campo normativo muito vasto que permite aos tribunais a prossecução de fins jurídicos com uma latitude grande de movimentos"[21], compreendendo os deveres de proteção, os deveres de informação e os deveres de lealdade. Releva mais para este trabalho o segundo grupo que prescreve que as partes devem prestar todos os esclarecimentos necessários

---

[19] *Tratado de Direito Civil Português, I Parte Geral*, tomo I, 2.ª edição, Almedina, Coimbra, 2000, p. 614.

[20] Sublinhado nosso. No mesmo sentido pode referir-se Mota Pinto, *Teoria Geral do Direito Civil*, 3.ª edição, Coimbra Editora, Coimbra, 1989, pp. 508-510, mencionando a essencialidade como uma das condições gerais para a relevância deste erro como motivo de anulabilidade do negócio.

[21] Menezes Cordeiro, *Da Boa Fé no Direito Civil*, reimp., Almedina, Coimbra, 1997, pp. 582-583.

para a conclusão honesta do contrato. Contudo, os deveres de informação, em sede de Direito do trabalho, têm de ser entendidos *cum grano salis*. Na verdade, o trabalhador não está obrigado a expor espontaneamente circunstâncias que o possam vir a prejudicar. Assim, considera-se que as obrigações de informação que incumbem ao candidato a trabalhador incluem a de responder clara, correta e veridicamente às questões relacionadas com a sua aptidão ou idoneidade para o trabalho, esclarecendo o empregador sobre todos aqueles erros ou falsas conceções que possam surgir nesta fase. Também deve comunicar, por sua própria iniciativa, todos os aspetos que não possam ser conhecidos pela contraparte utilizando uma diligência normal, isto é, os que possam escapar, pelo seu carácter oculto, extraordinário ou excecional, do círculo normal de indagação do empregador. Para além disto, não parece que exista mais algum dever de informação por parte do trabalhador. Só relativamente a estas situações é que pode mencionar-se uma possível *culpa in contrahendo*[22]. Nas restantes situações o candidato pode não responder mas, como a consequência mais natural da conduta omissiva é a exclusão do processo de seleção, pode mentir ou falsear os dados. Não nos parece existir nestes casos qualquer quebra da boa-fé por parte do candidato pois quem agiu ilicitamente foi o empregador. Não pode esquecer-se que este só pode questionar sobre o necessário, imprescindível e diretamente conexo com a prestação laboral.

Para além desta forma de discriminação direta realizada através de questões colocadas ao candidato sobre a sua orientação sexual, são consideradas também formas de discriminação deste tipo o caso da existência de benefícios sociais diferentes apenas para casais do mesmo sexo, oferecer um contrato de trabalho menos favorável a pessoais com uma determinada orientação sexual ou, ainda, a cessação ilícita dos contratos baseados na orientação sexual dos trabalhadores.

O problema que se coloca, contudo, nestes casos é o da prova mas há que atender ao art. 25º, nº 5, acerca da partilha do ónus da prova[23].

2.4. Pode existir também uma discriminação indireta e é em relação a esta que maiores problemas de prova se colocam. É que, sob a capa aparente de critérios neutros, o empregador recusa a contratação baseado na orientação sexual do candidato. Também este tipo de comportamento é punido, e a consagração da proibição deste tipo de discriminação constitui um alargamento da proteção pois as pessoas ficam protegidas contra o tratamento injusto, mesmo no caso

---

[22] Ver neste sentido CALVO GALLEGO, *Contrato de Trabajo y Libertad Ideológica – Derechos fundamentales y Organizaciones de tendência*, CES, Madrid, 1995, p. 207.

[23] Ver *supra* artigo sobre ónus da prova em casos de discriminação, pp. 79 ss..

de este tratamento não ser intencional, como por exemplo no caso em que as pessoas responsáveis pela introdução de uma determinada prática não se aperceberam do efeito que esta teria em pessoas diferentes. Por isso, o que releva não é a intenção, mas sim as consequências do ato.

O legislador europeu teve em atenção a enorme dificuldade de provar todo este tipo de situações e, por isso, estabeleceu na diretiva uma espécie de *partilha do ónus da prova* entre a parte demandante e a parte demandada, o que significa que a responsabilidade de provar ou não a razão do processo é partilhada entre as duas partes. Assim, o trabalhador ou candidato deve demonstrar em primeiro lugar que os factos são consistentes com a ocorrência de discriminação e o empregador tem de provar que não agiu de forma injusta e que existe uma razão legítima para o seu procedimento. Mas não só. A Diretiva impõe ainda que as pessoas que apresentem queixa contra discriminação sejam protegidas adequadamente contra atos de retaliação ou represálias que, caso não sejam controladas, as poderiam impedir de exercer o seu direito de igualdade de tratamento. Esta proteção também é válida para testemunhas em processos de discriminação, como uma forma de incentivá-las a testemunhar. Como mais uma forma de proteger as vítimas de discriminação consagra-se também a proibição da "instrução no sentido de discriminar", que acontece quando alguém instrui outra pessoa no sentido de agir de forma discriminatória.

O nosso ordenamento jurídico transpôs também nesta parte a Diretiva. Assim o nº 5 do art. 25º consagra a inversão do ónus da prova, regra que já existia no nosso ordenamento jurídico a propósito do princípio da igualdade em função do sexo. Esta inversão parece-nos muito positiva pois torna-se muito difícil para o trabalhador e, ainda mais para o candidato, provar que uma exclusão do trabalho ou do processo de seleção teve por base algum dos fatores de discriminação que constam do nº 1 do art. 23º.

2.5. A proibição geral de indagar sobre a conduta e a orientação sexuais dos trabalhadores tem algumas exceções nas organizações de tendência, sendo que as discriminações indiretas poderão aí ocorrer com mais frequência já que a linha de separação entre a liberdade de contratação do empregador e a vulneração de determinados direitos constitucionais é bastante disseminada.

A sua razão de ser é a de promoverem uma concreta opção ideológica, tendo como característica principal ou diferenciadora serem criadoras ou defensoras de uma determinada ideologia, sendo esta a sua *ratio essendi*. Incluem-se normalmente nestas organizações, *inter alia*, os partidos políticos, os sindicatos e os estabelecimentos confessionais. Considera-se, ainda, tal como GLORIA ROJAS RIVERO[24], que há que ter em atenção que nem todas as organizações com fins

---

[24] *La libertad de expresión del trabajador*, Editorial Trotta, Madrid, 1991, p. 190.

caritativos, educativos, científicos ou artísticos podem ser consideradas insti-tucionalmente expressivas de uma determinada ideologia, não bastando uma abstrata finalidade moral mas sim a difusão de uma determinada e reconhecida ideologia ou conceção do mundo. Seria preferível que existisse um conceito de *tendência* que fixasse o conteúdo e individualizasse os efeitos e o respetivo campo de aplicação, sob pena de ocorrerem incomportáveis restrições aos direitos fun-damentais dos trabalhadores[25].

Em primeiro lugar, para aferir da eventual possibilidade de indagar sobre estes aspetos, convém separar as tarefas denominadas de *tendência* e as tarefas ditas *neutras*, ou seja, entre aqueles postos de trabalho sobre os quais recai a obrigação de transmitir e difundir a ideologia do centro, daqueles outros sobre os quais não existe uma relação direta com a ideologia da entidade. Neste último não parece de aceitar a legitimidade de indagações acerca da conduta sexual e orientação sexual do candidato ao trabalho.

Em relação às outras, ou seja, em relação aos postos de trabalho ideológi-cos, tem-se defendido que a orientação sexual pode ser objeto de indagação e entende-se, por exemplo, que a heterossexualidade ou a homossexualidade é mais um elemento a ter em atenção na altura de comprovar a capacidade profis-sional do trabalhador, embora também se defenda que, neste último caso, não basta ser homossexual, tendo de se ter um comportamento grave e notório que desacredite a ideologia da empresa. Para CONSUELO CHACARTEGUI JÁVEGA[26], in-dependentemente de se estar perante tarefas de tendência ou tarefas neutras, a orientação sexual das pessoas não pode ser considerada como uma condição pessoal que afete a ideologia da empresa. Mesmo no caso das tarefas ideológicas, o facto de o trabalhador ser homossexual, bissexual ou transexual não impede que este tenha a qualificação profissional necessária para o correto desempenho das funções. O único fundamento para impedir que uma pessoa possa ter acesso a um posto de trabalho de natureza ideológica é o de ter um comportamento que desacredite a ideologia da organização ou a credibilidade da mensagem que difunde e, por isso, defende que a orientação sexual não pode ser considerada como um fator a ter em conta na altura da contratação. A autora considera que admitir que a homossexualidade possa afetar a credibilidade da organização de tendência seria como afirmar que ser homossexual, bissexual ou transexual resulta moralmente reprovável, diferentemente daqueles trabalhadores que mantêm relações heterossexuais, os quais não necessitam de demonstrar que a sua opção sexual pode colocar em risco a ideologia do centro. Por este facto, a

---

[25] *Vide*, para mais desenvolvimentos, FRANCESCO SANTONI, *Le organizzazioni di tendenza e i rapporti di lavoro*, Giuffrè, Milão, 1983, pp. 47 e ss..
[26] *Op.* cit., p. 102.

orientação sexual não pode supor uma condição pessoal que legitime a decisão do empregador de indagar sobre eles.

Concorda-se com a posição desta autora já que só podem ser excluídos os trabalhadores cujo comportamento e conduta sexuais desacreditem a ideologia da organização. O candidato a trabalhador só terá de ter capacidade para transmitir e conservar a ideologia professada pela organização independentemente da sua orientação sexual e, por isso, apenas as crenças e ideologia deverão relevar e não a orientação sexual que é uma condição pessoal que em nada parece afetar a prestação laboral. Por esta razão, parece-nos preferível a ideia de que não poderá ser a orientação sexual mas sim a conduta sexual que impedirá, em certos casos, o acesso a um posto de trabalho ideológico, *v.g.*, quando esta é manifestamente contrária à ideologia defendida pela organização de tendência. Assim, por exemplo, não nos choca que um padre seja questionado sobre a sua conduta sexual. O facto de um padre católico ser heterossexual, homossexual ou bissexual não é relevante. O que relevará será o facto de estar vinculado, por força da ideologia que professou, a um dever de celibato e ter feito um voto de castidade. O que releva será a sua conduta sexual que comporta uma violação deste voto que fez e não a forma como o fez (esta, sim, conexa com a sua orientação sexual).

2.6. O Direito da União Europeia teve grande importância na consagração da proibição de discriminar os trabalhadores por motivos da sua conduta sexual devendo referir-se o art. 21º, nº 1, da *Carta dos Direitos Fundamentais da União Europeia* que prevê como um fator de interdição de discriminação a orientação sexual. Esta inclusão é bastante importante porque até esta altura este motivo de discriminação não tinha sido incluído numa norma sobre proteção dos direitos fundamentais. De relevo, também, é a Diretiva 2000/78/CE e que inclui no art. 1º a proibição de discriminação com base na orientação sexual em todas as fases do contrato de trabalho o que abrange também os candidatos. E o problema que se coloca é o de que não existe uma definição de orientação sexual o que origina polémica ao nível da identificação do grupo potencialmente discriminado. A Diretiva tentou também que existisse um papel mais ativo dos interlocutores sociais ao nível da concertação social na luta contra a discriminação e no controlo sobre as práticas discriminatórias no acesso ao trabalho e no local de trabalho.

A Diretiva prevê uma exceção ao princípio da não discriminação no art. 4º que ocorre quando o posto de trabalho se insere nas denominadas organizações de tendência. Novamente CONSUELO CHACARTEGUI JÁVEGA[27], numa opinião que perfilhamos, defende que este artigo deve ser interpretado restritivamente,

---

[27] *Op.* cit., pp. 71-72.

interligando-se sempre o nº 1 com o nº 2. Assim, "se a causa determinante para impedir o acesso a um posto ideológico só pode ser o comportamento do trabalhador, quando este pode desacreditar a ideologia do centro, a conservação da imagem e a credibilidade externa da organização, esta circunstância dependerá unicamente da capacidade do trabalhador para transmitir e conservar a dita ideologia, independentemente da sua orientação sexual". Considera ainda que o art. 4º nº 2 estabelece um limite genérico em função do qual a exigência de um requisito profissional essencial não pode cair nalguma das causas de discriminação previstas nas Constituições dos diferentes Estados-membros. Este artigo constitui um mecanismo de controlo para evitar que determinadas exigências de requisitos profissionais considerados como essenciais possam encobrir verdadeiras condutas discriminatórias por motivos de orientação sexual. Defende ainda que a ideologia destas organizações apenas pode servir de justificação para a limitação dos direitos e liberdades individuais no pressuposto de que as crenças do trabalhador podem realmente afetar a ideologia daquelas ficando de fora deste conceito as condições pessoais do trabalhador que em nada afetem a prestação laboral como é o caso da orientação sexual.

3. A orientação sexual na fase de execução do contrato de trabalho
3.1. A este nível a legislação e a jurisprudência da União Europeia têm desenvolvido um papel muito importante.

O princípio da não discriminação ocupa um lugar central na UE e foi reforçado no Tratado de Lisboa pois, conforme se estabelece no TUE, art. 2º, "A União funda-se nos valores do respeito pela dignidade humana, da liberdade, da democracia, da igualdade, do Estado de direito e do respeito pelos direitos do Homem, incluindo os direitos das pessoas pertencentes a minorias. Estes valores são comuns aos Estados-Membros, numa sociedade caracterizada pelo pluralismo, a não discriminação, a tolerância, a justiça, a solidariedade e a igualdade entre homens e mulheres"[28].

O Tratado de Lisboa consolidou preceitos específicos sobre igualdade e não discriminação. Desde logo através do art. 10º do TFUE que estabelece que "Na definição e execução das suas políticas e ações, a União tem por objetivo combater a discriminação em razão do sexo, raça ou origem étnica, religião ou crença, deficiência, idade ou orientação sexual". Este artigo integra um catálogo anti discriminatório, no seguimento do anterior art. 13º do Tratado de Roma, após

---

[28] Este artigo, conforme defende MARCELO REBELO DE SOUSA, na anotação a este artigo, *in Tratado de Lisboa – Anotado e Comentado*, (coord. MANUEL LOPES PORTO e GONÇALO ANASTÁCIO), Almedina, Coimbra, 2012, p. 29, em última análise não é menos importante do que o art. 1º pois se este apresenta a União, aquele explica a sua razão de ser, isto é, substancializa a sua identidade.

a sua alteração pelo Tratado de Amesterdão. Não nos parece, contudo, que o elenco de fatores discriminatórios proibidos se restrinja aos que estão previstos neste artigo pois tem de ser necessariamente conciliado com o art. 21º, nº 1 da CDFUE que prevê um catálogo anti discriminatório mais amplo e de carácter puramente exemplificativo estabelecendo que "É proibida a discriminação em razão, <u>designadamente</u>[29], do sexo, raça, cor ou origem étnica ou social, características genéticas, língua, religião ou convicções, opiniões políticas ou outras, pertença a uma minoria nacional, riqueza, nascimento, deficiência, idade ou orientação sexual"[30].

Este artigo 10º do TFUE assume enorme importância pois alarga o conceito de *mainstreaming* não apenas à discriminação em razão do sexo mas, também, a todas as outras formas de discriminação, incluindo-o nas políticas de emprego e nas relações externas.

O Tratado de Lisboa consolidou, ainda, no art. 19º, nº 1, do TFUE, uma norma mais específica nesta matéria ao consagrar que "Sem prejuízo das demais disposições dos Tratados e dentro dos limites das competências que estes conferem à União, o Conselho, deliberando por unanimidade, de acordo com um processo legislativo especial, e após aprovação do Parlamento Europeu, pode tomar as medidas necessárias para combater a discriminação em razão do sexo, raça ou origem étnica, religião ou crença, deficiência, idade ou orientação sexual".

Por outro lado, se o anterior artigo 13º do Tratado de Amesterdão poderia ser considerado um verdadeiro ponto de inflexão nas políticas comunitárias sobre discriminação por razão de orientação sexual na medida em que previu, pela primeira vez, a orientação sexual como motivo de discriminação, não pode esquecer-se toda a importante função que as instituições europeias já tinham vindo a desenvolver para a denúncia deste tipo de práticas[31].

3.1.1. Em 13 de Março de 1984 o Parlamento Europeu aprovou uma Resolução sobre as discriminações sexuais no local de trabalho, advertindo que na sua luta não poderiam omitir-se nem aceitar-se passivamente as discriminações concretizadas sobre as mais diversas formas contra os homossexuais. Esta Instituição manifestou-se abertamente contra este tipo de discriminação em homenagem ao princípio da dignidade e da liberdade do indivíduo e da justiça social, ligando

---

[29] Sublinhado nosso.

[30] No mesmo sentido DULCE LOPES, em anotação a este artigo *in Tratado de Lisboa...*, cit., pp. 229-230.

[31] Conforme se refere no *Green Paper – Equility and non-discrimination in na enlarged European Union*, apresentado pela Comissão em 28 de Maio de 2004, " a adopção do art. 13º reflete a crescente preocupação pela necessidade de desenvolver uma aproximação *coerente e integrada* da luta contra a discriminação."

esta ideia ao princípio da livre circulação de trabalhadores. Com a finalidade de remover os obstáculos que impedissem a igualdade entre os trabalhadores com base na sua orientação sexual, o Parlamento Europeu solicitou à Comissão que, em primeiro lugar, retomasse a iniciativa sobre os despedimentos individuais a fim de pôr termo à realização de decisões abusivas com base nestas razões; em segundo lugar, que apresentasse propostas destinadas a evitar que nos Estados--membros os homossexuais fossem vítimas de discriminações não só na contratação como no estabelecimento das condições de trabalho; e, em terceiro lugar, que fosse a representante dos Estados membros na OMS para conseguir que a homossexualidade fosse retirada da classificação internacional das doenças.

Na sequência desta Resolução surgiu, em 8 de Fevereiro de 1994, a Resolução do Parlamento Europeu sobre a igualdade de direitos entre os homossexuais e as lésbicas da Comunidade Europeia. Neste ato normativo o Parlamento Europeu manifestou-se favoravelmente em relação à igualdade de tratamento entre cidadãos e cidadãs independentemente da sua orientação sexual, instando todos os Estados membros para que suprimissem o tratamento desigual das pessoas por razão da sua orientação homossexual nas disposições jurídicas e administrativas e que, em cooperação com as organizações nacionais de lésbicas e de homossexuais, adotassem medidas e realizassem campanhas contra qualquer tipo de discriminação social dos mesmos[32].

3.1.2. A jurisprudência também teve e tem um papel muito importante, com influência notória na redação do Tratado da União Europeia e no Tratado de Funcionamento da União Europeia e da própria Carta dos Direitos Fundamentais da União Europeia. O TJUE teve oportunidade de debruçar-se sobre a orientação sexual no âmbito do Direito da União Europeia em vários arestos.

A primeira reporta-se ao processo nº C-13/94, de 30 de Abril de 1996, *P. e S. e Cornwall County Council*[33]. Tratava-se de uma sentença que analisava o despedimento de um transexual que começou por prestar os seus serviços como administrativo de um colégio e que, posteriormente, decidiu realizar uma intervenção cirúrgica de mudança de sexo tendo sido despedido antes da ope-

---

[32] Veja-se a este propósito a evolução referida por Consuelo Chacartegui Jávega, *op. cit.*, pp. 39-45.

[33] *In Igualdade de oportunidades: trabalho, emprego e formação profissional – Jurisprudência do Tribunal de Justiça das Comunidades Europeias*, Ministério do Trabalho e da Solidariedade, Lisboa, 1998, pp. 1213-1237. Veja-se a propósito desta decisão o comentário de Alonso Olea, *op. cit.*, que chama a atenção, p. 5, nota nº 1, para a diferença existente de vocábulos entre *gender* e *sex* na língua inglesa que poderíamos traduzir por género e sexo. Ver ainda Van Raepenbusch, "La jurisprudence de la Cour de justice des Communautés européennes en matière sociale – du 1º janvier au 15 novembre 1996", *in DS*, nº 4, 1997, pp. 400-401.

ração definitiva embora já tendo realizado várias operações que lhe trouxeram algumas mudanças parciais, pelo que o empregador já sabia da sua intenção em mudar totalmente, até porque P. já tinha comunicado a S., diretor e responsável administrativo do estabelecimento em causa, a sua intenção de se submeter à intervenção cirúrgica. Quando P. comunicou que voltaria ao trabalho vestido de mulher a administração do estabelecimento de ensino dispensou-o de todo e qualquer serviço. Em 13 de Março de 1993 P. intentou uma ação alegando ter sido vítima de discriminação em função do sexo mas o estabelecimento de ensino alegou por seu lado que P. tinha sido despedido por "excesso de pessoal".

O tribunal *a quo* considerou que embora existisse "excesso de pessoal", o verdadeiro motivo de despedimento tinha sido a oposição do Conselho de Administração do estabelecimento à intenção de P. se submeter a uma intervenção cirúrgica para mudança de sexo. Este tribunal recorreu a título prejudicial para o Tribunal de Justiça que sustentou que a Diretiva 76/207/CEE, de 9 de Fevereiro, não pode reduzir-se unicamente às discriminações que derivam da pertença a um ou a outro sexo, pois tendo em atenção os princípios e os objetivos que visa alcançar tem de entender-se aplicável igualmente às discriminações que ocorrem por mudança de sexo pois tais discriminações fundam-se essencialmente sobre o sexo do interessado. Portanto, quando uma pessoa é despedida por ter a intenção de se submeter a uma intervenção cirúrgica de mudança de sexo recebe um tratamento desfavorável perante as pessoas do sexo ao qual se considerava que pertencia anteriormente. Defendeu ainda que "tolerar tal discriminação suporia atentar contra o respeito que é devido à dignidade e à liberdade que essa pessoa tem direito e que o Tribunal de Justiça deve proteger".

Como menciona ALONSO OLEA[34] o que o Tribunal pretendeu defender foi o princípio essencial da "pessoa ser tratada como pessoa, direito supremo desta, esteja ou não expressamente declarado". Assim serão discriminatórias as decisões que se baseiem na mudança de sexo, referindo que, em relação ao caso em concreto, não existiu por parte do empregador qualquer alegação de um reflexo negativo da mudança de sexo na população estudantil.

Contudo CONSUELO CHACARTEGUI JÁVEGA[35] nota que em relação a esta decisão, há que distinguir duas situações: a discriminação por razão do sexo; e a discriminação por razão de orientação sexual. Tendo em atenção o caso concreto, o que influenciou a decisão discriminatória do empregador não foi o sexo do trabalhador que estaria na base de uma discriminação em função do sexo mas sim o facto de se ter procedido a uma mudança de sexo durante a relação laboral. O despedimento do trabalhador teve por base os preconceitos morais do em-

---

[34] *Op.* cit., p. 13.
[35] *Op.* cit., pp. 46-47.

pregador e as suas convicções contra a intervenção cirúrgica do trabalhador, não contra a sua condição de mulher (que seria no futuro), ou homem (que tinha sido no passado) pelo que não se estaria perante uma discriminação por razão de sexo propriamente dita.

Numa outra decisão do Tribunal de Justiça de 17 de Fevereiro de 1998, processo nº C-249/96, *Lisa Grant v. South West Trains, Ltd.*, existiu como que um retorno a uma conceção mais clássica da ideia de discriminação por razão de sexo[36]. No caso em apreço estava em causa averiguar se a recusa por parte da empresa *South West Trains* de conceder benefícios nos transportes à companheira da trabalhadora constituía uma discriminação em função do sexo. Na cláusula 18 da convenção coletiva de trabalho previa-se que a trabalhadora teria direito a transportes gratuitos e a reduções no preço dos transportes aplicáveis aos casais unidos tanto por um vínculo matrimonial como àqueles casais heterossexuais que vivessem em união de facto. Perante esta cláusula a trabalhadora pretendia que se concedessem reduções nos transportes à sua companheira com quem tinha uma ligação estável há mais de dois anos. O empregador recusou-se a conceder esta redução baseando-se no fundamento de que para casais não casados o direito pressupõe que sejam de sexo oposto. A Sr.ª Grant interpôs um processo no Tribunal de Southampton invocando que esta recusa constituía uma discriminação por razão de sexo, contrária à *Equal Pay Act* de 1970, ao art. 119º do TCE e à Diretiva 76/207/CEE, referindo ainda que o seu antecessor no posto de trabalho – um homem – tinha declarado manter uma relação estável com uma mulher há mais de dois anos tendo conseguido obter a redução nos transportes.

Perante este caso o tribunal *a quo* colocou várias questões prejudiciais perante o Tribunal de Justiça. Apesar das expectativas criadas, devido ao caso referido anteriormente, este Tribunal referiu que "no estado atual do direito no seio da Comunidade, as relações estáveis entre duas pessoas do mesmo sexo não são assimiláveis às relações entre pessoas casadas ou às relações estáveis fora do casamento entre pessoas de sexo diferente. Consequentemente, um empregador não é obrigado a assimilar a situação de uma pessoa que tem uma relação estável com um parceiro do mesmo sexo à de uma pessoa que é casada ou que tem uma relação estável fora do casamento com uma pessoa do sexo oposto". Para este Tribunal a discriminação por razão de sexo não abarca a discriminação por razão de orientação sexual, entendendo ainda que o art. 119º do Tratado deve entender-se segundo o seu teor literal e o seu objetivo, assim como o lugar que ocupa no sistema do Tratado e no contexto jurídico em que se integra, pelo que o TJUE, anterior TJCE, concluiu que tal preceito não poderia tutelar este tipo de discriminação por razão de orientação sexual.

---

[36] Ver ROGER BLAINPAIN, *European Labour Law*, 12.ª edição, Wolters Kluwer, Holanda, 2010, pp. 529-530.

Diferentemente do que ocorreu na decisão anterior, o Tribunal somente analisa se a conduta empresarial vulnera o artigo 119º do Tratado, a Diretiva 76/207/CEE e a Diretiva 75/117/CEE, sem ter em atenção outro tipo de valores como seria se a conduta afetasse a dignidade do trabalhador ou o livre desenvolvimento da sua personalidade. CONSUELO CHACARTEGUI JÁVEGA propugna que para solucionar este problema deveria ter-se reconhecido um tratamento autónomo à discriminação por razão da orientação sexual. Este teria permitido considerar como atentatórias do princípio da igualdade todas aquelas condutas que supusessem tratamentos discriminatórios pelo mero facto da opção sexual e afetiva que a pessoa escolheu livremente tendo em atenção a dignidade da pessoa e o livre desenvolvimento da sua personalidade[37].

Esta orientação parece que foi a seguida pelo art. 13º do Tratado de Amesterdão e, agora, pelo art. 19º do TFUE ao prever que "o Conselho, deliberando por unanimidade, de acordo com um processo legislativo especial, e após aprovação do Parlamento Europeu, pode tomar as medidas necessárias para combater a discriminação em razão da [...] orientação sexual" e, também, na Carta dos Direitos Fundamentais da União Europeia, já que, no art. 21º, relativo à não discriminação, se prevê a proibição da discriminação em razão da orientação sexual.

Parece de seguir o entendimento de CONSUELO CHACARTEGUI JÁVEGA[38] ao referir que o facto do Tribunal de Justiça ter feito referência a este preceito antes dele entrar em vigor faz pensar que se este estivesse em plena vigência a decisão do Tribunal poderia ter sido outra, isto é, teria decidido que a recusa em atribuir uma redução do preço dos transportes a uma pessoa do mesmo sexo da trabalhadora, e com a qual esta mantém uma relação estável, quando tal redução é atribuída a uma pessoa de sexo diferente com quem o/a trabalhador(a) mantém uma relação estável constitui uma discriminação em função da orientação sexual contrária ao espírito do art. 19º do TFUE. Assim, "tanto a entrada em vigor do Tratado como posteriormente a promulgação da Diretiva do Conselho 2000/78/CE, de 27 de Novembro de 2000 e a Decisão do Conselho da mesma data, pela qual se estabelece um programa de ação comunitário (2001-2006), constituiu o ponto de inflexão não só para os Estados-membros como também

---

[37] *Op.* cit., p. 51. Vejam-se ainda sobre estes casos ALICIA RIVAS VAÑO, "La prohibición de discriminación por orientación sexual en la Directiva 2000/78", *in TL*, nº 59, 2001, pp. 195-197, KATELL BERTHOU e ANNICK MASSELOT, "La CJCE et les couples homosexuels – CJCE 17 février 1998, Lisa Jacqueline Grant", *in DS*, nº 12, 1998, p. 1034 e ss., e GUILHERME DRAY, *op.* cit., pp. 77-78. Este autor concorda com esta última decisão – caso Grant – na medida em que "a natureza das coisas assim o determina".

[38] *Op.* cit., p. 54.

para a jurisprudência europeia, na abertura de um importante caminho na luta contra a discriminação por motivos de orientação sexual"[39].

Ainda numa outra decisão do Tribunal de Justiça de 31 de Maio de 2001, processos apensos C- 122/99 e C- 125/99, *D e Reino da Suécia contra Conselho da União Europeia*, voltou a colocar-se a questão do reconhecimento das uniões de facto entre pessoas do mesmo sexo. No caso em apreço D, funcionário do Conselho da União Europeia, mantinha desde Junho de 1995, uma união de facto registada segundo a lei sueca com uma pessoa do mesmo sexo. Com base nesta solicitou ao Conselho que equiparasse o seu estado de parceiro registado ao de casado para poder beneficiar do abono de lar.

Analisando quer a decisão, quer as conclusões do Advogado-Geral, há a referir que, em primeiro lugar, o Conselho não contestou o estado civil de D em direito sueco, que é o de parceiro registado, nem a documentação correspondente apresentada pelas autoridades suecas. A questão que se coloca é a de saber se este estado civil de parceiro registado devia ser equiparado ao de pessoa casada no âmbito de aplicação do Estatuto dos Funcionários das Comunidades Europeias. O Tribunal decidiu que o conceito de casamento segundo a definição comummente aceite pelos Estados-Membros designa uma união entre duas pessoas de sexo diferente e que, muito embora desde 1989 um número cada vez maior de Estados membros tenham vindo a instituir, ao lado do casamento, regimes legais que estabelecem o reconhecimento jurídico através de diversas formas de relações entre parceiros do mesmo sexo ou de sexo diferente, existe, contudo, ainda uma grande diversidade e heterogeneidade nestes regimes e que têm sido sempre entendidos como diferentes do casamento[40]. Tendo em atenção

---

[39] CONSUELO CHACARTEGUI JÁVEGA, *op.* cit., p. 54. A Diretiva nº 2000/78 do Conselho, de 27 de Novembro de 2000, tem por objeto, conforme já se referiu, "estabelecer um quadro geral para lutar contra a discriminação em razão da [...] orientação sexual, no que se refere ao emprego e à atividade profissional, com vista a pôr em prática nos Estados-membros o princípio da igualdade de tratamento" – art. 1º –, referindo no art. 2º que se considera discriminação quer a direta (tendo em atenção a noção no caso *Grant* parecia estar em causa este tipo de discriminação já que a atitude do empregador comportava uma discriminação para os trabalhadores homossexuais em relação aos restantes trabalhadores que prestavam serviço na mesma empresa, os quais, estivessem ou não unidos por um vínculo matrimonial, gozavam da redução do preço) quer a indireta Porém, não pode esquecer-se o disposto no art. 4º desta Diretiva que prevê que os Estados-membros poderão prever uma diferença de tratamento baseada numa característica relacionada com qualquer dos motivos de discriminação enunciados no art. 1º. Complementarmente ao previsto na Diretiva, a Comissão apresentou a Decisão do Conselho de 27 de Novembro de 2000, pela qual se estabelecia um programa de ação comunitário para lutar contra a discriminação (2001-2006). Cf. CONSUELO CHACARTEGUI JÁVEGA, *op.* cit., p. 60.

[40] Inclusive, no ordenamento jurídico sueco à data, casamento e união de facto tinham um regime jurídico distinto e em relação a uniões entre pessoas do mesmo sexo existiam uma série de especificidades.

esta situação o Tribunal não considerou que pudesse interpretar o Estatuto de forma a equiparar o casamento a situações legais que dele são distintas, tendo sido só às pessoas casadas que o Estatuto pretendeu conceder o benefício do abono do lar.

Também no que concerne à violação da igualdade de tratamento que existe entre os funcionários em virtude da sua orientação sexual, o Tribunal entendeu que não era o sexo do parceiro que constituía a condição da concessão do abono do lar mas sim a natureza jurídica da relação que o une ao funcionário. Mais, entendeu que o princípio da igualdade de tratamento só pode aplicar-se a pessoas que estejam em situações comparáveis e, dada a grande diversidade de regimes em relação ao reconhecimento das uniões de facto entre pessoas do mesmo sexo ou de sexo diferente, e por existir uma falta de equiparação, nalgumas situações, ao casamento, esta é de afastar.

Nesta decisão do Tribunal não estava em causa uma discriminação com base na orientação sexual já que, independentemente dela, a união de facto não poderia ser equiparada ao casamento, aliás conforme este Tribunal referiu, dada a enorme diversidade e heterogeneidade de regimes existentes nos vários Estados Membros. Esta parece-nos ser uma das diferenças com a decisão anterior já que naquela era conferida a redução do preço aos trabalhadores não unidos por um vínculo matrimonial mas com pessoas de sexo diferente e não o era a pessoas que mantinham uma união de facto com outras pessoas do mesmo sexo.

Por último, relativamente ao processo C- 117/01 e às conclusões apresentadas pelo Advogado-Geral em 10 de Junho de 2003, estava em causa um pedido de decisão prejudicial apresentado pelo *Court of Appeal* do Reino Unido. Os factos eram os seguintes: K. B. era uma trabalhadora britânica que pretendia que o seu companheiro R, que se tinha submetido a uma operação de mudança de sexo de mulher para homem, pudesse, um dia, ter direito à pensão de viuvez que lhe corresponderia como cônjuge sobrevivo. A legislação à data do Reino Unido impedia o casamento de um transexual com base no seu novo sexo e, por isso, a trabalhadora considerava-se vítima de uma discriminação sexual de carácter salarial.

Nas conclusões do Advogado-Geral referiu-se logo que "é jurisprudência reiterada que as prestações obtidas em virtude de um regime de pensões, que é função do emprego que ocupava o interessado, fazem parte da remuneração". Por outro lado, socorrendo-se do defendido na decisão *P.S.* de 1996, defendeu que "o âmbito de aplicação da Diretiva não pode reduzir-se apenas às discriminações resultantes da pertença a um ou outro sexo, incluindo aquelas que têm a sua origem na mudança de sexo do interessado". Após uma análise de vária jurisprudência comunitária chegou à conclusão que a impossibilidade dos transexuais britânicos casarem com base no seu novo sexo fisiológico era contrária a um princípio geral de Direito comunitário e por vários motivos. Em primeiro lugar "é jurisprudência assente do Tribunal de Justiça que, em matéria de direitos fundamentais, o conteúdo dos princípios gerais do direito comunitário tem de ser averiguado a partir das tradições constitucionais comuns aos Estados--Membros, à luz das indicações obtidas dos instrumentos internacionais relativos à proteção dos direitos humanos ratificados pelos Estados-Membros [...] e a Convenção Europeia dos Direitos do Homem reveste especial relevância". Não pode deixar de se ter em atenção que na maioria dos Estados-membros é aceite a possibilidade do casamento dos transexuais com pessoas do seu sexo biológico já que é possível a mudança do registo civil e, assim, "esta circunstância deve bastar [...] para que este direito faça parte do património jurídico comum". Há ainda que atender às decisões do TEDH de 11 de Julho de 2002. Com base nelas este direito faz parte do conteúdo do art. 12º da Convenção. O problema que surge neste caso é o de que se trata de uma discriminação que não afeta imediatamente o gozo de um direito protegido pelo Tratado mas um dos seus pressupostos: a capacidade para contrair casamento. Mas, conforme o Advogado-Geral conclui, trata-se de uma questão que diz respeito à dignidade e liberdade que os transexuais têm direito e por isso, considera que a resposta à questão submetida pelo *Court of Appeal* do Reino Unido deveria ser: "A proibição da discriminação em razão do sexo, consagrada no art. 141º CE opõe-se a uma legislação nacional que, ao negar o direito dos transexuais a contraírem casamento em conformidade com o seu sexo adquirido, os priva de aceder a uma pensão de viuvez".

O Tribunal decidiu este caso no Acórdão de 7 de Janeiro de 2004 e seguiu a opinião do Advogado Geral já que defendeu que "uma legislação como a que está em causa no processo principal, que, em violação da CEDH, impede um casal, como K.B. e R., de preencher a condição de casamento necessária para que um deles possa beneficiar de um elemento de remuneração do outro deve ser considerada, em princípio, incompatível com as exigências do artigo 141º CE.".

Esta posição do Tribunal significa um avanço na proteção dos direitos dos transexuais que nos parece ser de aplaudir[41].

Uma outra decisão que reveste grande importância para este tema e para o desenvolvimento da jurisprudência do TJUE é a decisão *Tadao Maruko vs. VddB*, processo nº 267/06, de 1 de Abril de 2008[42]. Esta decisão situa-se no âmbito

---

[41] Ver a análise de toda esta jurisprudência em Laura Calafà, "Le discriminazioni basate sull' orientamento sessuale", *in Il nuovo lavoro antidiscriminatori – Il quadro comunitário e nazionale*, (coord. Marzia Barbera), Giuffrè editore, Milão, 2007, pp. 183 e ss..

[42] *Vide* sobre esta decisão, entre outros, Marina Nicolosi, "Le discriminazioni per orientamento sessuale: osservazioni a margine della sentenza *Maruko*", *in ADL*, nº 1, 2010, pp. 289 e ss., assim como J. PH. Lhernould, "Les droits sociaux des couples homosexuels", *in DS*, nº 6, 2008, pp. 712-719.

da igualdade de tratamento do emprego e na atividade profissional, e analisa a aplicação da Diretiva 2000/78/CE.

Neste caso colocava-se a questão de saber se seria considerada discriminação com base na orientação sexual a recusa de concessão de prestações de sobrevivente a parceiros do mesmo sexo previstas por um regime socioprofissional de pensões de inscrição obrigatória.

A matéria de facto deste caso era a seguinte: Em 8 de Novembro de 2001, *T. Maruko* constituiu, nos termos do §1 da *LPartG*, na sua versão inicial, uma união de facto com um desenhador de vestuário para teatro.

Este esteve inscrito na *VddB* desde 1 de Setembro de 1959 e continuou a pagar as contribuições para esta caixa a título voluntário durante os períodos em que não esteve inscrito a título obrigatório.

O parceiro de *T. Maruko* morreu em 2005. Perante esta situação o Sr. *Maruko* requereu uma pensão de viúvo à *VddB*. Esta última, contudo, indeferiu o pedido pelo facto dos seus estatutos não preverem os benefícios para os parceiros sobrevivos.

T. Maruko interpôs recurso para o Tribunal. Na sua opinião, a recusa da *VddB* violava o princípio da igualdade de tratamento na medida em que, a partir de 1 de Janeiro de 2005, o legislador alemão estabeleceu uma equiparação entre a união de facto e o casamento, introduzindo nomeadamente o § 46, n.º 4, no Código da Segurança Social. O facto de não conceder a uma pessoa, após a morte do seu parceiro, o benefício de prestações de sobrevivência nas mesmas condições que a um cônjuge sobrevivo constituía uma discriminação baseada na orientação sexual da referida pessoa. Segundo *T. Maruko*, os parceiros são tratados de forma menos favorável do que os cônjuges, embora, como estes, se devam mutuamente auxílio e assistência, se obriguem mutuamente a uma comunhão de vida e assumam responsabilidades um em relação ao outro, sendo que o regime de bens dos parceiros na Alemanha é equivalente ao dos cônjuges.

Várias são as questões importantes neste acórdão, mas apenas faremos referência à discriminação baseada na orientação sexual, parecendo-nos de grande importância o defendido nas Conclusões pelo advogado-geral Ruiz-Jarabo Colomer, que entendeu na conclusão n.º 78 que: "direito à não discriminação em razão da orientação sexual integra-se no artigo 14º da Convenção Europeia para a Protecção dos Direitos do Homem e das Liberdades Fundamentais de 1950, e é explicitamente acolhido no artigo 21º da Carta dos Direitos Fundamentais da União Europeia. O seu carácter fundamental implica, segundo o artigo 6º UE, que a União garanta o seu respeito".

Acresce que, nas conclusões n.ºs 83 a 86, refere-se à evolução do conceito de igualdade e não discriminação que passou a abranger, também, a orientação sexual, deixando para trás preconceitos enraizados contra determinados grupos.

Na verdade, a homossexualidade, a bissexualidade e a transexualidade têm sido desde sempre objeto de críticas severas por parte da sociedade e têm originado exclusão social, exclusão esta que conduz muitas vezes a atos discriminatórios com uma enorme transcendência jurídica nas diversas facetas do Direito[43] [44].

E, neste caso, o advogado-geral conclui pela existência de uma discriminação indireta com base na orientação sexual, entendendo que: "1 – Uma pensão de sobrevivência como a requerida no processo principal, que decorre da

---

[43] "Juntamente com o princípio da livre circulação, o princípio da igualdade é o mais tradicional e arreigado no ordenamento jurídico europeu; além disso, evoluiu com o tempo, superando os limites da equiparação remuneratória entre trabalhadores masculinos e femininos e alargando-se a outros contextos e sujeitos, como mostra a referida Diretiva 2000/43. Desde a sua precoce aparição no Tratado, foi sendo sucessivamente ampliado e fortalecido, convertendo-se num «quadro geral» para impedir as desigualdades injustificadas e promover uma identidade de tratamento real e efetiva.

Pelo caminho ficaram os preconceitos morais e a rejeição social contra grupos em que existiam certas especificidades relativas ao sexo. Assim, embora a luta tenha tido início para combater as discriminações da mulher, o impulso seguinte foi dirigido contra as que afetavam os homossexuais – com um primeiro passo para despenalizar as relações entre pessoas do mesmo sexo – ou os transexuais, às quais se juntam as relativas à bissexualidade.

O Tratado de Amesterdão propôs-se ampliar o princípio, como se depreende do artigo 13º, nº 1, CE, que evidencia uma preocupação em abolir todas as discriminações em razão da opção sexual. A incorporação no Tratado do direito ao respeito pela orientação sexual assume maior relevo quandose observa que nem todos os Estados-Membros repudiavam este tipo de discriminação e que a Convenção Europeia para a Proteção dos Direitos do Homem e das Liberdades Fundamentais também não o menciona, ainda que o Tribunal Europeu dos Direitos do Homem o tenha considerado incluído no artigo 14º da Convenção".

[44] Ao nível do TEDH podem referir-se várias decisões relevantes nesta matéria. Paradigmática é a sentença de 22 de Outubro de 1981, no caso *Dudgeon contra o Reino Unido*. Nesta decisão tratava-se de uma reclamação interposta devido ao facto de que na Irlanda do Norte o demandante, em virtude da sua orientação sexual, ser passível de ser perseguido penalmente o que lhe causava medo, sofrimento e perturbações psicológicas, incluindo o receio de ser alvo de chantagem. Outra sentença relevante nesta matéria é a de 21 de Dezembro de 1999, no caso *Da Silva Mouta contra Portugal*, ac. TEDH 72/1999, embora esta decisão faça parte do Direito da família. Tratava-se de uma reclamação interposta pelo pai de uma criança baseada no facto de se ter violado o art. 8º da *Convenção*, quer considerado este como independente, quer conjugado com o art. 14º, na medida em que o Tribunal da Relação de Lisboa tinha concedido o poder paternal à mãe da criança baseando-se, exclusivamente, na orientação sexual do autor da reclamação que vivia com outro homem desde 1990, altura em que se tinha separado do cônjuge, mãe da criança. Nesta sentença, opera-se uma mudança jurisprudencial com a consideração da discriminação por razão de orientação sexual como uma das causas de discriminação contida no art. 14 da *Convenção*, como um pressuposto de atribuição do poder paternal. O tribunal consolidou uma doutrina que equacionava o problema da discriminação por razão de orientação sexual desde o tratamento do princípio da igualdade e não discriminação previsto no art. 14º da *Convenção*. Também no caso *Smith contra Reino Unido*, de 1999, decidiu-se ser contrária ao art. 8º a proibição de pessoas homossexuais servirem no exército. Cf., ainda, o caso *Schalke & Kopf vs. Austria*, de 24 de Junho de 2010.

IGUALDADE E NÃO DISCRIMINAÇÃO

relação laboral do recorrente, é abrangida pelo âmbito de aplicação da Diretiva 2000/78/CE do Conselho, de 27 de Novembro de 2000, que estabelece um quadro geral de igualdade de tratamento no emprego e na atividade profissional, não constituindo um pagamento efetuado por um regime público de segurança social ou equiparado.

2 – Recusar a referida pensão por não ter sido celebrado casamento, instituto que está reservado às pessoas de sexo diferente, quando foi registada uma união com efeitos substancialmente idênticos entre pessoas do mesmo sexo, constitui uma discriminação indireta em razão da orientação sexual, contrária à referida Diretiva 2000/78, competindo ao órgão jurisdicional nacional verificar se a posição jurídica dos cônjuges é semelhante à dos membros das uniões de facto registadas".

Estas conclusões parecem-nos de aplaudir e o Tribunal seguiu-as na sua decisão de 1 de Abril de 2008, decidindo que: "1 – Uma prestação de sobrevivência concedida no âmbito de um regime socioprofissional de pensões como o gerido pela *Versorgungsanstalt der deutschen Bühnen* está abrangida pelo âmbito de aplicação da Directiva 2000/78/CE do Conselho, de 27 de Novembro de 2000, que estabelece um quadro geral de igualdade de tratamento no emprego e na atividade profissional.

2 – As disposições conjugadas dos artigos 1º e 2º da Diretiva 2000/78 opõem-se a uma legislação como a que está em causa no processo principal, por força da qual, após a morte do seu parceiro, o parceiro sobrevivo não recebe uma prestação de sobrevivência equivalente à concedida a um cônjuge sobrevivo, apesar de, segundo o direito nacional, a união de facto colocar as pessoas do mesmo sexo numa situação comparável à dos cônjuges no que respeita à referida prestação de sobrevivência. Incumbe ao órgão jurisdicional de reenvio verificar se um parceiro sobrevivo está numa situação comparável à de um cônjuge beneficiário da prestação de sobrevivência prevista pelo regime socioprofissional de pensões gerido pela *Versorgungsanstalt der deutschen Bühnen*".

E face a esta decisão, o Tribunal alemão competente decidiu em 30 de Outubro de 2008 atribuir a pensão de sobrevivência ao companheiro do Sr. *Maruko*.

Parece-nos ainda relevante, para se atender à importância desta decisão, notar que o *Bundesverfassungsgericht* decidiu em 7 de Julho de 2009 que, no que respeita ao estatuto relativo ao regime de previdência profissional, não se justificava uma distinção entre o casamento e a união de facto registada e que, consequentemente, uma pessoa que tinha vivido em união de facto registada tinha, tal como uma outra que se tivesse casado, direito a uma pensão de sobrevivência em caso de morte do seu parceiro. Para decidir assim, fundamentou o seu raciocínio nas disposições do direito alemão, designadamente no § 3, nº 1, da GG, que consagra o princípio da igualdade de todos os seres humanos perante a lei, mas remeteu também para o acórdão *Maruko* a respeito da existência de uma discriminação em razão da orientação sexual. O *Bundesverfassungsgericht* pronunciou-se claramente sobre os efeitos que o disposto no § 6, nº 1, da *GG* pode ter na matéria, considerando que o facto de se referir ao casamento e à sua proteção ao abrigo das disposições da Constituição, e particularmente nos termos do referido parágrafo, não era neste caso bastante para justificar um tratamento desigual.

Por último, uma decisão mais recente do TJUE nesta matéria parece-nos quase o culminar de um longo percurso e que defende a total proibição da discriminação com base na orientação sexual. A decisão é a C-147/08, de 10 de Maio de 2011, caso *J. Römer vs. City of Hamburg*, onde o Tribunal se debruçou, mais uma vez, sobre a interpretação da Diretiva 2000/78/CE do Conselho, de 27 de Novembro de 2000, no tocante à discriminação em razão da orientação sexual no emprego e na atividade profissional.

A matéria de facto do acórdão pode resumir-se ao seguinte: as partes não estavam de acordo no que tangia ao montante da pensão a que tinha direito J. Römer a partir de Novembro de 2001.

De 1950 até ter ficado incapacitado para o trabalho em 31 de Maio de 1990, *J. Römer* trabalhou para a *Freie und Hansestadt Hamburg* como empregado administrativo. A partir de 1969, tinha vivido de forma ininterrupta com *U*. Em 15 de Outubro de 2001 *J. Römer* e o seu companheiro celebraram uma união de facto registada ao abrigo da *LPartG*. *J.Römer* e comunicou o facto ao seu antigo empregador por carta de 16 de Outubro de 2001. Através de uma nova carta, datada de 28 de Novembro de 2001, requereu que fosse recalculado o montante da sua pensão de reforma por aplicação da retenção mais vantajosa que decorria do recurso ao escalão III do imposto, com efeitos a partir de 1 de Agosto de 2001, sendo que afirmava que apenas requereu este aumento da sua pensão de reforma com efeitos a partir de 1 de Novembro de 2001.

Por ofício de 10 de Dezembro de 2001, a *Freie und Hansestadt Hamburg* informou *J. Römer* que não podia beneficiar da aplicação do escalão III do imposto em vez do escalão I porque, nos termos do § 10, nº 6, ponto 1, da Primeira RGG, o escalão III do imposto era unicamente aplicável aos beneficiários casados que não viviam duradouramente separados e aos beneficiários que tinham direito a beneficiar do abono de família ou de prestações equivalentes.

J. Römer considerava que tinha direito a ser tratado como um beneficiário casado que não vivia duradouramente separado para efeitos do cálculo da sua pensão com base no disposto no § 10, nº 6, ponto 1, da Primeira RGG. Alegava que o critério do "beneficiário casado que não vive duradouramente separado", previsto pela referida disposição, deveria ser interpretado no sentido a incluir os beneficiários que tivessem celebrado uma união de facto registada ao abrigo da *LPartG*.

J. Römer entendia que o seu direito à igualdade de tratamento com os beneficiários casados que não vivem duradouramente separados resulta, em qualquer caso, da Diretiva 2000/78. Em sua opinião, a justificação para a diferença de tratamento entre os beneficiários casados e os que celebraram uma união de facto, relativa à capacidade de procriação dos cônjuges, não era convincente dado que, mesmo no quadro das uniões de facto celebradas entre pessoas do mesmo sexo, as crianças concebidas por um dos parceiros da união são educadas e podem ser adotadas por um par formado por pessoas que vivem em união de facto.

Referia igualmente que, uma vez que não foi transposta para o direito interno no prazo estipulado no artigo 18º, nº 2, ou seja, o mais tardar até 2 de Dezembro de 2003, a referida diretiva era diretamente aplicável à empresa.

A *Freie und Hansestadt Hamburg* concluiu pela negação de provimento ao recurso. Argumentava que o termo "casado", na aceção do § 10, nº 6, ponto 1, da Primeira *RGG*, não podia ser interpretado no sentido pretendido por *J. Römer*. Essencialmente, invocava que o § 6, nº 1, da *GG* colocava o casamento e a família sob a proteção especial da ordem pública, por constituírem desde há muito tempo a unidade de base da comunidade nacional e, por essa razão, o casamento sem filhos – deliberado ou não – também é protegido, pois permitia o equilíbrio dos sexos no primeiro nível da comunidade nacional. Além disso, em seu entender, o casamento constitui, em geral, o passo prévio à fundação de uma família, na medida em que, sendo a forma mais corrente de comunidade entre um homem e uma mulher reconhecida pelo direito, constitui o quadro para o nascimento dos filhos e, consequentemente, a transformação do par unido pelo casamento em família.

O Tribunal, socorrendo-se em parte das conclusões do advogado-geral N. JÄÄSKINEN, de 15 de Julho de 2010, e do anterior acórdão *Maruko*, entendeu que "A Diretiva 2000/78/CE do Conselho, de 27 de Novembro de 2000, que estabelece um quadro geral de igualdade de tratamento no emprego e na atividade profissional, deve ser interpretada no sentido de que não escapam ao seu âmbito de aplicação material, nem em razão do seu artigo 3º, nº 3, nem em razão do seu vigésimo segundo considerando, as pensões complementares de reforma como as pagas aos antigos empregados da *Freie und Hansestadt Hamburg* e aos seus sobrevivos a título da Lei do *Land* de Hamburgo relativa às pensões complementares de reforma e de sobrevivência dos trabalhadores da Freie und Hansestadt Hamburg" e considerou poder existir, eventualmente, uma discriminação direta em razão da orientação sexual.

Esta decisão parece-nos, tal como a anterior *Maruko,* muito positiva, principalmente se atendermos a algumas das considerações que foram feitas, nomeadamente pelo advogado-geral.

Desde logo, parece-nos bastante importante a precisão que faz em relação ao estado civil e às prestações que dele decorrem, na aceção do vigésimo segundo considerando da Diretiva 2000/78, pois embora tenha referido, tal como na decisão *Maruko*, que são matérias da competência dos Estados-Membros, há que ter em atenção, contudo, que estes devem, no exercício dessa competência, respeitar o direito comunitário, nomeadamente as disposições relativas ao princípio da não discriminação[45].

E ainda mais relevante nos parece a opinião formulada que, por hipótese, em caso de um Estado-Membro não admitir qualquer forma de união legalmente reconhecida que esteja aberta às pessoas do mesmo sexo poder ser considerado como uma discriminação em razão da orientação sexual, passível de derivar do princípio da igualdade, conjugado com o dever de respeito da dignidade humana das pessoas homossexuais, o que cria a obrigação de lhes reconhecer a faculdade de viverem uma relação afetiva duradoura no quadro de um compromisso juridicamente consagrado[46].

Não deixa de merecer atenção, ainda, a opinião tecida na conclusão nº 129 de que não há qualquer justificação para uma aplicação menos vigorosa do princípio da igualdade de tratamento no que respeita às discriminações em razão da orientação sexual relativamente às fundadas nas outras razões mencionadas no artigo 13º CE[47]. "O facto de se admitir a existência neste domínio de sensibilidades especiais que assumissem relevância jurídica significaria que o Tribunal de Justiça atribuiria importância a preconceitos injustificados, qualquer que seja a sua origem, e negaria uma proteção jurídica igualitária às pessoas de orientação sexual minoritária". Não podemos deixar de concordar inteiramente com esta afirmação, preconizando, tal como o advogado-geral, que à semelhança do que o Tribunal de Justiça já decidiu no que respeita à discriminação em razão da idade[48], a proibição da discriminação em razão da orientação sexual deve ser considerada um princípio geral do direito da União.

Há que atender ao princípio do primado do Direito da União em matéria de igualdade de tratamento e, por isso, tal como defende o advogado-geral, as normas da *GG* que visam a proteção do casamento e da família, ainda que sejam de nível constitucional, "não podem afetar a validade ou a aplicação do princípio da não discriminação consagrado no direito da União. Se o direito da União se opuser a disposições do direito nacional, o seu primado impõe ao juiz nacional a aplicação do direito da União e a não aplicação das disposições nacionais contrárias"[49].

---

[45] Veja-se a conclusão nº 74.

[46] Conclusão nº 76.

[47] Atual art. 19º do TFUE.

[48] *Vd.* o artigo sobre a discriminação em razão da idade, pp. 9 e ss..

[49] Conclusão nº 166.

Contudo, no caso concreto, não parece que seja necessário invocar este princípio pois, tal como já foi referido anteriormente, o *Bundesverfassungsgericht* decidiu em 7 de Julho de 2009 que, no que respeita ao estatuto relativo ao regime de previdência profissional, não se justificava uma distinção entre o casamento e a união de facto registada, tendo propugnado também que a instituição do casamento pode ser protegida sem que seja necessário colocar em desvantagem outros modos de vida.

Esta posição do Tribunal significa um avanço na tentativa de erradicação da discriminação em razão da orientação sexual que nos parece ser de aplaudir. Na verdade, não nos podemos esquecer que existem ainda vários ordenamentos jurídicos que consideram a prática de atos homossexuais como crime, inclusive punível com a pena de morte[50].

O acórdão do TJUE reveste, quanto a nós, grande importância pois parece-nos conduzir à ideia de que, mesmo que um Estado-membro prefira instituir um regime diferente do casamento para as uniões entre pessoas do mesmo sexo tem, contudo, de lhes garantir o acesso a todos os benefícios laborais a este nível que as pessoas casadas usufruem. Se a lei separa os dois regimes tem, porém, de lhes conferir os mesmos direitos e obrigações neste sector.

Mais recentemente, o TJUE teve ocasião de pronunciar-se sobre mais um caso de discriminação com base na orientação sexual e que foi o caso *ACCEPT*, processo C-81/12, de 25 de abril de 2013.

Neste processo o Tribunal de Justiça analisou um pedido de decisão prejudicial que tinha por objeto a interpretação dos artigos 2º, nº 2, alínea a), 10º, nº 1, e 17º da Diretiva 2000/78/CE do Conselho, de 27 de novembro de 2000, que estabelece um quadro geral de igualdade de tratamento no emprego e na atividade profissional. Este pedido foi apresentado no âmbito de um litígio que opôs a *Asociația ACCEPT* ao *Consiliul Național pentru Combaterea Discriminării* (Conselho Nacional de Luta contra as Discriminações) a respeito da decisão deste último que indeferiu parcialmente uma queixa apresentada na sequência

---

[50] Ver os dados referidos por Consuelo Chacartegui Jávega, *op. cit.*, pp. 23-24, notas nºs 2 e 3, e o *site* da *European Agency for Fundamental Rights*, www.fra.europe.eu, assim como o *European Comission on Sexual Orientation Law*.

Vide, ainda, que, segundo o relatório do Eurobarómetro, *Discrimination in the EU in 2009*, p. 85, 47% dos europeus entende que a discriminação em razão da orientação sexual está "espalhada" na UE. E se confrontarmos com os resultados nacionais, esta discriminação é entendida como mais "espalhada" nos países mediterrâneos como o Chipre – 66%, a Grécia – 64%, e a Itália e França – 61%. Segundo o Eurobarómetro nº 393 relativamente à discriminação em 2012 na UE o resultado mantém-se praticamente o mesmo de 2009 pois 46% das pessoas continuam a considerar que é uma forma de discriminação generalizada. Veja-se *Discrimination in the EU in 2012*, p. 9.

de declarações públicas proferidas por uma pessoa que se apresenta e é vista pela opinião pública como dirigente de um clube de futebol profissional que excluiu a contratação de um futebolista apresentado como sendo homossexual.

No pedido de reenvio prejudicial apresentado ao abrigo do art. 267º do TFUE, a 14 de fevereiro de 2012, o Tribunal nacional colocou várias questões, sendo que a primeira foi a de saber se as disposições do artigo 2º, nº 2, alínea a), da Diretiva 2000/78/CE do Conselho, de 27 de novembro de 2000, que estabelece um quadro geral de igualdade de tratamento no emprego e na atividade profissional, são aplicáveis no caso em que um acionista de uma sociedade desportiva de futebol, que se apresenta e é considerado pelos *mass-media* e no meio social como o principal dirigente ("patrão") dessa sociedade, declara aos *mass--media* o seguinte:

"Nem que tivesse de fechar o Steaua, admitiria na equipa um homossexual. Os rumores são rumores, mas como é que se escreve qualquer coisa do género se não é verdade e, ainda por cima, se põe na primeira página... Talvez não seja verdade que é homossexual (*omissis*). E se pelo contrário o fosse? (*omissis*) Não há lugar para um gay na minha família e o Steaua é a minha família. É melhor jogar com um jogador júnior do que com um gay. Ninguém me pode obrigar a trabalhar com qualquer um. Tal como eles têm direitos, também eu tenho o direito de trabalhar com quem entendo".

"Mesmo que Deus me dissesse em sonhos que é 100% certo que X não é homossexual, não o admitiria! Nos jornais escreveu-se demasiado que é homossexual. Mesmo que o ȚSKA mo desse grátis não o admitiria! Poderia também ser o maior desordeiro e o maior bêbado... mas se é homossexual não quero mais ouvir falar".

O Tribunal *a quo* colocou a questão de saber em que medida as declarações acima referidas podem ser consideradas "elementos de facto constitutivos da presunção de discriminação direta ou indireta", na aceção do artigo 10º, nº 1, da Diretiva 2000/78/CE do Conselho, de 27 de novembro de 2000.

Relativamente a esta questão o TJUE, na senda de toda a sua jurisprudência anterior, decidiu que a competência para analisar se os factos constituem discriminação incumbe aos tribunais nacionais, tal como se pode ler no parágrafo 42 que estabelece que "a apreciação dos factos dos quais se pode presumir a existência de uma discriminação é da competência dos órgãos judiciais ou de outros órgãos competentes a nível nacional, de acordo com as normas e práticas nacionais".

Contudo, parece-nos importante o que defendeu pois considerou, e quanto a nós bem, que apesar de o autor das declarações não ser juridicamente capaz de vincular o requerido em matéria de recrutamento, não impede que seja possível provar nessa situação elementos de facto que originem a existência de uma presunção de discriminação, pois afirmou nos parágrafos 47 a 51 que o TJUE "não exige que, para se provar a existência de «elementos de facto constitutivos da presunção de discriminação», em conformidade com o artigo 10º, nº 1, da Diretiva 2000/78, o autor das declarações relativas à política de recrutamento de uma entidade determinada <u>deve necessariamente dispor da capacidade jurídica de definir diretamente essa política ou ainda de vincular ou representar essa entidade em matéria de recrutamento</u>[51].

Com efeito, o simples facto de declarações como as que estão em causa no processo principal não emanarem diretamente de um requerido determinado não obsta necessariamente a que seja possível provar, relativamente a essa parte, a existência de «elementos de facto constitutivos da presunção de discriminação», na aceção do artigo 10º, nº 1, da referida diretiva.

Daqui decorre que um empregador demandado não pode refutar a existência de factos que permitam presumir que segue uma política de recrutamento discriminatória ao limitar-se a defender que as declarações sugestivas da existência de uma política de recrutamento homofóbica emanam de uma pessoa que, apesar de afirmar e parecer desempenhar um papel importante na gestão deste empregador, não é juridicamente capaz de o vincular em matéria de recrutamento.

Numa situação como a que está na origem do litígio no processo principal, o facto de esse empregador não se ter claramente demarcado das declarações em causa constitui um elemento que a instância competente pode ter em conta no quadro de uma apreciação global dos factos.

A este respeito, há que recordar que a perceção do público ou dos meios em causa pode constituir indício pertinente para a apreciação global das declarações em causa no processo principal", sendo que o Tribunal nacional deve ter em atenção todos estes aspetos para analisar a existência de uma presunção de discriminação.

Por outro lado, também esteve bem quanto a nós o Tribunal relativamente à questão do ónus da prova colocada no pedido de reenvio prejudicial pois o Tribunal nacional tinha questionado o TJUE "em que medida existe uma "*probatio diabolica*" se no processo se inverte o ónus da prova previsto no artigo 10º, nº 1, da Diretiva 2000/78/CE do Conselho, de 27 de novembro de 2000, e à demandada S. C. Fotbal Club Steaua Bucureşti S.A. é pedido para demonstrar que não existiu violação do princípio da igualdade de tratamento, em particular que a contratação não está ligada à orientação sexual?". Na verdade, o Tribunal nacional queria saber se, na hipótese de factos como os que estavam na origem do litígio no processo principal fossem qualificados de elementos de facto cons-

---

[51] Sublinhado nosso.

DISCRIMINAÇÃO COM BASE NA ORIENTAÇÃO SEXUAL DOS TRABALHADORES

titutivos da presunção de discriminação baseada na orientação sexual quando do recrutamento de jogadores por um clube de futebol profissional, o ónus da prova, tal como repartido no art. 10.°, n.° 1, da Diretiva 2000/78, não exigiria uma prova impossível de produzir sem violar o direito ao respeito da vida privada e os dados pessoais previstos na Diretiva 95/46/CE.

Esta parte da questão parece-nos muito pertinente pois existindo a presunção da existência de discriminação, incumbe à parte demandada provar que não existiu discriminação recorrendo aos meios de prova juridicamente admissíveis. Contudo, a discriminação em razão da orientação sexual reveste a natureza de um caso especial pois o empregador não poderá provar com dados de quantos futebolistas teria contratado e que eram homossexuais sem violar o direito à privacidade destes. Na verdade, a orientação sexual dos trabalhadores inclui-se no seu conceito de vida privada e deve, em princípio, estar protegida de toda e qualquer indagação por parte do empregador, quer na fase de acesso e formação do contrato de trabalho, quer na sua execução, impedindo comportamentos discriminatórios ou juízos de censura por parte de todos.

Assim, tendo em atenção este contexto especial, o TJUE respondeu nos parágrafos 56 a 58 que "neste contexto, os requeridos poderão contestar, nas instâncias nacionais competentes, a existência dessa violação demonstrando, por qualquer meio permitido em direito, que a sua política de recrutamento assenta em fatores alheios a qualquer discriminação baseada na orientação sexual.

Para inverter a presunção simples cuja existência pode resultar do artigo 10º, n.° 1, da Diretiva 2000/78, não é necessário que um requerido prove que pessoas de uma determinada orientação sexual foram recrutadas no passado, sendo essa exigência efetivamente suscetível, em certas circunstâncias, de violar o direito ao respeito da vida privada[52].

No quadro da apreciação global que caberia então à instância nacional competente efetuar, a aparência de discriminação baseada na orientação sexual podia ser refutada a partir de um conjunto de indícios concordantes. Como a *Accept* alegou, no essencial, entre esses indícios podiam figurar, designadamente, uma reação do requerido em causa no sentido de uma demarcação clara relativamente às declarações públicas na origem da aparência de discriminação, assim como a existência de disposições expressas em matéria de política de recrutamento por parte do demandado para efeitos de assegurar o respeito do princípio da igualdade de tratamento[53] na aceção da Diretiva 2000/78.

---

[52] Sublinhado nosso.

[53] Que no caso em apreço não pareciam existir.

IGUALDADE E NÃO DISCRIMINAÇÃO

3.2. No ordenamento jurídico português qualquer sanção aplicada ao trabalhador com base na sua orientação sexual será ilícita por violar o princípio da igualdade, da não discriminação e da proteção da reserva da vida privada. É um aspeto desta que escapa ao crivo de qualquer juízo de censura emitido pelo empregador. A orientação sexual do trabalhador é uma condição pessoal que não afeta, em princípio, a sua capacidade profissional[54], não fazendo parte dos pressupostos necessários para a celebração de um contrato de trabalho e, consequentemente, não pode dar azo a um despedimento com justa causa já que esta só pode fundar-se num "comportamento culposo do trabalhador que, pela sua gravidade e consequências torne imediata e praticamente impossível a subsistência da relação de trabalho", nos termos do art. 351º, nº 1, do CT. Um despedimento que se fundamente nalguma destas razões é discriminatório e será ilícito com todas as consequências que a lei determina. Só se a orientação sexual se projetar negativamente na relação de trabalho é que o poderá ser e de qualquer forma será esta projeção e não a orientação sexual que será alvo de sanções.

Também não poderá existir nenhum tratamento discriminatório em relação às condições de trabalho, nomeadamente em relação à retribuição[55].

3.2.1. O despedimento de um transexual poderá levantar alguns problemas, colocando-se a questão de saber se o comportamento do trabalhador que é contratado com um determinado sexo e que no decurso da relação contratual o muda, não avisando o empregador, poderá ser considerado uma quebra da boa-fé contratual, fundamentando por isso o despedimento. Afigura-se-nos que será discriminatório o despedimento que se baseie somente na mudança de sexo, sem qualquer outro motivo[56], já que o trabalhador não tem obrigação de manifestar as suas circunstâncias pessoais ou sociais prévias à contratação e também porque, em princípio, a transexualidade não afeta a sua capacidade profissional. Qualquer comportamento discriminatório basear-se-á, em regra, em juízos morais e preconceitos que não têm qualquer relação com a sua capa-

---

[54] Imagine-se o caso de uma trabalhadora que foi contratada para modelo de uma marca de *lingerie* e resolve mudar de sexo. A transexualidade irá afectar a sua capacidade profissional na medida em que não vai poder mais exercer a atividade para a qual foi contratada.

[55] Cf., para comparar com outros ordenamentos jurídicos, entre outros, CONSELHO DA EUROPA *Discrimination on grounds of sexual orientation and gender identity*, 2º edição, Council of Europe Publishing, p. 116 e ss..

[56] *Vide* doutrina referida por CONSUELO CHACARTEGUI JÁVEGA, *op.* cit., pp. 116-117, neste mesmo sentido. Esta autora considera que a proteção dispensada no ordenamento jurídico espanhol pelo art. 14º da CE deveria ser extensiva, também, às pessoas que não se tenham submetido ou não desejem submeter-se a uma mudança de sexo.

cidade profissional. Mesmo que se pretenda fazer cessar o contrato com base na inaptidão para o trabalho não deverá ser, em regra, promovido porque, a admitir-se o contrário, significaria aceitar que há postos de trabalho para homens e postos de trabalho para mulheres. Contudo, poderão ocorrer situações excecionais onde o sexo é determinante para o posto de trabalho contratado. Assim, figure-se o caso já referido em que uma mulher é contratada para ser modelo de uma marca de *lingerie* feminina, ou o trabalhador que é contratado para representar um papel masculino num filme. São casos onde uma mudança de sexo torna inviável o contrato de trabalho por manifesta inaptidão do trabalhador[57]. Nestes casos parece-nos que, preenchidos todos os pressupostos, o contrato de trabalho poderá cessar por caducidade já que estaremos perante uma impossibilidade superveniente, absoluta e definitiva. Porém, salvo raras exceções, como as referidas, não consideramos que possa extinguir-se o contrato de trabalho com base neste facto.

3.2.2. Poderá equacionar-se uma outra situação onde o trabalhador objeto de mudança de sexo poderá ser alvo de comentários trocistas e até discriminatórios por parte dos colegas e do empregador, e até, eventualmente, embora numa situação limite, objeto de agressões físicas para além de psicológicas, podendo rescindir o contrato de trabalho com justa causa, nomeadamente com base na alínea f), do nº 2, do art. 394º do CT, tendo direito a uma indemnização nos termos do art. 396º, na medida em que a sua mudança de sexo em nada afetou a sua capacidade profissional nem o ambiente de trabalho.

3.2.3. O mesmo deve ser defendido para as organizações de tendência e, por isso, só a manifestação pública de ideias contrárias à ideologia da organização que tragam um verdadeiro prejuízo ou reflexo negativo é que deve ser relevante. Este reflexo pode ocorrer de várias formas, quer através da afetação da imagem da organização, quer na deserção dos fiéis de uma determinada comunidade religiosa, na depreciação da doutrina defendida, mas é imprescindível que ocorra um prejuízo ou reflexo negativo que origine a perda de confiança do empregador em termos tais que deixe de acreditar-se que o trabalhador consiga desempenhar cabalmente as suas tarefas, intimamente ligadas à difusão da ideologia do empregador. OLIVIER DE TISSOT[58] sustenta, mesmo, que é necessário que "este prejuízo não seja somente eventual. O *escândalo* evocado por ocasião deste tipo de acontecimentos é, muito frequentemente, a máscara de irritação

---

[57] *Vd.* sobre tudo isto CONSUELO CHACARTEGUI JÁVEGA, *op.* cit., pp. 118-119.
[58] "Pour une meilleure définition du régime juridique de la liberté d'expression individuelle du salarié", *in DS,* nº 12, 1992, p. 959.

IGUALDADE E NÃO DISCRIMINAÇÃO

do empregador perante o não conformismo das opiniões expressas pelo trabalhador. A menos que ele traga para a empresa demissões em cadeia, uma fuga dos aderentes os dos seus «clientes», um abandono dos seus *sponsors* ou mecenas, o dito «escândalo» não deve poder ser considerado como um prejuízo certo sofrido pela empresa".

3.2.4. Problema delicado que apresenta um despedimento com base na discriminação por motivos de orientação sexual é o da sua eventual prova, podendo ser bastante difícil demonstrar que o verdadeiro móbil da atitude do empregador foi algum destes motivos. A não ser nas situações em que aquele tenha referido na nota de culpa ou exteriorizado doutra forma que esse era o motivo, de difícil ocorrência na prática, torna-se muito complicado para o trabalhador provar que foi despedido com base nestas circunstâncias. Sustentamos, assim, que todas as sanções aplicadas com base exclusiva na sua orientação serão ilícitas, salvo raras exceções, pois é matéria que integra a esfera mais íntima do trabalhador, de carácter irrenunciável e indisponível.

4. Conclusões
1. A orientação sexual faz parte da esfera mais íntima e reservada da pessoa e o trabalhador não pode ser discriminado por isso quer na fase de acesso, quer na fase de execução do contrato de trabalho

2. Na fase de formação do contrato de trabalho o empregador não pode questionar os candidatos sobre a orientação sexual. Fazendo parte da esfera privada dos trabalhadores, são dados indisponíveis e irrevogáveis, podendo aqueles, se questionados, omitir a resposta ou, se tal for necessário, falseá-la. A admitir-se o contrário ocorreriam estigmatizações de determinados grupos sociais. No entanto, a proibição geral de indagar sobre a conduta sexual, e não sobre a orientação sexual, comporta algumas exceções nas organizações de tendência, sendo necessário diferenciar entre tarefas *neutras* e tarefas *de tendência*. Nas primeiras, o princípio geral de proibição mantém-se enquanto, nas segundas, admitem-se algumas compressões.

3. No que concerne à proteção da orientação sexual na fase de execução do contrato de trabalho deve ter-se em atenção o caminho importante que a União Europeia tem vindo a realizar através de Diretivas, Recomendações e da jurisprudência do TJUE.

Qualquer sanção aplicada ao trabalhador com base na sua orientação será ilícita por violação do princípio da igualdade, da não discriminação e da proteção da esfera privada. Estes comportamentos não afetam a sua capacidade laboral nem podem ser considerados como requisitos necessários para a correta execução da atividade profissional. Nalgumas circunstâncias, excecionais, o comportamento sexual poderá ser relevante, nomeadamente no caso das organizações de tendência ou em determinadas atividades onde uma certa conduta sexual poderá trazer prejuízos para o bom ambiente de trabalho, produzindo reflexos negativos na organização.

Vila Nova de Gaia, maio de 2013

A discriminação dos trabalhadores em razão da deficiência*

1. Introdução

1.1. Desde a Segunda Guerra Mundial que o movimento das pessoas portadoras de deficiência, no dito mundo ocidental, começou por ser encarado numa perspetiva caritativa e de compaixão, enquanto peso morto como beneficiários do Estado Social, para se transformar num complexo de pessoas portador de direitos fundamentais, com a dignidade que lhes era inerente, e que a sociedade tinha de assegurar[1].

A discriminação em razão da deficiência é, pois, um conceito relativamente novo[2]. De facto, as questões relacionadas com a deficiência começaram por ser tratadas como um tema relacionado com a segurança social, a saúde ou a tutela. As pessoas portadoras de deficiência eram vistas não como sujeitos detentores de direitos e deveres mas como *objetos* de programas de caridade, saúde e do

---

* Este texto constitui um desenvolvimento do nosso artigo *The protection of employees with disabilities and changed working abilities in Portuguese Labour Law*, feito no âmbito do projecto Europeu – *Empower – Cooperation for Employees with Changed Working Abilities*, financiado pelo Visegrad Fund, e apresentado em Pécs, na Hungria, no dia 26 de Abril de 2013.

[1] Neste sentido veja-se NICK O'BRIEN, *Disability and Reasonable Accommodation*, *in* www.era.int, 2008, p. 2. Cf., ainda, CARLA SOFIA FARIA MENDES, *Monitorizar os Direitos Humanos das Pessoas com Deficiência: Análise de Dados do Projecto Disability Rights Promotion International na Cidade de Toronto, Canadá*, dissertação de mestrado do Instituto de Ciências Sociais e Políticas, p. 1, e que pode ser visualizado em www.repository.utl.pt.

[2] Como defende MARZIA BARBERA, "Le discriminazioni basate sulla disabilità", *in Il Nuovo Diritto AntiDiscriminatori – Il quadro comunitario e nazionale*, Giuffrè Editore, Milan, 2007, p. 79, citando MARTHA NUSSBAUM, são três os problemas de justiça social que ainda não se encontram totalmente resolvidos sendo que um deles é exatamente a tutela das pessoas portadoras de deficiência.

Estado social, entendendo-se que não poderiam participar ativamente na vida da sociedade e, muito menos, terem um emprego e autonomia. A deficiência a isso conduzia. Indo mais longe deve lembrar-se que, durante muito tempo, algumas pessoas portadoras de deficiência quase nem eram consideradas seres humanos, sendo-lhes negados os mais elementares direitos fundamentais. Na verdade, embora teoricamente as pessoas com deficiência *tivessem direito* à titularidade de direitos fundamentais, quer a lei, quer a prática incumbiam-se de lhos negar, tendo sido vítimas de genocídio, eugenismo e discriminação. Mulheres, homens e crianças portadores de deficiência eram os cidadãos mais marginalizadas e ostracizados da sociedade, enfrentando inúmeros desafios e obstáculos no gozo dos seus direitos humanos[3]. E, durante muito tempo, pensou-se que tais desafios estavam relacionados com a sua deficiência física, mental, intelectual ou sensorial.

As pessoas eram consideradas como *objetos* de proteção e de assistência social numa perspetiva associada ao modelo médico de deficiência. Este modelo centrava-se na reabilitação, na correção das insuficiências e na especialização de profissionais e peritos na deficiência em questão, assumindo durante muito tempo a deficiência como uma questão biológica, demonstrando apenas uma preocupação com a sua cura ou com a recuperação da pessoa.

Neste modelo a deficiência era vista como uma *anormalidade*, uma patologia individual, uma disfunção do corpo, sendo que a pessoa com deficiência era considerada um incapaz, submissa e dependente do cuidado de terceiros. De resto, ainda hoje, este modelo se assume como um princípio regulador de algumas políticas de saúde e de assistência destinadas, na sua essência, a ajudar as pessoas com deficiência, não obstante o estigma e a discriminação a que conduzem, promotoras não da inclusão social mas antes da sua exclusão, da segregação e da infantilização[4].

Com a ascensão do movimento dos direitos civis de pessoas com deficiência, iniciado nos EUA, e com base no modelo social da deficiência que começou a ser amplamente difundido ocorreu uma mudança de paradigma e a queda de barreiras que impediam *a vida* das pessoas com deficiência[5]. Iniciou-se, assim, a

---

[3] Infelizmente, em inúmeras situações, eles continuam a ser alvo de marginalização. Como é realçado pela United Nations Human Rights, *in Monitoring the Convention on the Rights of Persons with Disabilities*, New York and Geneva, 2010, p. 6, "As pessoas portadoras de deficiência têm sido historicamente invisíveis para o sistema dos direitos humanos assim como nos trabalhos sobre direitos humanos. Mas isto não pode ser mais aceitável".

[4] CARLA SOFIA FARIA MENDES, *op* cit., pp. 7-8.

[5] Na Secção 12101 do *American Disabilities Act* de 1990 pode encontrar-se a defesa destas ideias ao estabelecer-se que "The Congress finds that (1) physical or mental disabilities in no way diminish

defesa da ideia da proibição da discriminação contra as pessoas com base na sua deficiência e a criar-se legislação anti discriminatória. Foi também nesta altura que se começou a notar que inúmeras pessoas eram discriminadas em razão da sua deficiência no mercado de trabalho, quer na fase de recrutamento, quer na fase de execução do contrato de trabalho, quer já na fase da cessação do mesmo. Os empregadores viam apenas as *incapacidades* e não as capacidades para o trabalho deste tipo de trabalhadores. Esta nova noção originou o aparecimento do *American Disabilities Act* de 1990 que regulou expressamente a noção de adaptação razoável e que influenciou muitos instrumentos legislativos e mesmo outros ordenamentos jurídicos[6].

Este novo entendimento da deficiência fez com que esta passasse a ser considerada como o resultado da inadequação do ambiente físico e social para acomodar a diferença e a diversidade humana[7]. Este modelo, denominado de modelo social, expõe a influência da envolvente externa na produção de incapacidades e na redução da funcionalidade dos sujeitos para viverem em sociedade. Pretendia a plena participação da pessoa no meio ambiente, valorizando a responsabilidade social coletiva pelo respeito devido aos direitos humanos e à dignidade das pessoas com deficiência.

Desde o final de 1970 o movimento dos direitos das pessoas portadoras de deficiência tem vindo a crescer e com considerável sucesso em muitos países defendendo-se uma compreensão teórica diferente de deficiência. Esse modelo, atualmente, é caracterizado como *o modelo biopsicossocial* pela Organização Mundial de Saúde, em contraste com o modelo médico e com o modelo social. Localizando a deficiência no meio social as respostas políticas são dirigidas a mudar o ambiente e eliminar as barreiras estruturais à participação igualitária, incluindo

---

a person's right to fully participate in all aspects of society, yet many people with physical or mental disabilities have been precluded from doing so because of discrimination; others who have a record of a disability or are regarded as having a disability also have been subjected to discrimination; (2) historically, society has tended to isolate and segregate individuals with disabilities, and, despite some improvements, such forms of discrimination against individuals with disabilities continue to be a serious and pervasive social problem; (3) discrimination against individuals with disabilities persists in such critical areas as employment, housing, public accommodations, education, transportation, communication, recreation, institutionalization, health services, voting, and access to public services".

[6] A noção de adaptação razoável, atualmente prevista em vários instrumentos normativos internacionais e, também, em legislação nacional, tem uma grande importância. Dedicar-lhe-emos um número autónomo dada a sua relevância a vários níveis.

[7] Como escreve IAN HACKING, *The Social Construction of What?*, Harvard University Press, 1999, pp. 6-7, "the existence of character X is not determined by the nature of things. X is not inevitable. X is brought into existence or shaped by social events, forces, history, all of which could have been different".

legislação anti discriminatória, códigos de construção universais de *design*, integração e *mainstreaming*, e criando condições para a participação individual[8]. O papel da lei neste modelo é a de proteger as pessoas contra tratamentos discriminatórios e estabelecer o dever de integrar e acomodar as pessoas com deficiência, definir os seus direitos na participação e controlo dos programas sociais focados nas suas necessidades particulares[9].

O modelo biopsicossocial da deficiência reconhece a interação da realidade biológica e social, correlacionando as condições de saúde e os fatores do contexto social, considerando a igualdade das pessoas portadoras de deficiência mas, simultaneamente, defendendo a existência de diferenças específicas. Este modelo promove os direitos numa base social igualitária, tendo em atenção as características distintivas de cada deficiência e relacionando tanto os fatores biológicos como os fatores ambientais, aceitando que quer o modelo médico quer o modelo social não são adequados, ainda que ambos sejam parcialmente válidos[10].

Esta abordagem, baseada nos direitos humanos, caracteriza a presente política nacional e internacional sobre a deficiência, promove a dimensão da cultura humana e a sua diversidade e defende a necessidade de criação de leis e políticas que integrem as pessoas portadoras de deficiência.

A deficiência é entendida e vivida para muitos como uma opressão realizada por certas estruturas e mesmo por certas práticas sociais. Esta opressão funciona tanto sobre o indivíduo, negando ou diminuindo a sua pessoalidade, e sistemicamente, por aqueles que compartilham o rótulo de *deficiente*, negando ou diminuindo a cidadania e a participação cívica. Mas deficiência, incapacidade para o trabalho e invalidez, embora possam por vezes parecer conceitos sobrepostos, são substancialmente distintos. As pessoas podem ser deficientes sem serem incapazes de trabalhar, e incapazes de trabalhar sem serem deficientes. Compreender esta distinção afigura-se-nos essencial.

É visível, parece-nos, que a discriminação no emprego em razão da deficiência é um tema que relaciona o *in* e o *out*, os *insiders* e os *outsiders*, o mercado e o Direito do trabalho. Contudo, não pode ser esquecido que os princípios fundamentais do Direito do trabalho defendem um direito ao trabalho e proíbem a discriminação desde a fase de acesso até à fase de cessação do contrato de trabalho.

---

[8] Segundo a OMS, *Classificação Internacional sobre o Funcionamento, a Deficiência e a Saúde*, Lisboa, 2004, a deficiência e o funcionamento são vistos como resultado das interações entre condições de saúde e fatores do contexto que podem ser externos relacionados com condições ambientais, ou internos.

[9] DAVID HOSKING, "A High Bar for EU Disability Rights", *in Industrial Law Journal*, Vol. 36, nº 2, 2007, p. 229.

[10] No mesmo sentido veja-se OMS, *Towards a Common Language for Functioning, Disability and Health*, Genebra, 2002.

1.2. Cerca de 15% da população mundial sofre de alguma forma de deficiência e, dentro desta, cerca de 2-4% tem significativas dificuldades funcionais. Quer isto dizer que mais de um bilião de pessoas em todo o mundo convivem com alguma forma de deficiência, dentre os quais cerca de 200 milhões experimentam dificuldades funcionais consideráveis. Nos próximos anos, a deficiência será uma preocupação ainda maior porque a sua incidência tem aumentado com o envelhecimento da população e com o risco maior de deficiência na população de mais idade, bem como com o aumento global de doenças crónicas tais como diabetes, doenças cardiovasculares, cancro e distúrbios mentais[11].

Por outro lado, no mundo inteiro, as pessoas portadoras de deficiência apresentam piores perspetivas de saúde, níveis mais baixos de escolaridade, participação económica menor e taxas de pobreza mais elevadas em comparação com as pessoas sem deficiência. Isto deve-se, em parte, ao facto de as pessoas portadoras de deficiência enfrentarem barreiras no acesso a serviços que muitos outros consideram garantidos há muito, como saúde, educação, emprego, transporte, e informação, sendo que tais dificuldades aumentam na população mais pobre.

A discriminação que as pessoas portadoras de deficiência enfrentam encontra-se disseminada por vários setores, afetando as pessoas em diferentes facetas das suas vidas[12].

Na União Europeia, o número de pessoas que sofre de algum tipo de deficiência é de cerca de 80 milhões, ou seja, mais de 15% da população, sendo que um em cada quatro cidadãos europeus tem um membro da família que sofre de algum tipo de deficiência. Por outro lado, pessoas com reduzida mobilidade representam cerca de 40% da população, sendo que as pessoas portadoras de algum tipo de deficiência enfrentam uma probabilidade muito maior para estarem ou ficarem desempregadas.

Apenas 16% das pessoas que sofrem de restrições para trabalhar usufruem de alguma assistência para o fazer e, por isso, muitas pessoas deficientes são *trabalhadores desencorajados* e nem sequer tentam ingressar no mercado de trabalho,

---

[11] *World Report on Disability*, 2011, realizado pela OMS e pelo Banco Mundial, p. 5. De acordo com a *World Health Survey*, aproximadamente 785 milhões de pessoas (15,6%) com 15 anos ou mais vivem com alguma forma de deficiência, enquanto a *Global Burden of Disease* estima que esse número é de 975 milhões de pessoas (19,4%). Dessas, a *World Health Survey* considera que 110 milhões de pessoas (2,2%) possuem dificuldades funcionais muito significativas, enquanto a *Global Burden of Disease* estima que 190 milhões (3,8) possuem uma "deficiência grave" – o equivalente às deficiências inferidas por condições tais como a tetraplegia, a depressão grave ou a cegueira.

[12] Para mais desenvolvimentos veja-se United Nations Human Rights *in Monitoring...*, cit., p. 7.

IGUALDADE E NÃO DISCRIMINAÇÃO

sendo classificados como *inativos*. E, quanto maior for o grau de deficiência, menor é a participação das pessoas no mercado de trabalho, sendo que o rendimento que auferem é, também, consideravelmente inferior[13].

1.3. Em Portugal, de acordo com os dados dos Censos 2001, a população residente com deficiência era de 636 059, sendo 334 879 homens e 301 180 mulheres. Estes números representam cerca de 6,1% da população[14]. Cerca de 29% da população portadora de deficiência com 15 ou mais anos de idade era economicamente ativa, encontrando-se a maioria empregada (26,2%), verificando-se que "a maior parte da população com atividade económica pertencia ao sexo masculino, numa proporção quase dupla da das mulheres"[15].

1.4. A proteção conferida aos trabalhadores portadores de deficiência encontra-se prevista a nível internacional, em instrumentos jurídicos ratificados pelo Estado português, como a Convenção nº 159 da OIT relativa à readaptação profissional e emprego de pessoas portadoras de deficiência[16], adotada em 1983, em articulação com a Recomendação nº 168.

[13] Veja-se European Disability Forum e MARY STACEY, *Disability: EU jurisprudence and the UN Convention on the Rights of Persons with Disabilities*, in www.era.int, junho 2012, p. 1. Veja-se, ainda, MIGUEL ÁNGEL MALO e RICARDO PAGÁN, "Diferencias salariales y discapacidad en Europa: discriminación o menor productividad?", *in Revista Internacional del Trabajo*, vol. 131, nºs 1-2, pp. 47 e ss..

[14] De acordo com os Censos 2011, aproximadamente 40,5% das pessoas entre os 15 e os 64 anos tinham pelo menos um problema de saúde ou doença prolongados e 17,4% tinham pelo menos uma dificuldade na realização de atividades básicas, em 2011. A coexistência de problemas de saúde prolongados e de dificuldades na realização de atividades básicas afeta cerca de 16% das pessoas da mesma faixa etária. Os problemas músculo-esqueléticos e as dificuldades na mobilidade, especialmente andar e subir degraus, constituíam respetivamente o principal problema de saúde e a principal dificuldade para a população inquirida. De acordo com os resultados dos Censos 2011, cerca de 50% da população idosa tem muita dificuldade ou não consegue realizar pelo menos uma das 6 atividades do dia-a-dia. Estas dificuldades afetam 995 213 pessoas idosas em Portugal, mais de metade das quais (565 615) vivem sozinhas ou acompanhadas exclusivamente por outros idosos. Toda esta informação pode ser consultada em www.ine.pt.

[15] Cfr. CRISTINA GONÇALVES, *apud* CATARINA CARVALHO, "A promoção e protecção do emprego dos trabalhadores portadores de deficiência no Direito Português", *in Encuentro Internacional Sobre Derecho del Empleo y Diálogo Social – Atas*, Santiago de Compostela, Outubro 2010. De acordo com o mesmo estudo, dos 71% «economicamente inativos, a maior proporção encontrava-se na situação de "reformado, aposentado ou na reserva" (42,2%) ou estava "incapacitada permanentemente para o trabalho" (18,5%). Apenas 3,2% eram "estudantes" e 3,5% eram "doméstico(a)s". As mulheres registavam proporções ligeiramente mais elevadas que os homens em quase todas as categorias, exceto na de "incapacitado permanentemente para o trabalho" e na categoria residual de "outras situações".

[16] Aprovada, para ratificação, pela Resolução da Assembleia da República nº 63/98, em 9/10, e ratificada pelo Decreto do Presidente da República nº 56/98, de 2/12.

De realçar, pela sua relevância, a Convenção das Nações Unidas sobre os Direitos das Pessoas com Deficiência, adotada em 2006, que, juntamente com a Convenção nº 159 e outros instrumentos normativos internacionais, regionais e nacionais, contribuiu para melhorar a vida e o estatuto das pessoas com deficiência. A Convenção das Nações Unidas entrou em vigor 3 de maio de 2008 e é vinculativa para os países que a ratificaram.

Esta Convenção foi o tratado de direitos humanos mais rapidamente negociado até à data e, desde a sua adoção, tem tido uma ampla difusão e apoio a nível mundial, o que se deve em parte, à ampla participação de pessoas portadoras de deficiência e organizações defensoras dos direitos das pessoas com deficiência na sua feitura. Aliás, a influência destas pessoas na Convenção nota-se no número significativo de direitos substanciais, civis, políticos e socioeconómicos que garante e também nos próprios mecanismos de controlo da sua correta implantação[17].

A Convenção das Nações Unidas foi uma resposta ao facto de que, não obstante a existência de Convenções Internacionais que ofereciam e promoviam uma proteção considerável às pessoas com deficiência, o seu potencial não estar a ser aproveitado. As pessoas portadoras de deficiência continuavam a ver serem-lhes negados os seus direitos fundamentais e continuavam a ser marginalizadas em todo o mundo. Para tentar colmatar esta situação, a Convenção estabeleceu várias obrigações para os Estados membros no sentido de promover e proteger os direitos das pessoas com deficiência, o que é visível logo no artigo 1º[18] [19].

Esta Convenção foi assinada em nome da União Europeia em 30 de março de 2007[20], entrou em vigor em 3 de maio de 2008 e foi ratificada por Portugal em 2009[21]. Este instrumento internacional impõe não só a proibição da discrimi-

---

[17] ROSEMARY KAYESS and PHILIP FRENCH, "Out of Darkness into Light? Introducing the Convention on the Rights of Persons with Disabilities", *in Human Rights Law Review*, 8, 1, 2008, pp. 1-2.

[18] "O objeto da presente Convenção é promover, proteger e garantir o pleno e igual gozo de todos os direitos humanos e liberdades fundamentais por todas as pessoas com deficiência e promover o respeito pela sua inerente dignidade.

[19] GUBBELS, *The UN Convention on the Rights of Persons with Disabilities as a new tool for addressing Discrimination on grounds of Disability, in* www.era.int., 2011, p. 3.

[20] Com uma reserva relativa ao art. 27º, nº 1, decorrente da faculdade que é conferida aos Estados-membros pelo art. 3º, nº 4, da Diretiva 2000/78/CE do Conselho, de 27/11 (que estabelece um quadro geral de igualdade de tratamento no emprego e na atividade profissional), de excluírem as forças armadas no que se refere às discriminações baseadas numa deficiência.

[21] Resolução da Assembleia da República nº 56/2009, de 7/05, e ratificada pelo Decreto do Presidente da República nº 71/2009, de 30/07. Também o Protocolo Adicional à Convenção foi aprovado pela Resolução da Assembleia da República nº57/2009, de 7/05, e ratificado pelo Decreto do Presidente da República nº 72/2009, de 30/07. O Protocolo Adicional à Convenção prevê se-

nação mas também a adoção de medidas positivas que visem assegurar a efetiva igualdade de oportunidades entre as pessoas deficientes e os demais trabalhadores, principalmente no acesso ao emprego e à formação profissional, quer no setor público, quer no setor privado.

No contexto da União Europeia, o art. 19º do TFUE confere-lhe o direito de adotar medidas adequadas, dentro dos limites das suas competências, para combater a discriminação em razão da deficiência, entre outros motivos. E, com base nesta competência, o Conselho adotou a Diretiva 2000/78/CE, de 27 de novembro, que estabelece um quadro geral da igualdade de tratamento no emprego e na atividade profissional[22]. Esta diretiva criou pela primeira vez uma fonte de Direito Europeu através da qual cidadãos deficientes na UE podem reivindicar judicialmente a nível europeu os seus direitos[23].

A 23 de dezembro de 2010 a União Europeia ratificou a Convenção das Nações Unidas. Esta data constituiu uma ocasião muito significativa pois foi a primeira vez na história da UE que ela se tornou parte de um tratado internacional de direitos humanos, sendo também a primeira vez que uma organização intergovernamental integrou um tratado das Nações Unidas sobre direitos humanos.

A implicação de ter ratificado esta Convenção para a UE é de que ela passa a fazer parte das bases do direito universal de igualdade e deve ser tida em atenção em casos de discriminação. Atendendo a esta base, o próprio TJUE tem de respeitar a Convenção e poderá recorrer aos princípios vertidos na mesma para interpretar os arts. 21º e 26º da Carta dos Direitos Fundamentais da União Europeia[24].

Em Portugal, a Constituição da República Portuguesa impõe, desde a sua versão originária, ao Estado nos arts. 59º, nº 2, al. c), e 71º, uma especial proteção dos cidadãos portadores de deficiência. No primeiro inciso legal, através da consagração de uma garantia especial do seu direito ao trabalho e, no

---

paradamente dois procedimentos de aplicação e de acompanhamento. Para mais desenvolvimentos *vide* SARAH FRASER BUTLIN, "The UN Convention on the Rights of Persons with Disabilities: Does the Equality Act 2010 Measure up to UK International Commitments?", *in Industrial Law Journal*, vol. 40, nº. 4, 2011, p. 429.

[22] Sobre esta Diretiva veja-se MARZIA BARBERA, *op. cit.*, p. 97.

[23] KATIE WELLS, "The Impact of the Framework Employment Directive on UK Disability Discrimination Law", *in Industrial Law Journal*, vol. 32, nº 4, dezembro 2003, p. 253.

[24] Vejam-se, entre vários, MARY STACEY, *op. cit.*, p. 3, e ODDNY MJÖLL, *The UN Convention on the Rights of Persons with Disabilities, in* www.era.int., 2011, and ANNA LAWSON, *Impact and Implications of the United Nations Convention on the Rights of Persons with Disabilities, in* www.era.int., 2012.

A DISCRIMINAÇÃO DOS TRABALHADORES EM RAZÃO DA DEFICIÊNCIA

segundo, plasmando o direito dos cidadãos portadores de deficiência gozarem dos mesmos direitos e estarem sujeitos aos mesmos deveres dos restantes cidadãos. Neste artigo consagra-se, tal como defendem GOMES CANOTILHO e VITAL MOREIRA[25], um duplo direito positivo face ao Estado, pois a pessoa portadora de uma deficiência tem, por um lado, um direito ao tratamento e à reabilitação da sua deficiência e, por outro, o um direito à proteção do Estado para a "efetiva realização dos seus direitos" de cidadãos, como seja, *inter alia*, o direito à liberdade de deslocação, o direito de voto, o direito ao ensino e o direito ao trabalho.

Também admite medidas de discriminação positiva, nos termos do art. 9º, al. d), ao referir a necessidade de o Estado promover "a igualdade real entre os portugueses".

Por seu turno, a Lei nº 37/2004, de 13/08, veio consagrar o direito das associações de pessoas com deficiência de integrarem o Conselho Económico e Social.

Ao nível do Código do Trabalho ressaltam os artigos 85º e 86º que fazem recair sobre o Estado e o empregador obrigações de adoção de medidas adequadas a promover o acesso ao emprego, a progressão na carreira e a formação profissional de pessoas portadoras de deficiência ou de doença crónica.

Não pode deixar de atender-se que a criação de um regime laboral específico para os trabalhadores portadores de deficiência, assim como a equiparação da doença crónica à deficiência para efeitos da legislação do trabalho, ocorreu com o início de vigência do Código do Trabalho de 2003. Acresce que o art. 84º do atual CT prevê princípios similares para os trabalhadores com capacidade de trabalho reduzida[26].

Para MARIA DO ROSÁRIO PALMA RAMALHO[27], podem reconhecer-se três finalidades fundamentais no regime destes trabalhadores. Em primeiro lugar, o favorecimento do acesso ao emprego, através de medidas de incentivo ou imposição da respetiva contratação, assim como coadjuvantes da sua formação profissional; em segundo lugar a garantia da igualdade de tratamento entre estes trabalhadores e os demais; e, finalmente, o apoio à " adaptação das condições de trabalho à situação destes trabalhadores".

---

[25] *Constituição da República Portuguesa Anotada – Artigos 1º a 107º*, Coimbra Editora, Coimbra, 2007, pp. 879-880.

[26] Neste sentido veja-se CATARINA CARVALHO, *op.* cit., p. 3.

[27] *Tratado de Direito do Trabalho*, Parte II – Situações Laborais Individuais, 4.ª edição, 2012, Almedina, Coimbra, pp. 351-352.

2. A proteção dos trabalhadores portadores de deficiência
2.1. Introdução

A primeira questão essencial para analisarmos a proteção do trabalhador portador de deficiência consiste em saber o que deve ser entendido por deficiência, isto é, qual o âmbito subjetivo presente na legislação referida anteriormente.

A noção de deficiência é difícil de encontrar dado que estamos perante um conceito abstrato cujo conteúdo e âmbito subjetivo sobre o qual se projeta está em constante evolução[28] e a legislação europeia não oferece qualquer solução para o problema. No Tratado da União Europeia não há uma definição de deficiência. Também na Diretiva 2000/78/CE não se vislumbra essa definição[29], o mesmo ocorrendo com a Carta dos Direitos Fundamentais da União Europeia, deixando-se uma larga amplitude aos Estados membros que consagram diferentes noções[30]. Contudo, tem de atender-se ao estabelecido na Convenção das Nações Unidas sobre os Direitos das Pessoas com Deficiência que preconiza no art. 1º[31] que são "pessoas com deficiência aquelas que têm incapacidades duradouras físicas, mentais, intelectuais ou sensoriais, que em interação com várias barreiras podem impedir a sua plena e efetiva participação na sociedade em condições de igualdade com os outros" e que deve ser lida juntamente com algumas disposições do preâmbulo, sobretudo a alínea e), que estabelece "Reconhecendo que a deficiência é um conceito em evolução e que a deficiência resulta da interação entre pessoas com incapacidades e barreiras comportamentais e ambientais que impedem a sua participação plena e efetiva na sociedade em condições de igual-

---

[28] Veja-se, neste sentido, VALDES-DAL RÉ, "Derechos en serio y personas con discapacidad: una sociedad para todos", *in Relaciones Laborales de las personas con discapacidad*, Biblioteca Nueva, Fundación Once, Fundación Largo Caballero, Fundación I.U.I. José Ortega y Gasset, Madrid, 2005, p. 367. Ver, ainda, VALDÉS ALONSO, *Despido y protección social del enfermo bipolar (Una contribución al estudio del impacto de la enfermedad mental en la relación de trabajo)*, Editorial Reus, Madrid, 2009, pp. 62-63.

[29] A Diretiva protege contra a discriminação em razão da deficiência e prescreve o dever de os Estados membros estabelecerem adaptações razoáveis para as pessoas portadoras de uma deficiência no art. 5º mas não oferece qualquer conceito de deficiência. Os beneficiários das normas que protegem contra a discriminação em razão da deficiência não estão especificados nem limitados e é deixada aos Estados membros a possibilidade de decidirem adotar uma definição e o que essa definição deva ser. Cf., para maiores desenvolvimentos, KATIE WELLS, *op.* cit., p. 255, e LISA WADDINGTON and ANNA LAWSON, *Disability and non-discrimination law in the European Union – An analysis of disability discrimination law within and beyond the employment field*, European Union, 2009, p. 5.

[30] GREGOR THÜSING, "Following the US Example: European Employment Discrimination Law and the Impact of Council Directives 2000/43/EC and 2000/78/EC", *in International Journal of Comparative Labour Law and Industrial Relations*, vol. 19, nº 2, 2003, p. 194.

[31] O artigo 1º é de importância fundamental para compreender o impacto desta Convenção.

A DISCRIMINAÇÃO DOS TRABALHADORES EM RAZÃO DA DEFICIÊNCIA

dade com as outras pessoas", e a alínea i), "Reconhecendo ainda a diversidade de pessoas com deficiência".

No domínio laboral, a Convenção 159 da OIT considera no art. 1º que o termo deficiência engloba "toda e qualquer pessoa, cujas perspetivas de encontrar e de conservar um emprego conveniente, assim como de progredir profissionalmente, estão sensivelmente diminuídas em consequência de uma deficiência física ou mental devidamente reconhecida".

No seguimento das noções apresentadas anteriormente, e obedecendo aos parâmetros internacionais, o art. 2º da Lei nº 38/2004, de 18 de agosto, que estabelece as bases gerais do regime jurídico da prevenção, habilitação, reabilitação e participação da pessoa com deficiência, considera como pessoa portadora de deficiência aquela que "por motivo de perda ou anomalia, congénita ou adquirida, de funções ou de estruturas do corpo, incluindo as funções psicológicas, apresente dificuldades específicas suscetíveis de, em conjugação com os fatores do meio, lhe limitar ou dificultar a atividade e a participação em condições de igualdade com as demais pessoas"[32].

Porém, ao nível do CT não há qualquer desenvolvimento ou adaptação deste conceito à realidade laboral. Assim, apesar de o CT incluir um regime especificamente aplicável aos trabalhadores com deficiência ou doença crónica, nos termos dos arts. 85º e ss., nada estabelece quanto à integração destas noções. Atendendo a esta situação, o âmbito subjetivo destes vários regimes laborais será determinado em Portugal pela qualificação realizada pelo art. 2º da Lei nº 38/2004, sempre que a mesma seja aplicável a uma pessoa que presta a sua atividade a outra em regime de subordinação jurídica. Contudo, como bem adverte CATARINA CARVALHO[33], este entendimento não colmata totalmente a lacuna, em virtude de este último preceito referir-se, apenas, às pessoas portadoras de deficiência e não aos casos de doença crónica ou capacidade de trabalho reduzida, tutelados também no nosso Código do Trabalho.

---

[32] No ordenamento jurídico norte-americano o *American Disabilities Act*, de 1990, pode retirar-se da definição de deficiência prevista na secção 12102 que tem de existir uma limitação de funções da pessoa e que se prolongue no tempo (mais de seis meses) pois, tal como se pode ler, "The term "disability" means, with respect to an individual (A) a physical or mental impairment that substantially limits one or more major life activities of such individual (B) a record of such an impairment; or (C) being regarded as having such an impairment (as described in paragraph (3))." e que, "An individual meets the requirement of "being regarded as having such an impairment" if the individual establishes that he or she has been subjected to an action prohibited under this chapter because of an actual or perceived physical or mental impairment whether or not the impairment limits or is perceived to limit a major life activity. (B) Paragraph (1)(C) shall not apply to impairments that are transitory and minor. A transitory impairment is an impairment with an actual or expected duration of 6 months or less".

[33] *Op.* cit., p. 5.

Neste âmbito existe, ainda, como preconiza Maria do Rosário Palma Ramalho[34], alguma sobreposição entre a categoria de trabalhador portador de deficiência, ou de doença crónica, e de trabalhador com capacidade de trabalho reduzida devido à utilização de critérios diversos de avaliação. A categoria de trabalhador portador de deficiência ou de doença crónica baseia-se no motivo gerador de incapacidade enquanto a noção de trabalhador com capacidade de trabalho reduzida realça o efeito da incapacidade.

Como uma forma de contribuir, ainda que não totalmente, para o esclarecimento dos vários conceitos, há que considerar o art. 4º do DL nº 290/2009, de 12 de outubro, que criou o Programa de Emprego e Apoio à Qualificação das Pessoas com Deficiências e Incapacidades. Contudo, esta eventual resolução é limitada já que o preceito legal citado circunscreve as definições nele previstas ao âmbito do próprio diploma. E neste são estabelecidas a noção de pessoa com deficiência e incapacidade e a noção de pessoa com deficiência e incapacidade e capacidade de trabalho reduzida, o que intensifica a ideia da sobreposição parcial de alguns conceitos[35].

A primeira noção corresponde às pessoas que, nos termos do art. 4º, alínea a), apresentam "limitações significativas ao nível da atividade e da participação, num ou vários domínios da vida, decorrentes de alterações funcionais e estruturais, de carácter permanente, e de cuja interação com o meio envolvente resultem dificuldades continuadas, designadamente ao nível da obtenção, da manutenção e da progressão no emprego".

A segunda noção é mais restrita e refere-se às pessoas que, nos termos do art. 4º, alínea b), possuam "capacidade produtiva inferior a 90% da capacidade normal exigida a um trabalhador nas mesmas funções profissionais ou no mesmo posto de trabalho, em razão das alterações estruturais e funcionais e das limitações de actividade delas decorrentes".

2.2. A proteção da Convenção das Nações Unidas sobre os Direitos das Pessoas com Deficiência

A 13 de dezembro de 2006 a Assembleia Geral das Nações Unidas adotou a Convenção sobre os Direitos das Pessoas com Deficiência e o seu Protocolo Adicional. Esta Convenção foi o primeiro Tratado das Nações Unidas sobre Direitos Humanos do século XXI e é conhecido como tendo sido o mais rapidamente negociado. Também ao nível da comunidade internacional foi muito entusiasticamente recebido já que 81 Estados e própria a União Europeia o

---

[34] *Op.* cit., p. 352.
[35] Segue-se o defendido por Catarina Carvalho, *op.*cit., p. 6.

assinaram na cerimónia de abertura em 30 de março de 2007, sendo que também 44 Estados subscreveram o Protocolo Adicional[36].

A entrada em vigor desta Convenção constituíu o início, para muitos, de uma nova era relativamente aos esforços para conseguir o que se estabelece no art. 1º, isto é, para "promover, proteger e garantir o gozo pleno e igual de todos os direitos humanos e liberdades fundamentais por todas as pessoas com deficiência e promover o respeito pela sua dignidade". Representa, ainda, a mudança operada na visão sobre a deficiência que passa, tal como já foi referido anteriormente[37], para uma perspetiva social onde se defende que as condições sociais, legais, económicas, políticas e ambientais, que atuam como barreiras para o pleno exercício dos direitos das pessoas portadoras de deficiência, devem ser identificadas e superadas. Assim, por exemplo, a exclusão destas pessoas do mercado de trabalho pode dever-se à falta de transporte para o local de trabalho[38] ou a atitudes negativas de empregadores, ou de colegas, que consideram que uma pessoa portadora de uma deficiência não tem capacidade para trabalhar[39].

A Convenção das Nações Unidas e o seu protocolo adicional representam um marco muito importante na defesa dos direitos das pessoas portadoras de deficiência[40] na medida em que alteraram profundamente a maneira de entender a deficiência. Na Convenção o foco deixa de basear-se no que está *errado* na pessoa ou qual o *defeito* da mesma para a deficiência passar a ser vista como uma espécie de *patologia da sociedade*, devido à sua falha na inclusão e na adaptação das várias diferenças individuais.

A formulação desta Convenção tem sido entendida como uma referência na luta pela consagração dos direitos fundamentais das pessoas portadoras de deficiência, operando uma mudança de paradigma a vários níveis, inclusive ao nível da participação na sua feitura. Na verdade, quer a sua formulação, quer a sua implementação tem sido realizada com a intervenção de entidades tanto governamentais como não governamentais, constituindo uma constante parceria entre

---

[36] Dados que podem ser vistos em ROSEMARY KAYESS and PHILIP FRENCH, "Out of Darkness into Light? Introducing the Convention on the Rights of Persons with Disabilities", *in Human Rights Law Review*, 8, 1, 2008, pp. 1-2.

[37] Cf. *supra* nº 1.

[38] Ver, relativamente a esta questão, *infra* o princípio da adaptação razoável previsto no art. 5º da Diretiva 2000/78/CE e no art. 86º do CT, assim como o previsto nos arts. 30º e ss. do DL 290/2009, de 12 de outubro.

[39] *Vide Monitoring...*, pp. 8-9.

[40] A adoção desta Convenção foi considerada como uma espécie de passagem das *trevas* para a *luz*. Foi a ideia referido pelo Presidente do *European Disability Forum* a propósito desta Convenção citando BERTOLD BRECHT: "Some there are who live in darkness; While the others live in light; We see those who live in daylight; Those in the darkness out of sight. This is a convention to bring those in darkness into light." ROSEMARY KAYESS and PHILIP FRENCH, *op.* cit., p. 3.

as Nações Unidas e as pessoas portadoras de deficiência, baseada no princípio *nada sobre nós sem nós*[41]. A Convenção das Nações Unidas teve o mérito, para muitos, de habilitar[42] finalmente as pessoas portadoras de deficiência com direitos e a sua participação efetiva nos assuntos internacionais e nacionais numa posição igualitária com os restantes cidadãos. Reconhecendo a dignidade devida às pessoas portadoras de deficiência, a Convenção identifica-as como membros ativos da sociedade, com capacidade para exercerem escolhas pessoais sobre a forma como desejam viver as suas vidas, e insta os Estados a promoverem a *habilitação* das sociedades para lidar com as questões relacionadas com a deficiência, baseando-se no respeito devido pela dignidade e no reconhecimento efetivo dos direitos das pessoas[43].

A Convenção reconhece a dignidade humana e a igualdade de direitos e garantias de todas as pessoas, independentemente da sua condição física ou intelectual, apresentando as pessoas portadoras de uma deficiência como capazes de participar ativamente na sociedade a vários níveis, incluindo o laboral, e conferindo-lhes poder de decisão, liberdade e autonomia de ação.

Na realidade, os vários instrumentos internacionais que precederam a Convenção reconheciam vários direitos fundamentais para todas as pessoas sem distinções o que, claramente, abrangia as pessoas portadoras de deficiência. Contudo, apesar da sua existência e do seu potencial para promover e proteger os direitos humanos das pessoas, o seu potencial não tinha sido explorado[44] nem concretizado.

A Convenção marca o fim de um longo caminho percorrido pelas pessoas com deficiência e as suas organizações representativas passando a ver a deficiência com reconhecimento pleno como uma questão de direitos humanos, iniciada em 1981 com o Ano Internacional das Pessoas com Deficiência e o Programa de Ação Mundial Relativo às Pessoas com Deficiência, adotada como resultado desse ano na tentativa de implementar uma estratégia de prevenção face a esta problemática. No ano seguinte é declarada a Década das Nações Unidas para as Pessoas com Deficiência com o lema *Participação e Igualdade*.

Em 1993, no seguimento da experiência adquirida com a Década das Nações Unidas para as Pessoas com Deficiência, uma nova estratégia por parte da Assembleia Geral da ONU através da adoção das *Normas sobre Igualdade de*

---

[41] Nothing about us without us.

[42] *Empower.*

[43] Neste sentido Rosemary Kayess and Philip French, *op.* cit., p. 4, e Carla Sofia Faria Mendes, *op.* cit., p. 2.

[44] *Monitoring...*, cit., p. 12. Ver, ainda, Frédéric Mégret, "The Disabilities Convention: Human Rights of Persons with Disabilities or Disability Right", *in Human Rights Quarterly*, Vol. 30, 2008, p. 498.

Oportunidades para Pessoas com Deficiência, onde surgiam disposições consideradas necessárias na área da deficiência, no domínio da educação, do emprego, da assistência médica, de serviços de apoio, planeamento, gestão e avaliação de programas, assim como a própria cooperação internacional entre os Estados.

A década de 90 do século passado foi, sem dúvida, uma época relevante no surgimento de normativos internacionais destinados às pessoas portadoras de deficiência[45]. Porém, apesar da crescente visibilidade da temática, as pessoas portadoras de deficiência continuavam a ser discriminadas e sendo-lhes negados os seus direitos mais básicos.

Nos finais da década de 90 do século passado e fruto da intervenção da sociedade civil, liderada pelo Movimento Internacional da Deficiência, dá-se um impulso crescente como objetivo de criar um Tratado Internacional, vinculativo para os seus subscritores, e que definisse as obrigações dos Estados na promoção e proteção dos direitos das pessoas portadoras de deficiência[46].

A Convenção das Nações Unidas resultou deste trabalho, constituindo o Tratado Internacional mais recente, especializado e compreensivo sobre os direitos humanos das pessoas portadoras de deficiência, clarificando as obrigações dos Estados quanto ao seu respeito e cumprimento. A Convenção vem especificar e identificar as adaptações necessárias para que as pessoas com deficiência possam gozar efetivamente os seus direitos. Contudo, convém sublinhar que a Convenção não cria novos direitos limitando-se a codificar os já existentes. Com esse objectivo baseia-se nos modelos já previamente existentes de Direitos humanos como é o caso, *inter alia*, da DUDH, do PIDCP, da CEDH, e afirma em várias ideias norteadoras. Assim, assenta na ideia do respeito pela dignidade inerente a cada ser humano, na autonomia individual e na independência; na não discriminação; na participação total e plena na sociedade; no respeito pela diferença e na aceitação das pessoas com deficiência como uma parte integrante da diversidade humana; na igualdade de oportunidades; e na acessibilidade.

Esta Convenção, juntamente com várias convenções internacionais, visa chamar a atenção para as condições de vida de um determinado grupo de pessoas, tendo em conta a esfera dos seus direitos, e divide-se em 3 partes: a parte geral, dos artigos 1º ao 9º, embora os arts. 5º e 9 já constituam direitos substantivo; direitos substantivos, que ocupam os artigos 10º a 30º; e a sua implementação e a monitorização – arts. 31º a 50º, para além do Protocolo Adicional.

---

[45] Um outro marco muito importante foi a adoção em 1991 pelo Comité para a Eliminação da Discriminação contra as Mulheres da Recomendação nº 18 sobre mulheres com deficiência, assim como a adoção de vários Instrumentos Regionais.

[46] Cf., para maiores desenvolvimentos, RAYMOND LANG, "The United Nations convention on the right and dignities for persons with disability: A panacea for ending disability discrimination? *European Journal of Disability*, nº 3, 2009, pp. 266 e ss., e BRIAN DOYLE, "Disabled Workers' Rights, the Disability Discrimination Act and the UN Standard Rules", *in ILJ*, vol. 25, nº 1, 1996, pp. 1-3.

IGUALDADE E NÃO DISCRIMINAÇÃO

Na Convenção, logo no preâmbulo, nota-se a adoção da ideia do modelo biopsicossocial pois, tal como se pode ler na alínea e), "Reconhecendo que a deficiência é um conceito em evolução e que a deficiência resulta da <u>interação</u> entre <u>pessoas</u> com incapacidades e <u>barreiras</u>[47] comportamentais e ambientais que impedem a sua participação plena e efetiva na sociedade em condições de igualdade com as outras pessoas". O mesmo ocorre com o art. 1º ao estabelecer que "As pessoas com deficiência incluem aqueles que têm incapacidades <u>duradouras</u> físicas, mentais, intelectuais ou sensoriais, que <u>em interação com várias barreiras</u>[48] podem impedir a sua plena e efetiva participação na sociedade em condições de igualdade com os outros".

Não podemos deixar de enfatizar que a Convenção pretende reforçar a ideia de unificação e de indivisibilidade do tratamento. De facto, logo no Preâmbulo, alíneas c) e y), estabelece-se que "Reafirmando a universalidade, <u>indivisibilidade, interdependência e correlação</u> de todos os direitos humanos e liberdades fundamentais e a necessidade de garantir às pessoas com deficiências o seu pleno gozo sem serem alvo de discriminação" e "Convictos que uma <u>convenção internacional abrangente e integral</u> para promover e proteger os direitos e dignidade das pessoas com deficiência irá dar um significativo contributo para voltar a abordar a profunda desvantagem social das pessoas com deficiências e promover a sua participação nas <u>esferas civil, política, económica, social e cultural</u>[49], com oportunidades iguais, tanto nos países em desenvolvimento como nos desenvolvidos".

Contudo mantém a divisão de que certas categorias de direitos têm uma aplicabilidade imediata enquanto outros têm de sujeitar-se a uma progressiva implementação, tal como se depreende do art. 4º, nº 2 "No que respeita aos <u>direitos económicos, sociais e culturais</u>, cada Estado Parte compromete-se em tomar medidas para maximizar os seus recursos disponíveis e sempre que necessário, dentro do quadro da cooperação internacional, com vista a <u>alcançar progressivamente o pleno exercício desses direitos, sem prejuízo das obrigações previstas na presente Convenção que são imediatamente aplicáveis</u>[50] de acordo com o direito internacional".

A Convenção baseia-se numa ideia de igualdade substancial e não meramente formal, tendo em atenção o princípio da igualdade e da não discriminação consagrado nos arts. 1º e 3º, tendo em atenção que alguns esforços anteriores não obtiveram o sucesso necessário, tal como se depreende da própria leitura

---

[47] Sublinhado nosso.

[48] Sublinhado nosso.

[49] Sublinhado nosso.

[50] Sublinhado nosso.

da alínea k) do preâmbulo quando diz que "apesar destes vários instrumentos e esforços, as pessoas com deficiência continuam a deparar-se com barreiras na sua participação enquanto membros iguais da sociedade e violações dos seus direitos humanos em todas as partes do mundo". A Convenção adota uma noção abrangente de discriminação, entendendo, nos termos do art. 2º, que a "Discriminação com base na deficiência» designa qualquer distinção, exclusão ou restrição com base na deficiência que tenha como objetivo ou efeito impedir ou anular o reconhecimento, gozo ou exercício, em condições de igualdade com os outros, de todos os direitos humanos e liberdades fundamentais no campo político, económico, social, cultural, civil ou de qualquer outra natureza. Inclui todas as formas de discriminação, incluindo a negação de adaptações razoáveis", incumbindo os Estados membros de aprovarem medidas que permitam adaptações razoáveis às pessoas com deficiência nos termos do art. 5º, nº 3, assim como reafirmando no nº 4 deste artigo que as medidas específicas que sejam necessárias para acelerar ou alcançar a igualdade de facto das pessoas com deficiência não serão consideradas discriminação.

Outra ideia fundamental da Convenção é a da acessibilidade, que tem repercussão direta no Direito do trabalho pois, nos termos do art. 27º relativa ao trabalho e ao emprego, os:

"Os Estados Partes reconhecem o direito das pessoas com deficiência a trabalhar, em condições de igualdade com as demais; isto inclui o direito à oportunidade de ganhar a vida através de um trabalho livremente escolhido ou aceite num mercado e ambiente de trabalho aberto, inclusivo e acessível a pessoas com deficiência. Os Estados Partes salvaguardam e promovem o exercício do direito ao trabalho, incluindo para aqueles que adquirem uma deficiência durante o curso do emprego, adotando medidas apropriadas, incluindo medidas legislativas, para, *inter alia*: a) Proibir a discriminação com base na deficiência no que respeita a todas as matérias relativas a todas as formas de emprego, incluindo condições de recrutamento, contratação e emprego, continuidade do emprego, progressão na carreira e condições de segurança e saúde no trabalho;

b) Proteger os direitos das pessoas com deficiência, em condições de igualdade com as demais, a condições de trabalho justas e favoráveis, incluindo igualdade de oportunidades e igualdade de remuneração pelo trabalho de igual valor, condições de trabalho seguras e saudáveis, incluindo a proteção contra o assédio e a reparação de injustiças;

c) Assegurar que as pessoas com deficiência são capazes de exercer os seus direitos laborais e sindicais, em condições de igualdade com as demais;

d) Permitir o acesso efetivo das pessoas com deficiência aos programas gerais de orientação técnica e vocacional, serviços de colocação e formação contínua;

e) Promover as oportunidades de emprego e progressão na carreira para pessoas com deficiência no mercado de trabalho, assim como auxiliar na procura, obtenção, manutenção e regresso ao emprego;

f) Promover oportunidades de emprego por conta própria, empreendedorismo, o desenvolvimento de cooperativas e a criação de empresas próprias;

g) Empregar pessoas com deficiência no sector público;

h) Promover o emprego de pessoas com deficiência no sector privado através de políticas e medidas apropriadas, que poderão incluir programas de ação positiva, incentivos e outras medidas;

i) Assegurar que são realizadas as adaptações razoáveis para as pessoas com deficiência no local de trabalho;

j) Promover a aquisição por parte das pessoas com deficiência de experiência laboral no mercado de trabalho aberto;

k) Promover a reabilitação vocacional e profissional, manutenção do posto de trabalho e os programas de regresso ao trabalho das pessoas com deficiência.

2 – Os Estados Partes assegurarão que as pessoas com deficiência não são mantidas em regime de escravatura ou servidão e que são protegidas, em condições de igualdade com as demais, do trabalho forçado ou obrigatório".

Este artigo é de importância fundamental na consagração da igualdade substancial das pessoas portadoras de deficiência, proibindo a sua discriminação e incentivando a sua inserção e manutenção no mercado de trabalho. A Convenção não só sublinha o princípio da igualdade como exige um tratamento igual para as pessoas com deficiência, baseado nos princípios do respeito, da proteção e do gozo dos direitos fundamentais[51].

Nota-se, desta forma, como a Convenção tem um âmbito extremamente amplo na medida em que trata do direito à vida, no art. 10º, do direito à liberdade e segurança da pessoa, no art. 14º, da liberdade contra a tortura, tratamento ou penas cruéis, desumanas ou degradantes, no art. 15º, e da proteção contra a exploração, violência e abuso, no art. 16º. Abrange, ainda, o que podemos designar por direitos económicos e sociais, como o direito a viver de forma independente e a ser incluído na comunidade, nos termos do art. 19º, o direito à educação, no art. 24º, o direito à saúde, no art. 25º, o direito ao trabalho e ao emprego, no art. 27º e a participação na vida cultural, recreação, lazer e desporto consagrada no art. 30º[52].

---

[51] Veja-se GUBBELS, *The UN convention on the Rights of Persons with Disabilities as a new tool for addressing Discrimination on grounds of Disability*, in www.era.int, 2011.

[52] Cf. SARAH FRASER BUTLIN, "The UN Convention on the Rights of Persons with Disabilities: Does the Equality Act 2010 Measure up to UK International Commitments?", *in Industrial Law*

É interessante notar que o próprio TEDH já se referiu em várias decisões à Convenção das Nações Unidas, sendo manifesto que essa referência influencia a interpretação do próprio Tribunal Europeu.

O Tribunal fez a sua primeira referência expressa à Convenção no caso *Glor vs. Suisse*, de 30 de abril de 2009[53]. Neste caso, o demandante, que sofria de uma doença – *diabetes mellitus*, tipo 1, interpôs uma ação contra a Suíça pois tinha sido obrigado a pagar a exceção por não cumprir o serviço militar, apesar de querer fazê-lo. Contudo, não lhe foi permitido realizá-lo em razão da sua deficiência. Porém, como tinha sido considerado como portador de uma deficiência inferior a 4%, não poderia gozar da isenção de não pagamento da taxa imposta. O Tribunal Europeu dos Direitos do Homem deu razão à queixa interposta por considerar que violava o art. 14º, juntamente com o art. 8º da Convenção, decidindo no parágrafo 53 que "O Tribunal... nota que o presente caso diz respeito a um caso potencial de discriminação contra uma pessoa que sofre de uma deficiência física, apesar da mesma ser apenas considerada como menor pelos tribunais nacionais. Também considera que existe na Europa e a nível internacional um consenso acerca da necessidade de proteger as pessoas que sofrem de uma deficiência de um tratamento discriminatório (veja-se, em particular, a recomendação relativa às pessoas com deficiência, adotada pelo Conselho da Europa em 29 de janeiro de 2003, ou a Convenção das Nações Unidas sobre os direitos da pessoas com deficiência, que entrou em vigor a 3 de maio de 2008[54]".

Nota-se, assim, que o Tribunal não só se referiu à Convenção como a citou como um exemplo de um consenso universal relativo à necessidade de conferir proteção contra a discriminação em razão da deficiência. Esta decisão configura um passo fulcral por duas razões: por um lado, inseriu a Convenção na jurispru-

---

Journal, vol. 40, No. 4, 2011, p. 429. Ver, ainda, JENNY E. GOLDSCHMIDT, *Introduction to Un Convention on the Rights of Persons with Disabilities and its added value, in* www.era.int, 2012.

[53] *Vide*, entre outros, JILL STAVERT, Glor v. Switzerland: Article 14 ECHR, Disability and Non-Discrimination, *Edinburgh L. Rev*, nº 14, 2010, pp. 141 e ss., e SARAH FRASER BUTLIN, *op. cit.*, pp. 429-231.

[54] "La Cour rappelle également que la Convention et ses Protocoles doivent s'interpréter à la lumière des conditions d'aujourd'hui (Marckx c. Belgique, 13 juin 1979, série A no 31, § 41, jurisprudence confirmée à maintes reprises, par exemple, dans Vo c. France [GC], no 53924/00, § 82, CEDH 2004 VIII, et Emonet et autres c. Suisse, no 39051/03, § 66, CEDH 2007-...). Elle note qu'est ici en cause une éventuelle discrimination contre une personne souffrant d'un handicap physique, même si celui-ci n'est considéré que comme mineur par les instances internes. Elle estime également qu'il existe un consensus européen et universel sur la nécessité de mettre les personnes souffrant d'un handicap à l'abri de traitements discriminatoires (voir notamment la recommandation relative aux personnes handicapées, adoptée par l'Assemblée parlementaire du Conseil de l'Europe le 29 janvier 2003, ou la Convention des Nations Unies relative aux droits des personnes handicapées, entrée en vigueur le 3 mai 2008).".

dência do TEDH e, por outro, aceitou a existência de um consenso universal sobre os direitos das pessoas com deficiência.

De notar, ainda, que esta decisão é a primeira que o TEDH discute de forma expressa a questão da adaptação razoável, sendo que esta é uma questão de importância fundamental da própria Convenção das Nações Unidas. Apesar do Tribunal não se lhe referir expressamente, parece que ela está presente quando rejeita o argumento do ordenamento jurídico suíço, tal como se depreende da leitura dos parágrafos 94 e 95[55].

Outro caso relevante é o *Allajos Kiss v. Hungary*, de 20 de agosto de 2010. Neste caso o demandante era maníaco-depressivo e, por isso, tinha sido colocado em tutela parcial o que, segundo a legislação húngara, o impedia de votar. O demandante queixava-se de que a impossibilidade de votar devido ao facto de estar em tutela parcial motivada pela sua deficiência constituía uma violação de vários artigos da CEDH. O TEDH citou largamente a Convenção das Nações Unidas no parágrafo 14, enfatizando que a decisão que adotou estava em sintonia com a própria Convenção das Nações Unidas[56].

Um último caso a merecer atenção é o *Kiyutin v. Russia*, de 15 de setembro de 2011.

Neste caso, o Sr. Kiyutin, viu-lhe ser negada a residência russa apenas por ser portador do vírus HIV. O Sr. Kiyutin tinha a nacionalidade do Uzbequistão, embora fosse casado com uma mulher russa e tivesse um filho também de nacionalidade russa, vivendo já há algum tempo neste país. Contudo, para ser titular do direito à residência plena tinha de sujeitar-se a um questionário e a alguns exames de saúde, sendo que um deles era o da realização de um teste de

---

[55] "Elle se demande néanmoins ce qui empêcherait la mise en place de formes particulières de service pour les personnes qui se trouvent dans une situation semblable à celle du requérant. On peut penser notamment à des activités qui, bien qu'exercées au sein même des forces armées, exigent des efforts physiques moindres et qui seraient, dès lors, susceptibles d'être assurées par des personnes se trouvant dans la situation du requérant. Les législations de certains Etats prévoient, pour les personnes souffrant d'une incapacité partielle, des solutions de remplacement au service militaire au sein même des forces armées. En pratique, ces personnes sont recrutées à des postes adaptés à leur degré d'incapacité et à leurs compétences professionnelles." E no parágrafo 95, "La Cour est cependant convaincue que des formes particulières de service civil, adaptées aux besoins des personnes se trouvant dans la situation du requérant, sont parfaitement envisageables".

[56] Como se pode ler também no parágrafo 44, o Tribunal remeteu, mais uma vez, para a Convenção. "The Court further considers that the treatment as a single class of those with intellectual or mental disabilities is a questionable classification, and the curtailment of their rights must be subject to strict scrutiny. This approach is reflected in other instruments of international law, referred to above (paragraphs 14-17). The Court therefore concludes that an indiscriminate removal of voting rights, without an individualised judicial evaluation and solely based on a mental disability necessitating partial guardianship, cannot be considered compatible with the legitimate grounds for restricting the right to vote". Sublinhado nosso.

A DISCRIMINAÇÃO DOS TRABALHADORES EM RAZÃO DA DEFICIÊNCIA

HIV. Efetuado este, o resultado foi positivo. E o que o TEDH decidiu foi que esta exclusão baseada apenas na realização de um teste constituía uma violação dos artigos 8º e 14º da CEDH e que assentava antes em estigmas e preconceitos enraizados na sociedade que originavam racismo e xenofobia.

Este caso mostrou-se um *leading case* pela forma como o TEDH aceitou, de forma bastante ampla, a dimensão social do conceito de deficiência e não apenas o lado médico claramente relacionado com a própria ideia presente na Convenção das Nações Unidas[57].

---

[57] "It appears that Russia does not apply HIV-related travel restrictions to tourists or short-term visitors. Nor does it impose HIV tests on Russian nationals leaving and returning to the country. Taking into account that the methods of HIV transmission remain the same irrespective of the duration of a person's presence in the Russian territory and his or her nationality, the Court sees no explanation for a selective enforcement of HIV-related restrictions against foreigners who apply for residence in Russia but not against the above-mentioned categories, who actually represent the great majority of travellers and migrants. There is no reason to assume that they are less likely to engage in unsafe behaviour than settled migrants. In this connection the Court notes with great concern the Government's submission that the applicant should have been able to circumvent the provisions of the Foreign Nationals Act by leaving and re-entering Russia every ninety days. This submission casts doubt on the genuineness of the Government's public--health concerns relating to the applicant's presence in Russia. In addition, the existing HIV tests to which an applicant for Russian residence must submit will not always identify the presence of the virus in some newly infected persons, who may happen to be in the time period during which the test does not detect the virus and which may last for several months. It follows that the application of HIV-related restrictions only in the case of prospective long-term residents is not an effective approach in preventing the transmission of HIV by HIV-positive migrants.
70. The differential treatment of HIV-positive long-term settlers as opposed to short-term visitors may be objectively justified by the risk that the former could potentially become a public burden and place an excessive demand on the publicly-funded health care system, whereas the latter would seek treatment elsewhere. However, such economic considerations for the exclusion of prospective HIV-positive residents are only applicable in a legal system where foreign residents may benefit from the national health care scheme at a reduced rate or free of charge. This is not the case in Russia: non-Russian nationals have no entitlement to free medical assistance, except emergency treatment, and have to pay themselves for all medical services (see paragraph 23 above). Thus, irrespective of whether or not the applicant obtained a residence permit in Russia, he would not be eligible to draw on Russia's public health care system. Accordingly, the risk that he would represent a financial burden on Russian health care funds was not convincingly established.
71. Finally, it is noted that travel and residence restrictions on persons living with HIV may not only be ineffective in preventing the spread of the disease, but may also be actually harmful to the public health of the country. Firstly, migrants would remain in the country illegally so as to avoid HIV screening, in which case their HIV-status would be unknown both to the health authorities and to migrants themselves. This would prevent them from taking the necessary precautions, avoiding unsafe behaviour and accessing HIV prevention information and services. Secondly, the exclusion of HIV-positive foreigners may create a false sense of security by encouraging the local

2.3. A proteção do Direito Europeu do trabalho

2.3.1. A maioria dos ordenamentos jurídicos europeus estabeleceu há algum tempo proteção específica para as pessoas portadoras de deficiência embora a legislação se baseasse, muitas vezes, ainda num paternalismo de fundo que pressuponha uma diversidade e separação insuperáveis. Contudo, mais recentemente, começou a defender-se uma nova visão fruto, também, do próprio Direito da União Europeia que despoletou uma nova perspetiva da pessoa com deficiência e originou aquilo que alguns chamam o *novo direito anti discriminatório*[58]. Porém, é importante realçar que, nem o Direito da União Europeia, nem o Direito Internacional conferiram novos direitos às pessoas portadoras de uma deficiência. A verdadeira inovação reside no facto de considerarem esta questão não relacionada com o sistema previdencial ou de segurança social, mas como uma questão de direitos humanos e de participação na vida da comunidade, isto é, como uma questão de justiça social, ampliando o significado da tutela anti discriminatória e impondo comportamentos ativos que modifiquem o *status quo*.

Assim, ao nível do Direito da União Europeia, o art. 19º do TFUE habilita a UE a adotar medidas adequadas, dentro dos limites das suas competências, para combater a discriminação e a razão da deficiência.

Contudo, a então Comunidade Europeia já tinha vindo a adotar e a implementar políticas de tutela da deficiência desde os anos 70 do século passado, ainda que só tivesse legitimidade para tratar especificamente de casos de discriminação em razão da deficiência a partir de 1999 com a entrada em vigor do Tratado de Amesterdão.

Também na Carta Comunitária dos Direitos Sociais Fundamentais dos Trabalhadores pode encontrar-se o reconhecimento da importância de combater a

---

population to consider HIV/AIDS as a "foreign problem" that has been taken care of by deporting infected foreigners and not allowing them to settle, so that the local population feels no need to engage in safe behaviour.

72. In the light of the foregoing, the Court finds that, although the protection of public health was indeed a legitimate aim, the Government were unable to adduce compelling and objective arguments to show that this aim could be attained by the applicant's exclusion from residence on account of his health status. A matter of further concern for the Court is the blanket and indiscriminate nature of the impugned measure. Section 7 § 1 (13) of the Foreign Nationals Act expressly provided that any application for a residence permit would be refused if the applicant was unable to show his or her HIV-negative status. Section 11 § 2 of the HIV Prevention Act further provides for deportation of non-nationals who have been found to be HIV-positive. Neither provision left any room for an individualised assessment based on the facts of a particular case. Although the Constitutional Court indicated that the provisions did not exclude the possibility of having regard to humanitarian considerations in exceptional cases (see the decision of 12 May 2006 cited in paragraph 24 above), it is not clear whether that decision gave the domestic authorities discretion to override the imperative regulation of section 7 § 1 (13) of the Foreign Nationals Act."

[58] Marzia Barbera, *op.* cit., p. 79.

discriminação independentemente da forma que ela assuma, incluindo a necessidade de adotar providências necessárias para a integração social e económica das pessoas com deficiência.

O potencial do art. 13º[59] do Tratado de Amesterdão foi utilizado para a adoção da Diretiva 2000/78/CE, de 27 de novembro, que estabelece um quadro geral da igualdade de tratamento no emprego e na atividade profissional e que proíbe a discriminação, *inter alia*, em razão da deficiência[60], tendo revestido um impacto muito positivo no nível de proteção das vítimas de discriminação nos Estados membros. Esta Diretiva foi a segunda a ser adotada com base no art. 13º do TCE, tendo por objeto não só a proibição da discriminação em razão da deficiência mas também com base na religião, crença, idade e orientação sexual[61]. De acordo com o previsto nas outras diretivas sobre discriminação, a Diretiva não estabelece uma definição de deficiência, o que não tem deixado de colocar alguns problemas aos tribunais nacionais dos vários Estados membros que têm sido chamados a interpretar as transposições nacionais e que originou alguns casos jurisprudenciais do TJUE a título de pedido de reenvio prejudicial. E se, por um lado, poderá compreender-se esta inexistência pela dificuldade em obter uma definição, certo é que há diversidade ao nível dos vários Estados-membros relativamente ao que deve ser subsumido a este conceito, tendo talvez sido melhor seguir o exemplo do ordenamento jurídico norte-americano que, no *American Disabilities Act*, Secção 12211, considerou que não poderiam ser consideradas deficiências algumas *incapacidades*[62] *que, apesar de poderem, por vezes, ser designadas por deficiências mentais*, não poderiam ter cobertura legal como, *inter alia*, a pedofilia, o voyeurismo, a piromania e a cleptomania.

Esta Diretiva estabelece também um dever para os empregadores de realizarem adaptações razoáveis nos termos do art. 5º quando estabelece que "para garantir o respeito do princípio da igualdade de tratamento relativamente às pessoas deficientes, são previstas adaptações razoáveis. Isto quer dizer que a entidade patronal toma, para o efeito, as medidas adequadas, em função das necessidades numa situação concreta, para que uma pessoa deficiente tenha acesso a um emprego, o possa exercer ou nele progredir, ou para que lhe seja ministrada formação, <u>exceto se essas medidas implicarem encargos desproporcionados para a entidade patronal. Os encargos não são considerados desproporcionados quando forem suficientemente compensados por medidas previstas pela política do Estado-Membro</u>[63] em causa em matéria de pessoas deficientes".

---

[59] Atual art. 19º do TFUE.

[60] Uma das novidades desta Diretiva foi a de ter feito referência a esta forma de discriminação.

[61] Veja-se S. LAURENT, "Discrimination, le plan d'action européen en faveur des personnes handicapées", *in DS*, nº 5, 2008, pp. 586 e ss..

[62] *Impairment*.

[63] Sublinhado nosso.

O Conselho da União Europeia adotou, ainda, a Decisão 2010/48/CE, de 26 de novembro de 2009, relativa à celebração, pela Comunidade Europeia, da Convenção das Nações Unidas sobre os Direitos das Pessoas com Deficiência.

Nesta Decisão, a UE, após ter entendido no Considerando nº 7 que "tanto a Comunidade como os seus Estados-Membros têm competência nos domínios abrangidos pela Convenção da ONU", tendo-se, por conseguinte, tornado Contratantes nessa Convenção, adotou-a em bloco "em nome da Comunidade", realizando uma reserva, apenas, relativa ao art. 27º, nº 1, no que concerne às forças armadas.

A ratificação desta Convenção implica que todas as instituições da UE, incluindo a Comissão Europeia e o TJUE, têm de ter em atenção os princípios nela vertidos quanto ao desenvolvimento, implementação e interpretação do Direito da União Europeia. Na prática isto significa que estas instituições terão de interpretar e implementar a Diretiva 2000/78 de acordo com a Convenção das Nações Unidas e os seus princípios essenciais relacionados com o direito à dignidade da pessoa portadora de deficiência, a sua autonomia, participação e plena inserção na sociedade e não discriminação, previstas no seu art. 3º.

Mais ainda, a Convenção também é importante na interpretação de direitos consagrados na Carta dos Direitos Fundamentais da União Europeia e que revestem importância para as pessoas portadoras de deficiência, como o direito à integridade do ser humano, do art. 3º, a proibição de tortura e de tratos ou penas desumanas ou degradantes, nos termos do art. 4º, o direito ao respeito pela vida privada e familiar previsto, no art. 7º, o direito à não discriminação, do art. 22º, assim como o art. 26º relativo à integração das pessoas com deficiência na sociedade[64].

Nota-se, desta forma, que o objetivo prioritário dos Estados membros é o de promover a igualdade das pessoas com deficiência no mercado de trabalho

---

[64] Não vamos analisar aqui o estatuto dos tratados internacionais na UE mas não podemos deixar de mencionar que, segundo a hierarquia das normas, estes tratados têm um valor infra direito primário ou originário mas superior ao direito secundário ou derivado, podendo isto ser aferido no acórdão do TJUE, processos C-402/05 e C-415/05, *Kadi e Al Bakaraat International Foundation*, de 3 de setembro de 2008, onde o Tribunal decidiu nos parágrafos 306 a 308 que "com efeito, o artigo 300º, nº 7" (atual art. 216º, nº 2 do TFUE), "CE prevê que os acordos celebrados nas condições definidas nesse artigo são vinculativos para as instituições da Comunidade e para os Estados-Membros.

Assim, por força desta disposição, se a mesma fosse aplicável à Carta das Nações Unidas, esta última prevaleceria sobre os atos de direito comunitário derivado (v., neste sentido, acórdão de 3 de Junho de 2008, Intertanko e o., C-308/06, ainda não publicado na Coletânea, nº 42 e jurisprudência aí citada).

Todavia, essa prevalência no plano do direito comunitário não seria extensiva ao direito primário e, em particular, aos princípios gerais de que fazem parte os direitos fundamentais".

através da combinação dos princípios de tutela anti discriminatória e de medidas positivas diretas que visam permitir igualdade de oportunidades no emprego e no mercado de trabalho.

É importante ainda referir a Estratégia Europeia adotada em 2010, para ser seguida de 2010 a 2020, e que é realizada sob o lema *Pessoas com Deficiências têm direitos iguais*. Esta estratégia baseia-se em várias áreas de ação que pretendem ser desenvolvidas, como a acessibilidade, a participação, a igualdade, a educação, a proteção e a inclusão social, a saúde, a ação externa e, com especial interesse, o trabalho. Assim, pretende-se melhorar as condições de trabalho das pessoas portadoras de deficiência, bem como a própria progressão na carreira, que deverão ser realizados em conjunto com os parceiros sociais. Porém, para além destas medidas, pretende-se tornar os locais de trabalho mais acessíveis, apoiar a formação profissional e aumentar o acesso das pessoas com deficiência ao mercado do trabalho em trabalhos protegidos.

Até 2020, esta estratégia pretende "um crescimento inteligente, sustentável e inclusivo", tendo definido o objetivo de "uma taxa de emprego de 75% na Europa". Para o conseguir, irá "aumentar a inclusão das pessoas com deficiência no mercado de trabalho, o que irá contribuir para atingir o objetivo de tirar da pobreza 20 milhões de europeus até 2020".

2.3.2. Tal como já mencionámos previamente, a Diretiva não contém qualquer conceito de deficiência, bem como qualquer indicação do âmbito pessoal da Diretiva relativamente à definição o que tem levantado várias questões aos Estados membros e alguns pedidos de reenvio prejudicial para o TJUE.

Em primeiro lugar, a Diretiva protege as pessoas que são portadoras de deficiência contra vários tipos de discriminação e consagra, ainda, o princípio da adaptação razoável. Porém surge a questão: o que deve entender-se por deficiência neste contexto?

Em segundo lugar, serão apenas as pessoas portadoras de deficiência que estarão protegidas pela Diretiva ou também as pessoas que, por associação, estão conexas a uma pessoa com deficiência, não sendo elas próprias deficientes?

Estas questões foram alvo de atenção por parte do TJUE em casos de pedido de reenvio prejudicial e até em determinados Estados membros.

2.3.2.1. O primeiro caso decidido pelo TJUE sobre discriminação em razão da deficiência estava relacionado com sua noção e sobre quem deveria ser considerado deficiente para efeitos da Diretiva. É o caso *Chacón Navas*, processo C-13/05, de 11 de julho de 2006[65]. Vejamos. Sónia Chacón Navas trabalhava para a Eurest, tendo sido colocada em situação de baixa por doença em 14 de Outu-

---

[65] Veja-se DAVID HOSKING, *op*. cit., p. 228 e ss..

bro de 2003 e, segundo os serviços públicos de saúde que a assistiam, não podia retomar a sua atividade profissional a curto prazo.

Em 28 de Maio de 2004, a Eurest notificou a Chacón Navas do seu despedimento sem apresentar qualquer causa, reconhecendo ao mesmo tempo o carácter irregular deste e oferecendo-lhe uma indemnização.

Em 29 de Junho de 2004, Chacón Navas intentou uma ação contra a Eurest, sustentando que o seu despedimento era nulo em razão da desigualdade de tratamento e da discriminação de que tinha sido objeto, que resultavam da situação de baixa em que se encontrava havia oito meses, tendo requerido que a Eurest fosse condenada a reintegrá-la no seu lugar de trabalho, considerando que tinha sido discriminada em razão da sua deficiência, o que violava a Diretiva 2000/78/CE.

O Tribunal Espanhol considerou que um despedimento com base numa doença poderia ser considerado como uma forma de discriminação em razão da deficiência. Porém, na ausência de uma definição de deficiência na lei espanhola, colocou duas perguntas a título de pedido de reenvio prejudicial ao TJUE. Pretendia-se saber se a Diretiva, ao proibir a discriminação em razão da deficiência, também garantia proteção aos trabalhadores que foram despedidos apenas com base no facto de estarem doentes ou, subsidiariamente, no caso da primeira resposta ser negativa, se a doença poderia ser acrescentada ao grupo de fatores protegidos pela Diretiva[66].

O TJUE na decisão que emitiu deu uma noção de deficiência bastante restritiva e considerou que a doença não poderia ser considerada como um fator a acrescentar aos demais já previstos na Diretiva.

Relativamente à noção de deficiência, o Tribunal considerou que a Diretiva serve para combater a discriminação no emprego e no trabalho, considerando no parágrafo 43 que o "conceito de «deficiência» deve ser entendido no sentido de que visa uma limitação, que resulta, designadamente, de incapacidades físicas, mentais ou psíquicas e que impedem a participação da pessoa em causa na vida profissional", sendo que, para que uma limitação possa ser considerada como deficiência tem de "ser provável que a mesma seja de longa duração" nos termos do parágrafo 45. Considerou, ainda, no parágrafo 44, que o legislador, ao utilizar o conceito de deficiência do artigo 1º, "escolheu deliberadamente um

---

[66] "1) A Diretiva 2000/78, na medida em que estabelece, no seu artigo 1º, um quadro geral para lutar contra a discriminação em razão de uma deficiência, inclui no seu âmbito protector uma trabalhadora que tenha sido despedida da sua empresa exclusivamente pelo facto de estar doente?
2) Subsidiariamente, no caso de se considerar que as situações de doença não estão abrangidas no âmbito da proteção conferida pela Diretiva 2000/78 contra a discriminação em função de uma deficiência, e se a resposta à primeira questão for negativa: pode-se considerar a doença uma situação característica adicional face àquelas em que a Diretiva 2000/78 proíbe a discriminação?".

A DISCRIMINAÇÃO DOS TRABALHADORES EM RAZÃO DA DEFICIÊNCIA

termo que difere do de «doença». A equiparação pura e simples dos dois conceitos está, pois, excluída", não existindo nada na Diretiva que resulte que "os trabalhadores estão protegidos graças à existência da proibição de discriminação com base em deficiência a partir do momento em que uma doença, seja ela qual for, se manifeste", nos termos do parágrafo 46. O Tribunal decidiu, ainda, que a definição de deficiência é "autónoma e uniforme"[67], considerando nos parágrafos 55 a 57 que a doença não poderia ser acrescentada aos outros motivos protegidos pela Diretiva pois não se encontrava explicitamente prevista nem na Diretiva nem no Tratado[68].

Esta decisão do Tribunal merece várias considerações. Em primeiro lugar, torna-se claro que a definição que o TJUE adotou baseia-se no modelo médico da deficiência pois considera que a causa da limitação na deficiência está relacionada com a "incapacidade" que impede a participação na vida profissional por parte da pessoa que dela é portadora. Não há, nesta noção, qualquer referência ao ambiente nem às barreiras existentes na sociedade, assentando o problema no indivíduo e não na reação da sociedade à incapacidade da pessoa. Nesta noção adotada pelo Tribunal o indivíduo é conceptualizado como o *problema* e não as estruturas sociais.

Parece-nos, assim, que o Tribunal não adotou a melhor posição, ao ter em atenção apenas este modelo médico e focando a limitação somente na incapacidade e na necessidade de provar essa mesma limitação[69].

Por outro lado, considera-se que a resposta do Tribunal relativamente ao conceito de doença, sobretudo de doença que pode considerar-se crónica,

---

[67] Parágrafo 42.

[68] "No que respeita ao artigo 13º CE, bem como ao artigo 137.º CE, conjugado com o artigo 136º CE, estes preceitos contêm apenas a regulamentação das competências da Comunidade. Além disso, para lá de uma discriminação com base em deficiência, o artigo 13º CE não tem em vista a discriminação baseada em doença enquanto tal e, portanto, não pode constituir sequer o fundamento jurídico de medidas do Conselho que visem combater essa discriminação.

É certo que entre os direitos fundamentais que fazem parte integrante dos princípios gerais do direito comunitário figura, designadamente, o princípio geral da não discriminação. Este princípio vincula os Estados-Membros quando a situação nacional em causa no processo principal está abrangida pelo âmbito de aplicação do direito comunitário (v., neste sentido, acórdãos de 12 de Dezembro de 2002, Rodríguez Caballero, C-442/00, Colect, p. I-11915, nºs 30 e 32, bem como de 12 de Junho de 2003, Schmidberger, C-112/00, Colect., p. I-5659, nº 75, e jurisprudência referida). Todavia, daí não resulta que o âmbito de aplicação da Diretiva 2000/78 deva ser alargado por analogia para lá das discriminações baseadas nos motivos enumerados de maneira exaustiva no artigo 1º desta.

Por conseguinte, há que responder à segunda questão que a doença enquanto tal não pode ser considerada um motivo que acresce àqueles com base nos quais a Diretiva 2000/78 proíbe quaisquer discriminações".

[69] Ver, em sentido contrário, o art. 1º, nº 2, da Convenção das Nações Unidas sobre os Direitos das Pessoas com Deficiência.

deveria ter sido muito mais clara, não deixando margem para ambiguidades e especulações.

No parágrafo 46 o Tribunal decidiu que "a Diretiva 2000/78 não contém nenhuma indicação da qual resulte que os trabalhadores estão protegidos graças à existência da proibição de discriminação com base em deficiência a partir do momento em que uma doença, seja ela qual for[70], se manifeste".

Mais uma vez, esta decisão do Tribunal levanta algumas questões. É que, na verdade, para alguns tipos de doença, torna-se claro no seu início que irão perdurar no tempo, enquanto outras não, e na decisão não se diferenciam os dois casos, isto é, doenças que, por serem duradouras, poderão incluir-se no conceito amplo de deficiência, assim como aquelas que devido a determinadas condições poderão tornar-se duradouras e que poderia incluir a doença crónica[71], e enquanto outras doenças que, por serem transitórias, já não deverão estar dentro do conceito de deficiência.

Tendo em consideração o que acabámos de explanar, a divisão entre a noção de doença e deficiência não é clara em muitos casos, nomeadamente quando a pessoa é portadora de uma doença crónica e, por isso, tem limitações funcionais que poderão ser consideradas cobertas pelo conceito de deficiência[72]. E a própria decisão do Tribunal foi ambígua nesta parte pois decidiu, no parágrafo 47, que "uma pessoa que tenha sido despedida pela sua entidade patronal exclusivamente por motivo de doença[73] não está abrangida pelo quadro geral estabelecido com vista a lutar contra a discriminação com base em deficiência pela Diretiva 2000/78".

Considera-se, desta forma, que a primeira decisão do Tribunal de Justiça relativa à discriminação por deficiência foi demasiado restrita, guiada por um modelo médico em detrimento de um modelo biopsicossocial. Em seu abono há que ter em atenção o facto de ter sido adotada antes da UE ter ratificado a Convenção das Nações Unidas sobre os Direitos das Pessoas com Deficiência.

Mais recentemente, este Tribunal teve oportunidade de se debruçar mais uma vez sobre o conceito de deficiência e fê-lo em termos bem mais amplos.

Trata-se do acórdão *Jette Ring*, processos C-335/11 e C-337/11, de 11 de abril de 2013.

Esta decisão reveste interesse pois o Tribunal de Justiça foi chamado a precisar o conceito de deficiência definido no acórdão *Chacón Navas*, já que no cerne

---

[70] Sublinhado nosso.

[71] Ver, mais uma vez, a noção do art. 1º, nº 2 da Convenção das Nações Unidas que faz referência a esta possibilidade.

[72] Neste sentido, entre outros, LISA WADDINGTON e ANNA LAWSON, *op.* cit., pp. 16-17.

[73] Sublinhado nosso.

dos pedidos de reenvio prejudicial colocava-se a questão de saber quando se poderia considerar que existe uma deficiência na aceção da Diretiva 2000/78/ CE e de que forma devia o conceito de deficiência ser distinguido do conceito de doença.

Nesta decisão o Tribunal já fez referência à Convenção das Nações Unidas, logo na análise do Direito Internacional, o que não deixa de ter relevância para o julgamento da questão atendendo a todos os princípios nela consagrados, facto que foi salientado pelo próprio Tribunal nos parágrafos 28 a 33[74].

Assim, o Tribunal de Justiça teve em consideração a noção de deficiência prevista nesta Convenção, tendo procedido à sua alteração ao considerar que a deficiência "deve ser entendida no sentido de que visa uma limitação, que resulta, designadamente, de incapacidades físicas, mentais ou psíquicas, cuja interação com diferentes barreiras pode impedir a participação plena e efetiva da pessoa em questão na vida profissional em condições de igualdade com os outros trabalhadores"[75], considerando que estas incapacidades, de acordo com a definição do art. 1º, nº 2, da Convenção, devem ser "duradouras"[76].

Nota-se, desta forma, que se passou de um modelo médico para um modelo biopsicossocial, o que nos parece ser de saudar.

---

[74] "28 A título preliminar, deve recordar-se que, por força do artigo 216º, nº 2, TFUE, quando são celebrados acordos internacionais pela União Europeia, as instituições da União estão vinculadas por tais acordos e, por conseguinte, estes primam sobre os atos da União (acórdão 21 de dezembro de 2011, Air Transport Association of America e o., C-366/10, ainda não publicado na Coletânea, nº 50 e jurisprudência referida).

29 Há também que recordar que o primado dos acordos internacionais celebrados pela União sobre os textos de direito derivado determina que estes últimos sejam interpretados, na medida do possível, em conformidade com esses acordos (acórdão de 22 de novembro de 2012, Digitalnet e o., C-320/11, C-330/11, C-382/11 e C-383/11, ainda não publicado na Coletânea, nº 39 e jurisprudência referida).

30 Resulta da Decisão 2010/48 que a União aprovou a Convenção da ONU. Consequentemente, as disposições desta convenção constituem, a partir da sua entrada em vigor, parte integrante da ordem jurídica da União (v., neste sentido, acórdão de 30 de abril de 1974, Haegeman, 181/73, Colet., p. 251, nº 5).

31 Por outro lado, resulta do apêndice do Anexo II da referida decisão que, em matéria de autonomia e inclusão social, trabalho e emprego, a diretiva 2000/78 figura entre os atos da União que se relacionam com as questões regidas pela Convenção da ONU.

32 Daí decorre que a Diretiva 2000/78 deve ser objeto, na medida do possível, de uma interpretação conforme à referida convenção.

33 É à luz destas considerações que cabe responder às questões submetidas ao Tribunal de Justiça pelo órgão jurisdicional de reenvio".

[75] Parágrafo 38, onde o Tribunal chama a atenção para o facto de a atual noção ter atendido ao previsto na Convenção, alargando a definição que tinha dado no acórdão *Chacón Navas*.

[76] Parágrafo 39.

Mas a decisão vai mais longe seguindo a opinião da Advogada-geral JULIANE KOKOTT, de 6 de dezembro de 2012, entendendo nos parágrafos 40 a 42 que "não é evidente que a Diretiva 2000/78 apenas pretenda abranger deficiências congénitas ou resultantes de acidentes, excluindo as que são causadas por uma doença. Com efeito, seria contrário ao próprio objetivo da diretiva, que é o de concretizar a igualdade de tratamento, admitir que esta se possa aplicar em função das causas da deficiência.

Consequentemente, há que concluir que, se uma doença passageira ou incurável implica uma limitação, que resulta, designadamente, de lesões físicas, mentais ou psíquicas, cuja interação com diferentes barreiras pode impedir a participação plena e efetiva da pessoa em questão na vida profissional em condições de igualdade com os outros trabalhadores, e se esta limitação é duradoura, tal doença pode enquadrar-se no conceito de «deficiência» na aceção da Diretiva 2000/78.

Em contrapartida, uma doença que não implique tal limitação não se enquadra no conceito de «deficiência» para efeitos da Diretiva 2000/78. De facto, a doença enquanto tal não pode ser considerada um motivo que acresce àqueles com base nos quais a Diretiva 2000/78 proíbe quaisquer discriminações".

Por outro lado, o Tribunal também decidiu, e mais uma vez quanto a nós bem, que o facto de a pessoa poder continuar a trabalhar não exclui a caracterização como deficiência da sua situação pois, nos parágrafos 43 e 44, "a circunstância de a pessoa apenas poder exercer o seu trabalho de forma limitada não constitui um obstáculo a que o seu estado de saúde se enquadre no conceito de «deficiência»" e que "uma deficiência não implica necessariamente a exclusão total do trabalho ou da vida profissional". E vai mais longe, decidindo que há que considerar que o conceito de deficiência deve ser entendido como uma limitação ao exercício de uma atividade profissional e não como uma impossibilidade de exercer tal atividade. O estado de saúde de uma pessoa deficiente apta para o trabalho, ainda que a tempo parcial, é pois suscetível de se incluir no conceito de deficiência, sendo que uma interpretação em sentido contrário seria incompatível com o objetivo da Diretiva 2000/78 que visa, designadamente, que uma pessoa deficiente possa aceder a um emprego ou exercê-lo.

2.3.2.2. Uma outra questão já colocada ao TJUE, e com bastante interesse, é a de saber se estão protegidos pela legislação anti discriminatória apenas as pessoas que são portadoras de alguma deficiência ou também aquelas que, não o sendo, estão relacionadas com elas por associação.

O caso relacionado com esta matéria, ainda sobre o âmbito de aplicação da Diretiva, foi decidido pelo TJUE através do processo C-303/06, de 17 de julho de 2008, o caso *Coleman*. Tratava-se da Sr.ª *Coleman*, que trabalhava numa sociedade de advogados e que tinha um filho portador de uma deficiência – broncomalácia e de laringomalácia congénita- sendo que era ela que tinha o filho a seu cargo. Alegava ela que após ter voltado ao trabalho depois de ter tido o seu filho, começou a ser tratada de forma menos favorável do que os seus colegas em posições comparáveis, dado que ela é que era a principal responsável pelo seu filho, tendo inclusive a sua guarda. Fez várias alegações, nomeadamente que tinham adotado comportamentos que criaram um ambiente hostil para si. Entre os exemplos de tratamento discriminatório que alegava ter sofrido, contavam-se os seguintes: os empregadores recusaram autorizar-lhe a voltar a desempenhar as mesmas funções depois de regressar da sua licença de maternidade; chamaram-lhe «preguiçosa» quando pediu dispensa do trabalho para dar assistência ao seu filho, e recusaram conceder-lhe a mesma flexibilidade de horário de trabalho que era concedida aos seus colegas que tinham filhos não deficientes; comentaram que estava a usar o *raio do miúdo – fucking child* – para manipular as suas condições de trabalho; instauraram-lhe um processo disciplinar; e não deram seguimento adequado à queixa formal que apresentou por ter sido maltratada. Face a tudo isto, a Sr.ª *Coleman* aceitou cessar voluntariamente a relação de trabalho, intentando depois uma ação contra os seus anteriores empregadores com fundamento em que a demissão fora causada pela atuação do empregador – *constructive dismissal* – e em discriminação baseada na deficiência – *disability discrimination*.

A Sr.ª *Coleman* invocou em seu favor a legislação nacional pertinente, a Lei de 1995 relativa à proibição de discriminação em razão da deficiência e a diretiva. Alegou que a diretiva se destina a proibir discriminações não apenas contra pessoas que sejam, elas próprias, deficientes mas também contra pessoas que sejam vítimas de discriminação por terem uma relação com uma pessoa deficiente.

Contudo, o Tribunal nacional tinha dúvidas relativamente a esta interpretação e reenviou a título prejudicial para o TJUE colocando várias questões.

"(1) No contexto da proibição de discriminação em razão de uma deficiência, a diretiva protege da discriminação direta e do assédio unicamente as pessoas que são, elas próprias, deficientes?

(2) Se a resposta à primeira questão for negativa, a diretiva protege os trabalhadores que, não sendo eles próprios deficientes, são tratados menos favoravelmente ou assediados em razão da sua relação com uma pessoa que é deficiente?

(3) No caso de um empregador tratar um trabalhador menos favoravelmente do que trata ou trataria outros trabalhadores, e de se demonstrar que o fundamento para esse tratamento do trabalhador é o facto de este ter um filho deficiente a seu cargo, esse tratamento constitui uma discriminação direta em violação do princípio da igualdade de tratamento consagrado na diretiva?

(4) No caso de um empregador assediar um trabalhador e de se demonstrar que o fundamento para o tratamento do trabalhador é o facto de este ter um filho deficiente a seu cargo, esse assédio constitui uma violação do princípio da igualdade de tratamento consagrado na diretiva?".

Na decisão, o Tribunal de Justiça começou por realçar, seguindo a opinião do Advogado-Geral POAIRES MADURO, de 31 de janeiro de 2008, que o objetivo da Diretiva é o de "lutar contra todas as formas de discriminação em razão de deficiência. Com efeito, o princípio da igualdade de tratamento consagrado por esta diretiva neste domínio aplica-se não a uma determinada categoria de pessoas, mas em função das razões referidas no seu artigo 1.º Esta interpretação é corroborada pelo teor do artigo 13º CE, disposição que constitui a base jurídica da Diretiva 2000/78, que confere competência à Comunidade para tomar as medidas necessárias para combater a discriminação em razão, designadamente, de deficiência"[77].

O Tribunal decidiu, ainda, que, apesar do defendido no acórdão *Chacón Navas*, "não resulta desta interpretação que o princípio da igualdade de tratamento definido no artigo 2º, nº 1, da mesma diretiva e a proibição de discriminação direta prevista no nº 2, alínea a), do mesmo artigo não possam aplicar-se a uma situação como a que está em causa no processo principal quando o tratamento menos favorável que um trabalhador alega ter sofrido se baseia na deficiência de que o seu filho é portador, ao qual dispensa os cuidados essenciais que a sua situação exige", e que "não decidiu, contudo, que o princípio de igualdade de tratamento e o âmbito de aplicação *ratione personae* da diretiva devam, quando estão em causa esses motivos, ser interpretados de forma estrita".

O TJUE decidiu, assim, que é a característica abrangida, mais do que a pessoa que alega a discriminação, que deve ser atendida, tal como se depreende dos parágrafos 50 e 51 onde se pode ler que "Ora, embora numa situação como a que está em causa no processo principal, a pessoa que foi alvo de discriminação direta baseada em deficiência não seja ela própria deficiente, isso não significa que não seja a deficiência que, segundo S. Coleman, constitui o motivo do tratamento menos favorável de que alegadamente foi vítima. Como resulta do n.º 38 do presente acórdão, a Diretiva 2000/78, que visa, no domínio do emprego e da atividade profissional, lutar contra todas as formas de discriminação baseadas numa deficiência, não se aplica a uma determinada categoria de pessoas, mas em função dos motivos indicados no seu artigo 1º.

A partir do momento em que se demonstre que um trabalhador que se encontra numa situação como a que está em causa no processo principal é vítima de discriminação direta baseada numa deficiência, uma interpretação da Dire-

---

[77] Parágrafo 38.

tiva 2000/78 que limite a sua aplicação exclusivamente às pessoas que sejam elas próprias deficientes seria suscetível de privar esta diretiva de uma parte importante do seu efeito útil e de reduzir a proteção que ela visa garantir".

Tendo em atenção esta decisão os Estados-membros estão obrigados a assegurar que a legislação nacional providencia proteção para todos aqueles que são vítimas de discriminação direta ou assédio como resultado de terem sido associados a uma pessoa portadora de deficiência[78]. Porém, o Tribunal não decidiu, até porque não lhe foi questionado, se a discriminação por associação também seria proibida no caso da discriminação indireta, ainda que nos pareça ser um pouco difícil de assegurar esta proteção atendendo ao Direito da União Europeia.

2.3.2.3. No que concerne ainda à jurisprudência do TJUE, não podemos deixar de referir um pedido de reenvio prejudicial apresentado pelo *The Equality Tribunal* da Irlanda, em 30 de julho de 2012, caso *Z.*, processo C-363/12, pelas inúmeras perguntas que foram colocadas e por demonstrar, mais uma vez, como os casos de discriminação intersectorial poderão surgir exponencialmente.

Trata-se de uma mulher que, por não poder ter filhos, celebrou um contrato de maternidade tendo-lhe sido negado pelo empregador o pedido de licença remunerada equiparada à licença de maternidade apesar de ter a bebé a seu cargo desde o nascimento. O Tribunal *a quo* colocou ao TJUE algumas perguntas a título prejudicial e que foram as seguintes:

"Tendo em conta as seguintes disposições do direito primário da União Europeia:

(i) Artigo 3º do Tratado da União Europeia;

(ii) Artigos 8º e 157º do Tratado sobre o Funcionamento da União Europeia, e/ou

(iii) Artigos 21º, 23º, 33º e 34º da Carta dos Direitos Fundamentais da União Europeia, deve a Diretiva 2006/54/CE, e em especial os seus artigos 4º e 14º, ser interpretada no sentido de que deve ser qualificada como discriminação em razão do sexo a situação em que a entidade empregadora indefere o pedido de licença remunerada equiparada à licença de maternidade e/ou à licença para adoção apresentado por uma mulher cuja filha biológica nasceu na sequência de um contrato de maternidade de substituição e que tem a bebé a seu cargo desde o nascimento?

Se a resposta à primeira questão for negativa, a Diretiva 2006/54/CE é compatível com as disposições supramencionadas do direito primário da União Europeia?

---

[78] *Vide* ROGER BLANPAIN, *European Labour Law*, 12.ª edição, Wolters Kluwer, Holanda, 2010, pp. 512-513.

IGUALDADE E NÃO DISCRIMINAÇÃO

Tendo em conta as disposições que se seguem do direito primário da União Europeia:

(i) Artigo 10º do Tratado sobre o Funcionamento da União Europeia; e/ou

(ii) Artigos 21º, 26º e 34º da Carta dos Direitos Fundamentais da União Europeia

Deve a Diretiva 2000/78/CE, e em especial os seus artigos 3º, nº 1, e 5º, ser interpretada no sentido de que deve ser qualificada como discriminação em razão de uma deficiência a situação em que a entidade empregadora indefere o pedido de licença remunerada equiparada à licença de maternidade e/ou à licença para adoção apresentado por uma mulher que sofre de uma deficiência que a impede de dar à luz, cuja filha biológica nasceu na sequência de um contrato de maternidade de substituição e que tem a bebé a seu cargo desde o nascimento?

Se a resposta à terceira questão for negativa, a Diretiva 2000/78/CE é compatível com as disposições supramencionadas do direito primário da União Europeia?

É possível invocar a Convenção das Nações Unidas sobre os Direitos das Pessoas com Deficiência para efeitos de interpretação e/ou de impugnação da validade da Diretiva 2000/78/CE?

Se a resposta à quinta questão for afirmativa, a Diretiva 2000/78/CE, e em especial os seus artigos 3º e 5º, é compatível com os artigos 5º, 6º, 27º, nº 1, alínea b), e 28º, nº 2, alínea b), da Convenção das Nações Unidas sobre os Direitos das Pessoas com Deficiência[79]?"

Como se pode ver, neste pedido de reenvio prejudicial, o TJUE foi chamado a pronunciar-se não só sobre a existência de uma eventual discriminação em razão do sexo mas também discriminação em razão da deficiência e da compatibilidade da Diretiva 2000/48 com a Convenção das Nações Unidas.

2.4. A proteção no Direito nacional

Ao nível da legislação nacional existe proteção legal assegurada no CT, tal como já mencionámos anteriormente, não só relativamente ao trabalhador portador de deficiência ou doença crónica, mas também relativamente ao trabalhador com capacidade de trabalho reduzida, nos termos dos arts. 84º e ssº.

2.4.1. Proteção contra a discriminação no emprego

As pessoas portadoras de deficiência, doença crónica ou capacidade de trabalho reduzida encontram-se protegidas contra qualquer forma de discriminação logo no art. 24º, nº 1, do CT que se insere Subsecção III, Divisão I, do Código do Trabalho que consagra várias disposições de carácter geral sobre a matéria de igualdade e não discriminação. Neste artigo consagra-se que "O trabalha-

---

[79] Sublinhados nossos.

dor ou candidato a emprego tem direito a igualdade de oportunidades e de tratamento no que se refere ao acesso ao emprego, à formação e promoção ou carreira profissionais e às condições de trabalho, não podendo ser privilegiado, beneficiado, prejudicado, privado de qualquer direito ou isento de qualquer dever em razão, nomeadamente (...) de capacidade de trabalho reduzida, deficiência, doença crónica (...) devendo o Estado promover a igualdade de acesso a tais direitos".

O legislador nacional transpôs nesta parte a Diretiva 2000/78/CE e consagrou a proibição quer da discriminação direta, quer da discriminação indireta.

Porém, a proibição da discriminação é mitigada perante o teor do art. 25º nº 2 do CT que admite certas disposições, critérios ou práticas distintivas baseadas na capacidade de trabalho reduzida, deficiência ou doença crónica, desde que satisfaçam os critérios previstos no mesmo. Assim, não existirá discriminação na diferença de tratamento se decorrer da natureza da atividade profissional em causa ou do contexto em que a mesma é exercida; que a característica diferenciadora seja justificável e determinante para o exercício da atividade; que o objetivo seja legítimo; e que respeite o princípio da proporcionalidade[80], embora não nos possamos esquecer das regras relativas à repartição do ónus da prova previstas no art. 25º nº 5, do CT[81].

Para além das regras previstas no CT em matéria de proibição de discriminação existe a Lei 46/2006, de 28 de agosto, que visa proibir e punir a discriminação em razão da deficiência e da existência de risco agravado de saúde, cuja aplicação não se circunscreve ao contexto laboral. Este diploma contém no art. 5º, com a epígrafe *discriminação no trabalho e no emprego*, essencialmente o que está previsto no CT, embora tenha de ser salientado que na alínea b) do nº 1 se proíbe "a produção ou difusão de anúncios de ofertas de emprego, ou outras formas de publicidade ligada à pré-seleção ou ao recrutamento, que contenham, direta ou indiretamente, qualquer especificação ou preferência baseada em fatores de discriminação em razão da deficiência". Ora, a norma equivalente do CT só proíbe a discriminação em razão do sexo nos termos do art. 30º, nº 2[82].

---

[80] No mesmo sentido poderá ver-se o art. 5º, nº 3, da Lei nº 46/2006, ao estabelecer que "As práticas discriminatórias definidas no nº 1 não constituirão discriminação se, em virtude da natureza da atividade profissional em causa ou do contexto da sua execução, a situação de deficiência afete níveis e áreas de funcionalidade que constituam requisitos essenciais e determinantes para o exercício dessa atividade, na condição de o objetivo ser legítimo e o requisito proporcional".

[81] Para maiores desenvolvimentos veja-se o nosso artigo "O ónus da prova em casos de discriminação na UE e em Portugal", pp. 79 e ss..

[82] "O anúncio de oferta de emprego e outra forma de publicidade ligada à pré-seleção ou ao recrutamento não pode conter, direta ou indiretamente, qualquer restrição, especificação ou preferência baseada no sexo".

É importante, ainda atender à consagração da aceitação de medidas de ação positiva que não são consideradas discriminação nos termos do art. 27º do CT. Contudo, estas medidas não podem ser confundidas com o conceito de adaptação ou acomodação razoável previsto no art. 86º do CT pois apesar da sua epígrafe ser *Medidas de ação positiva*, há uma certa obrigatoriedade destas, logo consagrada no nº 1, desde que cumpram determinados requisitos, que não existe no art. 27º do CT, ainda que estejam intimamente ligados.

O art. 27º do CT pretende consagrar a ideia de igualdade enquanto igualdade de oportunidades, considerando lícitas determinadas medidas de *discriminação positiva* que poderão originar a adoção de medidas temporárias que consagrem um tratamento desigual como forma de compensar desigualdades de oportunidades e de tratamento que ocorram na vida social[83].

2.4.2. A consagração de quotas de emprego como discriminação positiva

Claramente relacionado com o art. 27º está a questão da existência de quotas de emprego para determinados grupos, ainda que o TJUE tenha decidido no acórdão *Kalanke*, processo C-450/93, de 15 de outubro de 1995, que um sistema rígido de quotas seria ilícito, concluindo que "O artigo 2º, nºs 1 e 4, da Diretiva 76/207/CEE do Conselho, de 9 de Fevereiro de 1976, relativa à concretização do princípio da igualdade de tratamento entre homens e mulheres no que se refere ao acesso ao emprego, à formação e promoção profissionais e às condições de trabalho, opõe-se a uma regulamentação nacional que, como a do caso vertente, existindo qualificações iguais entre candidatos de sexo diferente considerados para uma promoção, atribua automaticamente prioridade aos candidatos femininos nos sectores em que as mulheres estão em minoria, considerando-se que estão em minoria se, num serviço, nos vários graus da categoria de pessoal em causa, não constituírem pelo menos metade dos efetivos e o mesmo se verificar relativamente aos níveis de funções previstos no organigrama".

Porém, serão lícitos e perfeitamente justificáveis tendo em atenção a ideia de igualdade de oportunidades, sistemas flexíveis de quotas através dos quais se atribuem vantagens a determinadas pessoas que integram grupos tradicionalmente desfavorecidos, sendo pacificamente admitidos pela jurisprudência do TJUE, bastando para tal citar os acórdãos *Marshall*, processo C-409/95, de 11 de outubro de 1997[84], e *George Badeck*, processo C-158/97, de 28 de março

---

[83] Neste sentido veja-se GUILHERME DRAY, em anotação a este artigo, *in Código do Trabalho Anotado*, PEDRO ROMANO MARTINEZ e outros, 9.ª edição, Almedina, Coimbra, 2013, p. 181. Cf., ainda, CATARINA CARVALHO, *op.* cit., pp. 7-8.

[84] "O artigo 2º, nºs 1 e 4, da Diretiva 76/207/CEE do Conselho, de 9 de Fevereiro de 1976, relativa à concretização do princípio da igualdade de tratamento entre homens e mulheres no que se refere ao acesso ao emprego, à formação e promoção profissionais, e às condições de trabalho, não se

A DISCRIMINAÇÃO DOS TRABALHADORES EM RAZÃO DA DEFICIÊNCIA

de 2000[85]. Não pode deixar de referir-se, neste enquadramento, a proposta de Diretiva do Parlamento Europeu e do Conselho, de 14 de novembro de 2012, relativa à melhoria do equilíbrio entre homens e mulheres no cargo de administrador não-executivo das empresas cotadas em bolsa e a outras medidas conexas, pois, ainda que não relacionada com a discriminação em razão da deficiênciae não visando um sistema de quotas pretende, quanto ao art. 4º com a epígrafe

opõe a uma norma nacional que obriga, em situação de igualdade de qualificações dos candidatos de sexo diferente quanto à sua aptidão, à sua competência e às suas prestações profissionais, a promover prioritariamente os candidatos femininos nos sectores de atividade do serviço público em que as mulheres são menos numerosas do que os homens ao nível do posto considerado, exceto se predominarem razões inerentes à pessoa de um candidato masculino que justifiquem a sua preferência, desde que:
– a norma garanta, em cada caso individual, aos candidatos masculinos com qualificação igual à dos candidatos femininos que as candidaturas são objeto de uma apreciação objetiva que tenha em conta todos os critérios relativos à pessoa dos candidatos e afaste a prioridade concedida aos candidatos femininos, quando um ou vários desses critérios derem preferência ao candidato masculino, e estes critérios não sejam discriminatórios relativamente aos candidatos femininos".
[85] "O artigo 2º, nºs 1 e 4, da Diretiva 76/207/CEE do Conselho, de 9 de Fevereiro de 1976, relativa à concretização do princípio da igualdade de tratamento entre homens e mulheres no que se refere ao acesso ao emprego, à formação e promoção profissionais e às condições de trabalho, não se opõe a uma
regulamentação nacional que, nos sectores da função pública em que as mulheres estão sub-representadas, confere, em caso de igualdade de qualificações entre candidatos de sexo diferente, prioridade aos candidatos do sexo feminino, quando tal se afigure necessário para assegurar o respeito dos objetivos do plano de promoção das mulheres, a menos que um motivo que, no plano jurídico, tenha uma importância superior a isso se oponha, na condição de a referida regulamentação garantir que as candidaturas são objeto de uma apreciação objetiva que tenha em conta situações particulares de carácter pessoal de todos os candidatos,
– que prevê que os objetivos vinculativos do plano de promoção das mulheres para os lugares temporários no sector científico e para os auxiliares científicos devem prever uma percentagem mínima de mulheres correspondente, pelo menos, à que elas representam entre os licenciados, os doutorados e os estudantes de cada disciplina,
– que, na medida em que tem por objetivo eliminar uma sub-representação das mulheres, reserva, nas profissões qualificadas em que as mulheres estejam sub-representadas e de cuja formação o Estado não detém o monopólio, pelo menos metade dos lugares de formação às mulheres, a menos que, não obstante as medidas apropriadas para chamar a atenção das mulheres para os lugares de formação disponíveis, o número de candidaturas femininas seja insuficiente,
– que confere, em caso de igualdade de qualificações entre candidatos de sexo diferente, uma garantia, a favor das mulheres qualificadas que preencham todas as condições requeridas ou previstas, de serem convocadas para entrevistas de recrutamento nos sectores em que elas estejam sub-representadas,
– relativa à composição dos órgãos representativos dos trabalhadores e dos órgãos de administração e de fiscalização, que preconiza que as disposições legislativas adotadas para a sua execução tomem em conta o objetivo de uma participação, pelo menos, igual das mulheres nessas instâncias".

IGUALDADE E NÃO DISCRIMINAÇÃO

Objetivos relativos aos administradores não executivos, consagrar um sistema de percentagem, quando estabelece:

"1. Os Estados-Membros devem assegurar que as empresas cotadas em cujos conselhos de administração os membros do sexo sub-representado ocupem menos de 40% dos cargos de administradores não-executivos, preenchem esses cargos com base numa análise comparativa das qualificações de cada candidato, em função de critérios pré-estabelecidos, claros, neutros e inequívocos, de modo atingir a referida percentagem até 1 de janeiro de 2020 ou, no caso das empresas cotadas que sejam empresas públicas, até 1 de janeiro de 2018.

2. O número de cargos de administrador não-executivo necessários para satisfazer o objetivo fixado no nº 1 deve ser o mais próximo possível de 40%, sem todavia ultrapassar 49%.

3. A fim de atingir o objetivo fixado no nº 1, os Estados-Membros devem garantir que, na seleção dos administradores não-executivos, é dada prioridade ao candidato do sexo sub-representado quando este seja tão qualificado quanto o candidato do outro sexo em termos de aptidão, competências e desempenho profissional, salvo se uma avaliação objetiva que tenha em conta todos os critérios específicos dos candidatos fizer pender a balança a favor do candidato do outro sexo.

4. Os Estados-Membros devem assegurar que as empresas cotadas em bolsa são obrigadas a comunicar, a pedido de qualquer candidato preterido, os critérios relativos às qualificações em que se baseou a seleção, a avaliação comparativa objetiva desses critérios e, se for caso disso, os motivos que fizeram pender a balança a favor do candidato do outro sexo.

5. Os Estados-Membros devem adotar as medidas necessárias, em conformidade com os respetivos sistemas judiciais nacionais, para garantir que, no caso de um candidato do sexo sub-representado preterido conseguir apresentar factos que permitam presumir que é tão qualificado quanto o candidato nomeado do outro sexo, incumbe à empresa cotada em causa provar que não houve violação da regra enunciada no nº 3.

6. Os Estados-Membros podem prever que as empresas cotadas em que os membros do sexo sub-representado representem menos de 10% dos trabalhadores não sejam sujeitas ao objetivo fixado no nº 1.

7. Os Estados-Membros podem decidir que o objetivo fixado no nº 1 possa ser igualmente considerado atingido quando uma empresa cotada demonstre que os membros do sexo sub-representado ocupam pelo menos um terço do conjunto dos cargos de administrador, independentemente de se tratar de cargos executivos ou não-executivos".

A nível internacional, existe, relativamente aos trabalhadores portadores de deficiência, tal como já mencionámos anteriormente, um consenso no que concerne à necessidade de proteger a sua situação, nomeadamente através da instituição de um sistema de quotas, desde que, sublinhe-se, as pessoas possam exercer a atividade para a qual se candidatam ou que, apresentando certas limitações funcionais, estas possam ser superadas através da adequação ou adaptação dos postos de trabalho, o que está relacionado também com o conceito de adaptação ou acomodação razoável.

Contudo, apesar de se defender a existência de quotas de emprego relativamente aos trabalhadores portadores de deficiência, parece-nos ser necessário ter em atenção a dimensão da empresa em causa pois a limitação da liberdade contratual do empregador através desta imposição tem reflexos diferentes consoante se trate de uma micro ou pequena empresa ou, por outro lado, de uma média ou grande empresa, por outro[86].

Acresce que, a existência de quotas de emprego para trabalhadores portadores de deficiência é efetuada em vários ordenamentos jurídicos através de "correlações fixas"[87] no sentido de que o número de trabalhadores abrangidos pela proteção é proporcional ao volume de emprego da empresa ou do estabelecimento embora permitindo que, em determinados casos, se não se atingir o patamar mínimo, não exista qualquer obrigatoriedade para o empregador. Contudo, a percentagem é diferente consoante o ordenamento jurídico.

No ordenamento jurídico alemão, o § 71, 1, do *Sozialgesetzbuch IX – Rehabilitation und Teilhabe behinderter Menschen*, com a epígrafe *Pflicht der Arbeitgeber zur Beschäftigung schwerbehinderter Menschen*, estabelece uma quota de 5% para as empresas com uma média anual de 20 ou mais trabalhadores conferindo uma especial proteção às mulheres. Porém, as empresas que tenham uma média anual inferior a 40 trabalhadores só terão de contratar uma pessoa portadora de deficiência e as que tenham mais de 40 e menos de 60 só têm de contratar 2, o que não chega a cumprir a quota de 5% dos trabalhadores.

No ordenamento jurídico espanhol a Lei 13/1982 consagrou que nas empresas com mais de 50 trabalhadores seja estabelecida uma quota de 2% para os trabalhadores portadores de deficiência, embora com várias exceções. Contrariamente, no sector público, através da Lei nº 26/2011, de 1 de Agosto, que alterou, entre várias outras, a Lei 7/2007, de 12 de abril, o art. 59º, nº 1, consagra a obrigatoriedade de existência de uma quota, não inferior a 7% das vagas para

---

[86] Segue-se de perto o entendimento de CATARINA CARVALHO, *op.* cit., p. 9.
[87] CORINNE SACHS-DURAND, *apud* CATARINA CARVALHO, *op.* cit., p. 10.

IGUALDADE E NÃO DISCRIMINAÇÃO

serem ocupadas por pessoas com deficiência tentando que se consiga atingir os 2% de trabalhadores portadores de deficiência na Administração Pública. Por outro lado, a reserva de 7% divide-se em que pelo menos 2% das vagas seja ocupada por pessoas portadoras de uma deficiência mental sendo as restantes vagas para pessoas portadoras de outro tipo de deficiência.

No ordenamento jurídico francês, os arts. L.5212-1 e 5212-2 do *Code du Travail* determinam que nas empresas com 20 ou mais trabalhadores os empregadores terão de contratar um mínimo correspondente a 6% de pessoas portadoras de deficiência[88] [89].

No ordenamento jurídico checo os empregadores que tenham mais de 25 trabalhadores têm de contratar uma quota de 4% do total dos trabalhadores[90].

No ordenamento jurídico polaco existe também uma quota para as pessoas portadoras de deficiência pois em empresas que tenham mais de 25 pessoas[91] terão de ser empregues 6% de pessoas portadoras de deficiência. Contudo, se o empregador não proceder à contratação terá apenas de pagar uma quantia monetária não muito elevada a título sancionatório e, por isso, vários empregadores preferem a sanção pecuniária a empregar[92].

A situação é semelhante na Croácia onde o empregador que empregue mais de 20 pessoas terá de contratar pelo menos 3,2% do número total de trabalhadores da sua empresa se existirem pessoas portadoras de deficiência inscritas nos Centros de Emprego[93].

---

[88] Cf., com referência a vários casos jurisprudenciais, LUCIE CLUZEL-METAYER e MARIE MERCAT-BRUNS, *Discriminations dans l'émploi – Analyse comparative de la Jurisprudence du Conseil d'État et de la Cour de Cassation*, La Documentation Française, Paris, 2011, pp. 60 e ss..

[89] As disposições que regem esta parte do *Code du Travail* foram adotadas para proteger o interesse exclusivo de pessoas portadoras de deficiência, pelo que o trabalhador não comete uma infração disciplinar se não revelar ao empregador a sua qualidade de trabalhador deficiente reconhecida pela *Cotorep*, tal como foi decidido pela *Cour de Cassation* num acórdão de 6 de maio de 2003, *in RJS*, nºs 8/9, 2003.

[90] JANA KOMENDOVÁ, *Empower Project Questionnaire – Czech Republic*, disponível em http://empower.hu/publications (acedido em maio de 2013).

[91] Excluindo missões diplomáticas.

[92] Cf. AGNIESZKA GÓRNICZ-MULCAHY, *Empower Project Questionnaire – Poland*, disponível em http://empower.hu/publications (acedido em maio de 2013).

[93] Veja-se VIKTOR KRIZAN, *Employment of citizens with disabilities*, disponível em http://empower.hu/publications (acedido em maio de 2013).

Diferentemente destes ordenamentos jurídicos, no ordenamento jurídico italiano, não se fixa uma quota rígida mas variável, de acordo com o número de trabalhadores, com base no art. 3º da Lei nº 68/1999 que estabelece a obrigatoriedade de uma quota de 7% para os empregadores públicos ou privados que tenham mais de 50 trabalhadores, dois trabalhadores para os que tenham de 36 a 50 trabalhadores e um trabalhador para os que tenham entre 15 e 35 trabalhadores, isentando as empresas com menos de 15 trabalhadores desta obrigação.

O ordenamento jurídico português, contrariamente ao que ocorre noutros ordenamentos jurídicos, estabeleceu uma quota diferente consoante se trate de empresas privadas ou a Administração Pública.

Assim, o art. 28º, nº 1, da Lei nº 38/2004, impõe às empresas o dever de "contratar pessoas com deficiência, mediante contrato de trabalho ou de prestação de serviço, em número até 2% do total de trabalhadores", tendo em atenção a sua dimensão.

Contudo, neste artigo, para além de não se fazer qualquer alusão ao que deve ser entendido por dimensão da empresa, abarca-se na quota não só a possibilidade de trabalho subordinado através de um contrato de trabalho, como a possibilidade de trabalho autónomo, através de um contrato de prestação de serviço, o que não deixa de causar alguma estranheza. Esta perplexidade aumenta ao ler, no nº 3 deste artigo, que a quota para a Administração Pública será igual ou superior a 5%.

Aliás, a existência de uma quota de valor igual ou superior a 5% já se encontrava consagrada no DL nº 290/91, de 3 de fevereiro, que estabeleceu um sistema de quotas de emprego na administração pública para pessoas com deficiência. De facto, o art. 3º consagrou que:

"1 – Em todos os concursos externos de ingresso na função pública em que o número de lugares postos a concurso seja igual ou superior a 10, é obrigatoriamente fixada uma quota de 5% do total do número de lugares, com arredondamento para a unidade, a preencher por pessoas com deficiência.

2 – Nos concursos em que o número de lugares a preencher seja inferior a 10 e igual ou superior a três, é garantida a reserva de um lugar para candidatos com deficiência.

3 – Nos concursos em que o número de lugares a preencher seja de um ou dois, o candidato com deficiência tem preferência em igualdade de classificação, a qual prevalece sobre qualquer outra preferência legal.

4 – O disposto no presente artigo não se aplica aos concursos de ingresso nas carreiras com funções de natureza policial das forças e serviços de segurança e do Corpo da Guarda Prisional".

2.4.3. Políticas ativas de mercado de trabalho para a integração de pessoas portadoras de deficiência, doença crónica ou capacidade de trabalho reduzida

Para além da existência de um sistema de quotas para tentar dinamizar a contratação de pessoas portadoras de deficiência, existem mecanismos que visam a sua tutela e a promoção da sua empregabilidade, podendo referir-se vários programas e tipos de emprego, de entre outras possibilidades, e que vão de apoios económicos, a custos salariais mais reduzidos, a apoios para os empregadores poderem dotar o local de trabalho de maior acessibilidade.

Assim, a contratação de pessoas com deficiência é encorajada através de incentivos financeiros introduzidos pelo governo. Os apoios podem ser concedidos quer à própria contratação de pessoas com deficiência, quer à execução ou implementação de ajudas técnicas para que a empregabilidade seja possível. Por outro lado, as empresas podem receber subsídios para compensar decréscimos da produtividade de trabalhadores com deficiência, por comparação com os restantes trabalhadores. De todas estas medidas decorrem vantagens financeiras consideráveis para as empresas que contratam e mantêm ao seu serviço esses trabalhadores.

2.4.3.1. A tutela proporcionada começa antes mesmo da inserção no mercado de trabalho através de políticas ativas de formação e qualificação profissional, tal como pode-se ler no Capítulo II, intitulado *Apoio à qualificação*, do Programa de Emprego e Apoio à Qualificação das Pessoas com Deficiências e Incapacidades, previsto no DL 290/2009, de 12 de Outubro.

Este programa tem por objeto, tal como consagrado no seu art. 1º, adotar medidas de apoio à qualificação, de apoio à integração, manutenção e reintegração no mercado de trabalho, de emprego protegido e de prémio de mérito.

Na primeira fase podem salientar-se as ações de formação inicial e contínua dirigidas às pessoas com deficiências e incapacidades, empregadas ou não, e que tenham apoio financeiro[94]. Para atingir o objetivo desta medida, a legislação prevê apoio financeiro aos empregadores no que concerne às ações de formação contínua realizadas para os seus trabalhadores com deficiência ou incapacidades e que abrange, desde logo, as despesas relacionadas com a adaptação do posto de formação, à aquisição de recursos pedagógicos bem como didáticos e, se necessário, a disponibilização de serviços especializados de forma a possibilitar o acesso e a frequência da formação.

Neste diploma legal, nos arts. 15º e ss., consagram-se ainda outras medidas que visam, também, através de apoios à integração, manutenção e reintegração

---

[94] No *site* do Instituto do Emprego e Formação Profissional – www.iefp.pt – poderão ser encontradas numerosas informações sobre esta medida e à forma como proceder à respetiva candidatura.

no mercado de trabalho, a sua integração vocacional no referido mercado. É o caso, *inter alia*, de diversas modalidades relacionadas com a informação, avaliação e orientação para a qualificação e emprego, o apoio à colocação, o acompanhamento já após a colocação, a própria adaptação de postos de trabalho, assim como a eliminação das barreiras arquitetónicas e a isenção e redução de contribuições para a segurança social, sendo de realçar que, nos termos dos arts. 28º e ss., que os apoios financeiros existem quer para as pessoas com deficiências e incapacidades beneficiárias deste regime, como também para os centros de recurso[95].

2.4.3.2. As políticas ativas do mercado de trabalho consagram a existência de tutela também nas próprias fases de contratação e execução do contrato de trabalho através da existência do *emprego apoiado*, previsto nos arts. 38º e ss. do DL 290/2009.

Nos termos do art. 38º o emprego apoiado consiste no "exercício de uma atividade profissional ou socialmente útil com enquadramento adequado e com possibilidade de atribuição de apoios especiais por parte do Estado, que visa permitir às pessoas com deficiências e incapacidades o desenvolvimento de competências pessoais e profissionais que facilitem a sua transição, quando possível, para o regime normal de trabalho", incluindo o desenvolvimento de atividades em contexto laboral.

No âmbito do emprego apoiado há quatro modalidades com uma extensão maior do que as de emprego anteriormente consideradas. São elas: o estágio de inserção para pessoas com deficiências ou incapacidades; contrato emprego-inserção para estas pessoas; centro de emprego protegido; e contrato de emprego apoiado em entidades empregadoras.

Precisando:

Os *estágios de inserção*[96], nos termos dos arts. 40º e 41º, visam complementar e aperfeiçoar as competências de pessoas com deficiências e incapacidades e potenciar o seu desempenho profissional, de forma a facilitar o seu recrutamento e integração no mercado de trabalho através de formação prática em contexto laboral.

Os *contratos emprego-inserção*, previstos nos arts. 42º a 44º, têm um alcance menos específico e visam promover e apoiar a transição para o mercado de trabalho através da participação das pessoas com deficiências e incapacidades em

---

[95] Ver, para maiores desenvolvimentos, *site* do Instituto do Emprego e Formação Profissional – www.iefp.pt .

[96] Cf., ainda, Despacho Normativo nº 18/2010, publicado no Diário da República, 2ª série, nº 124, de 29-06-2010, e a Portaria nº 92/2011, de 28 de Fevereiro.

atividades socialmente úteis, fora do âmbito laboral, com vista a reforçar as suas competências relacionais e pessoais, valorizar a autoestima, bem como estimular hábitos de trabalho, "enquanto não tiver oportunidade de trabalho por conta própria ou de outrem ou de formação profissional, de forma a promover e apoiar a sua transição para o mercado de trabalho"[97].

Os *centros de emprego protegidos* estão sujeitos à tutela do Instituto do Emprego e Formação Profissional, ainda que sejam organizados em moldes empresariais comuns. Considera-se Centro de Emprego Protegido, nos termos do art. 45º do DL 290/2009, a estrutura produtiva dos setores primário, secundário ou terciário com personalidade jurídica própria ou com a estrutura de pessoa coletiva de direito público ou privado, dotada de autonomia administrativa e financeira, que através de postos de trabalho em regime de emprego apoiado, visa proporcionar às pessoas com deficiências e incapacidades e com capacidade de trabalho reduzida o exercício de uma atividade profissional, assim como "o desenvolvimento de competências pessoais, sociais e profissionais necessárias à sua integração em regime normal de trabalho".

Os destinatários desta medida são pessoas com deficiências e incapacidades, inscritas nos Centros de Emprego, com capacidade de trabalho não inferior a 30 % nem superior a 75 % da capacidade normal de trabalho de um trabalhador sem deficiência nas mesmas funções profissionais, sendo o coeficiente de capacidade para o trabalho para efeitos de integração no regime de emprego apoiado fixado pelo Instituto do Emprego e Formação Profissional.

O trabalho em regime de *contrato de emprego apoiado* é prestado em postos de trabalho integrados numa organização produtiva ou de prestação de serviços, entre as quais empresas, sob condições especiais, designadamente sob a forma de enclaves. Cada entidade empregadora pode criar um ou mais postos de trabalho em regime de emprego apoiado.

No caso de existência de vários postos de trabalho em regime de emprego apoiado na mesma entidade empregadora em que a atividade desse grupo de trabalhadores é exercida em conjunto, consideram-se que se encontram organizados sob a forma de enclave[98].

Também nesta modalidade, tal como nos centros de emprego protegido, os destinatários são pessoas com deficiências e incapacidades, inscritas nos centros de emprego, com capacidade de trabalho não inferior a 30 % nem superior a

---

[97] A determinação do tipo de atividades em causa é realizada pela Portaria nº 128/2009, de 30 de janeiro, republicada pela Portaria nº 164/2011, de 18 de abril.

[98] Nos termos do nº 2 do art. 54º "entende -se por enclave um grupo de pessoas com deficiências e incapacidades que exercem a sua atividade em conjunto, sob condições especiais, num meio normal de trabalho".

75% da capacidade normal de trabalho de um trabalhador sem deficiência nas mesmas funções profissionais.

É importante ainda considerar que, quer no caso de centros de emprego protegido, quer nos contratos de emprego apoiado em entidades empregadoras, a retribuição a que o trabalhador tem direito é fixada de acordo com a graduação da sua capacidade e aferida proporcionalmente à de um trabalhador com capacidade normal para o mesmo posto de trabalho, não podendo, em princípio, ser inferior à retribuição mínima mensal garantida por lei, nos termos do art. 68º. De facto, só nos casos do nº 3 é que este princípio pode ser afastado. Diz esse inciso legal que o trabalhador em regime de emprego apoiado, durante o período de estágio, tem direito a uma retribuição igual a 70% da retribuição mínima mensal garantida.

2.4.3.3. Podemos referir, ainda, a existência de um prémio de mérito, nos termos dos arts. 78º a 81º do DL 290/2009, e que visa premiar as pessoas com deficiências e incapacidades que, em cada ano, se destaquem na criação do seu próprio emprego, bem como as entidades empregadoras que se distingam na integração profissional das pessoas com deficiências e incapacidades.

2.4.3.5. No Código do Trabalho tem-se ainda a proteção prevista nos arts. 84º a 88º, merecendo aqui destaque, sobretudo, os arts. 87º e 88º.

O art. 87º, com a epígrafe *Dispensa de algumas formas de organização do tempo de trabalho de trabalhador com deficiência ou doença crónica*, deve ser relacionado com os arts. 204º a 207º sobre a adaptabilidade, 208º, relativo ao banco de horas e 209º, referente ao horário concentrado, assim como o próprio trabalho noturno, previsto nos arts. 223º a 225º.

O art. 88º dispensa os trabalhadores com deficiência ou doença crónica de prestar trabalho suplementar.

2.4.3.6. O DL nº 299/86, de 19 de setembro[99], estabeleceu incentivos às entidades empregadoras, através de desagravamento contributivo para a segurança social, como uma forma de facilitar a integração de pessoas portadoras de deficiência no trabalho. Assim, as entidades empregadoras que contratem uma pessoa deficiente por tempo indeterminado – desde que tenham capacidade para o trabalho inferior a 80% da capacidade normal exigida a um trabalhador não deficiente no desempenho das mesmas funções – têm direito a descontar menos para a Segurança Social por esse trabalhador, ou seja, têm direito a uma redução

---

[99] Alterado pelo DL nº 125/91, de 21 de março.

da *taxa contributiva*, passando a pagar 12,5% sobre as remunerações do trabalhador.

Para ter direito à redução da taxa contributiva, a entidade empregadora tem de cumprir as seguintes condições: a) ter os pagamentos de contribuições à Segurança Social em dia; b) celebrar com um trabalhador deficiente um contrato de trabalho por tempo indeterminado.

2.5. A adaptação razoável

O direito à adaptação razoável está relacionado com a natureza especial da legislação anti discriminatória em razão da deficiência pois esta é diferente das outras formas de proibição de discriminação como o sexo ou a raça. De facto, estas últimas são baseadas, em grande parte, na ideia de uma igualdade formal ou tradicional de que todas as pessoas devem ser tratadas de forma igual independentemente de, *inter alia*, etnia, orientação sexual, género ou religião. No campo da deficiência, algo novo e diferente é necessário que permita à pessoa portadora de deficiência participar o mais possível na sociedade[100]. Assim, a ideia de direitos assimétricos ou ajustamentos para as pessoas portadoras de deficiência é aceite ainda que as outras pessoas não os tenham, sendo esta a diferença entre igualdade formal e igualdade substancial[101]. A ótica da legislação é a de combater todas as formas de discriminação que se traduzem em diferenciações ilícitas e na exclusão social, sobretudo relativamente às pessoas consideradas particularmente *débeis*, como é o caso das pessoas idosas e das pessoas com deficiência[102].

O conceito de adaptação razoável surgiu como uma resposta às barreiras criadas pelo ambiente físico e social que originavam a impossibilidade de as pessoas portadoras de deficiência poderem desenvolver uma atividade de forma *convencional*. Por outro lado, assenta ainda na ideia de que a aplicação de uma aproximação meramente formal à proibição e não discriminação fará pouco para ajudar essas pessoas, reconhecendo que se tratarmos de forma igual uma pessoa

---

[100] Como preconiza FREDMAN, "Disability Equality: A Challenge to the Existing Anti-Discrimination Paradigm?", *in Disability Rights in Europe: From Theory to Practice*, coord. ANNA LAWSON e CAROLINE GOODING, Hart Publishing, Oxford, 2005, p. 203, "em vez de se requerer às pessoas portadoras de deficiência que se conformem às normas existentes, o objetivo é desenvolver um conceito de igualdade que abranja adaptações e mudanças".

[101] MARY STACEY, *op.* cit., p. 5.

[102] Veja-se o considerando 6 da Diretiva 2000/78/CE ao estabelecer que "A Carta Comunitária dos direitos sociais fundamentais dos trabalhadores reconhece a importância da luta contra todas as formas de discriminação, nomeadamente, a necessidade de tomar medidas adequadas em prol da integração social e económica das pessoas idosas e das pessoas deficientes".

portadora de deficiência em relação a outra que não o é, irá ocorrer uma situação *de facto* de desigualdade[103].

Importa realçar que, nestes casos, este conceito é necessário e visa garantir a igualdade e não reparar desigualdades ou acelerar a igualdade[104].O propósito de assegurar este dever de criar adaptações razoáveis não é o de providenciar *medidas especiais* para as pessoas portadoras de deficiência mas o de remover barreiras à sua efetiva participação na sociedade, permitindo-lhes uma *oportunidade igual* para atingir os resultados[105].

Este dever, contudo, é totalmente contextualizado, o que significa que se relaciona não com as necessidades das pessoas com deficiência em geral mas com as necessidades de uma pessoa em concreto e, por isso, serão estas que deverão ser tidas em atenção.

Há ainda de ter em atenção que a concretização destas adaptações não constitui um conceito social novo. De facto, e só para mencionar apenas alguns exemplos, fornecer iluminação artificial, casas-de-banho, lugares sentados e elevadores, traduzem várias das acomodações ou *facilidades* que os empregadores facultam para o maior conforto e mesmo eficiência dos seus trabalhadores.

Por outro lado, esta adaptação beneficia, muitas vezes, não só a pessoa portadora de deficiência como outros colegas de trabalho, clientes e até terceiros, como é o caso, por exemplo, de um elevador ou de uma rampa que poderão ser usados por muitas pessoas e ajudar outras que trabalham com objetos com rodas. O mobiliário ergonómico reduz o *stress* de muitos trabalhadores, um sistema de filtragem do ar para um trabalhador com asma beneficia todos os restantes e, por isso, estas adaptações, apesar de serem realizadas devido à existência de uma pessoa portadora de deficiência, têm mais benefícios para os outros do que normalmente são realçados. As adaptações podem, pois, beneficiar também os trabalhadores não deficientes e, ainda, o grupo cada vez maior de pessoas que têm limitações mas que não têm o índice de limitação suficiente para as abranger pela legislação própria de pessoas portadoras de deficiência[106]. Não pode esquecer-se, no entanto, que há condições para que possam ser requeridas estas adaptações razoáveis.

---

[103] *Vide* Lisa Waddington, *The Concepts of Disability and Reasonable Accommodation, in* www.era.int., 2011, p. 3.

[104] Jenny E. Goldschimidt, *Introduction to the UN Convention on the Rights of Persons with Disabilities and its added value, in* www.era.int, 2012, pp. 22 e ss..

[105] No Direito da União Europeia o conceito de adaptação razoável não surgiu inicialmente no contexto da deficiência mas no enquadramento da religião. *Vide* o caso *Vivien Prais*, processo C-130/75, de 27 de outubro de 1976.

[106] Exemplos de Elizabeth F. Emens, "Integrating Accommodation", *in University of Pennsylvania Law Review*, vol. 156, nº 4, abril 2008, p. 841.

IGUALDADE E NÃO DISCRIMINAÇÃO

Em primeiro lugar, o candidato ou o trabalhador têm de ter a qualificação necessária. Depois, o empregador tem de ter conhecimento das necessidades do trabalhador ou do candidato. Acresce que, com a adaptação efectiva, o trabalhador deverá, de forma segura e que respeite o seu direito à segurança e saúde no trabalho, realizar as suas funções. Finalmente, esta adaptação não poderá impor um encargo desproporcionado ao empregador, considerando-se que este encargo não será desproporcionado se existirem incentivos por parte do Estado para as mesmas[107].

O conceito de adaptação razoável está consagrado, desde logo, no art. 2º da Convenção das Nações Unidas sobre os Direitos das Pessoas com Deficiência quando refere que "adaptação razoável designa a modificação e ajustes necessários e apropriados que não imponham uma carga desproporcionada ou indevida, sempre que necessário num determinado caso, para garantir que as pessoas com incapacidades gozam ou exercem, em condições de igualdade com as demais, de todos os direitos humanos e liberdades fundamentais".

A Diretiva 2000/78/CE, no art. 5º, também estabelece este dever para os Estados-membros quando estabelece que "para garantir o respeito do princípio da igualdade de tratamento relativamente às pessoas deficientes, são previstas adaptações razoáveis. Isto quer dizer que a entidade patronal toma, para o efeito, as medidas adequadas, em função das necessidades numa situação concreta, para que uma pessoa deficiente tenha acesso a um emprego, o possa exercer ou nele progredir, ou para que lhe seja ministrada formação, exceto se essas medidas implicarem encargos desproporcionados para a entidade patronal. Os encargos não são considerados desproporcionados quando forem suficientemente compensados por medidas previstas pela política do Estado-Membro em causa em matéria de pessoas deficientes".

Perante a redação deste artigo, não podemos deixar de concordar com JÚLIO GOMES[108] pois os encargos que são impostos aos empregadores são extremamente reduzidos, não sendo muito clara a extensão da obrigação do empregador de introduzir alterações razoáveis no posto de trabalho.

Nos seus considerandos a Diretiva tenta clarificar o conceito de adaptação razoável estabelecendo, logo no considerando 20, que "é necessário prever medidas apropriadas, ou seja, medidas eficazes e práticas destinadas a adaptar o local de trabalho em função da deficiência, por exemplo, adaptações das instalações ou dos equipamentos, dos ritmos de trabalho, da atribuição de funções, ou da oferta de meios de formação ou de enquadramento". Este considerando deve ser interpretado no sentido de que têm de ser adotadas medidas práticas

---

[107] *Vd.* AART HENDRIKS, *Disability and Reasonable Accommodation, in* www.era.int, 2011, p.19.
[108] *Direito do Trabalho – Volume I – Relações Individuais de Trabalho*, Coimbra Editora, Coimbra, 2007, pp. 399-400.

e efetivas para adaptar o local de trabalho à deficiência como, *inter alia*, adaptar o local e o equipamento, alterar os tempos de trabalho e os seus ritmos, realizando uma diferente distribuição de atividades atribuindo alguns dos deveres da pessoa com deficiência a outro trabalhador, transferindo o trabalhador para um outro posto de trabalho, alterando as horas de formação, permitindo que o trabalhador se ausente durante o horário de trabalho ou período de formação para sessões de reabilitação, avaliação ou tratamento, adquirindo equipamentos ou modificando os existentes para os adaptar às necessidades da pessoa com deficiência e providenciar um intérprete gestual ou visual[109] [110].

Dentro da ideia defendida neste Considerando de "adaptação das instalações", não significa-se apenas a instalação de um elevador ou de uma rampa mas também pode envolver a instalação de luzes de contraste para pessoas com deficiência visual. Também o "equipamento" pode significar que o trabalhador tenha direito a um teclado adaptado para pessoas com lesões por esforço sistemático, artrite, ou cadeiras especiais para pessoas com problemas de coluna. Relativamente a "ritmos de trabalho" pode significar a possibilidade de permitir que o trabalhador chegue mais tarde ou mais cedo se a sua deficiência implicar dificuldade em viajar na hora de ponta, nomeadamente em transportes públicos[111]. Por outro lado, o facto de se utilizar o termo *apropriadas* no considerando 20 da Diretiva significa que, antes de se aferir o custo da medida, é necessário analisar a efetividade da mesma. Contudo, este dever não é absoluto pois o art. 5º não consagra apenas o dever de adaptação mas que esta seja "razoável" e não provoque um "encargo desproporcionado" para o empregador, sem, todavia, o concretizar.

---

[109] Todos estes exemplos podem ser vistos em Mary Stacey, *op.* cit., p. 12.

[110] No ordenamento jurídico alemão, por exemplo, o §81, 3, do *Sozialgesetzbuch* IX, estabelece algumas medidas que considera apropriadas como é o caso, entre outras das pausas, trabalho a tempo parcial, entre outras.

[111] No ordenamento jurídico alemão, por julgamento do *BAG*, de 14 de março de 2006, foi considerado um despedimento ilícito por violação do dever de adaptação razoável o caso de um trabalhador que trabalhava numa empresa de moagem e que necessitava de levantar peças com mais de 30 kg. Contudo, após uma operação não podia levantar mais do que 10 kg, tendo-o o empregador despedido. O Tribunal entendeu que tinha existido uma falha no dever de adaptação razoável pois o empregador poderia ter alterado a organização e, consequentemente, o posto de trabalho do trabalhador. Aliás, neste ordenamento, apesar de ser o empregador que tem o direito de decidir entre as várias possibilidades de adaptação, não pode esquecer-se o direito à autodeterminação do §9 do *Sozialgesetzbuch*. Assim, o empregador terá de fornecer, por exemplo, a não ser que constitua um encargo desproporcionado, um *assistente* de trabalho para um especialista em computadores que seja cego, ou um tradutor de linguagem gestual para um advogado que é surdo. Neste sentido veja-se Oliver Tolmein, *Reasonable Accommodation and Disability – The new EC-Anti-Discrimination-Law, in* www.era.int, 2010, pp. 14-16.

Mais uma vez, o Preâmbulo da Diretiva dá algumas orientações no sentido de aferir se determinada adaptação deve ser considerada razoável ou desproporcionada já que, nos termos do considerando 21, se estabelece que "para determinar se as medidas em causa são fonte de encargos desproporcionados, dever-se-ão considerar, designadamente, os custos financeiros e outros envolvidos, a dimensão e os recursos financeiros da organização ou empresa e a eventual disponibilidade de fundos públicos ou de outro tipo de assistência". Porém, consideramos que teria sido preferível que a Diretiva apontasse também para os eventuais benefícios que poderão advir das adaptações que os empregadores fazem pois concentrar apenas toda a atenção nesta dicotomia entre trabalhador ou candidato com deficiência e empregador reforça a perceção de que o principal resultado da adaptação realizada pelo empregador é um custo e não um benefício.

Para aferir do carácter desproporcional deve atender-se a que se trata de uma categoria económica e não psicológica, sendo que vários elementos devem ser tidos em conta como os recursos financeiros da empresa, a sua dimensão e o número de trabalhadores, pois, em princípio, estas adaptações serão mais razoáveis em empresas com maiores recursos, assim como a possibilidade de obtenção de auxílios financeiros por parte do Estado. Há ainda que ter em atenção que, quando se consideram os custos, também se deve ter em linha de conta os eventuais benefícios para os outros trabalhadores ou outros utilizadores[112].

O *American Disabilities Act* define a discriminação como incluindo a falha em realizar uma adaptação razoável, a não ser que a realização da adaptação origine um *undue hardship*. Contudo, como pode ver-se, a Diretiva não utilizou esta expressão, preferindo o termo "encargo desproporcionado", que pode não significar o mesmo. O termo norte-americano, contudo, tem sido um pouco criticado pois como tem de atender-se a vários fatores, por vezes, o *standard* "é tão vago que não o chega a ser"[113]. Aliás, neste ordenamento, adota-se um processo em duas fases separadas para aferir se uma adaptação deve ser realizada. Atendendo ao *ADA* é obrigatório, em princípio, realizar-se a adaptação razoável. Uma vez estabelecida que essa adaptação é possível, o empregador ainda poderá provar que a realização de uma adaptação conduziria a um *undue hardship* e, por isso, não é obrigatória. Atendendo a este processo, podemos ver como a *razoabilidade* da adaptação é avaliada de forma completamente separada da questão do *undue hardship*[114].

---

[112] Por exemplo, a instalação de rampas ou de elevadores ou mesmo a mudança para um piso térreo de um trabalhador que necessita de uma cadeira de rodas e que atende o público pode beneficiar pessoas que também andem em cadeiras de rodas, ou que tenham dificuldade de locomoção, ou mesmo pais com carrinhos de bebés.

[113] J.O. Cooper, *apud* Gregor Thüsing, *op.* cit., p. 197.

[114] *Vd.* Elizabeth Emens, *op.* cit., p. 908 e ss., e Michael Stein, "Same struggle, different difference: ADA accommodations as antidiscrimination", *in University of Pennsylvania Law Review*, vol. 153, nº 2, 2004, p. 645 e ss..

A DISCRIMINAÇÃO DOS TRABALHADORES EM RAZÃO DA DEFICIÊNCIA

Torna-se essencial, ainda, comparar o desembolso necessário por parte do empregador com os seus recursos financeiros, sendo que nos parece possível, para aferir do "encargo desproporcionado", que o empregador invoque esses recursos e que devem assumir um carácter muito importante. Também poderá ser considerado um encargo desproporcionado a instalação de um elevador numa empresa com poucos trabalhadores a trabalhar num andar superior. Contudo, estes exemplos não resolvem de maneira nenhuma várias das questões levantadas já que não deve ser tido em atenção apenas a proporcionalidade da medida em termos económicos mas também a possibilidade ou impossibilidade legal de remover obstáculos[115]. Acresce ainda que a adaptação do local de trabalho poderá ser desproporcionada se colocar em perigo outros locais de trabalho ou se revestir um encargo desproporcionado para os restantes trabalhadores, devendo ter-se ainda em atenção o rácio custo/benefício da medida e o tipo de contrato do trabalhador, assim como a sua duração se for contrato de trabalho a termo.

É relevante ainda ter em atenção o disposto no Considerando 17 da Diretiva pois há um limite ao critério do que deve ser entendido por adaptação razoável. De facto, entende-se que não se pode exigir o recrutamento, a promoção ou a manutenção num emprego, nem a formação, "de uma pessoa que não seja competente, capaz ou disponível para cumprir as funções essenciais do lugar em causa ou para receber uma dada formação". Nesta medida será lícito e não discriminatório não contratar uma pessoa portadora de deficiência que, independentemente das adaptações razoáveis, não iria conseguir realizar as funções essenciais na empresa por não ter a capacidade necessária para as mesmas[116].

O próprio TJUE já teve ocasião de se pronunciar sobre esta questão no acórdão *Jette Ring*, de 11 de abril de 2013[117], tendo na nossa opinião, adotado uma visão correta deste dever por parte do empregador. Nesta decisão o Tribunal foi chamado a pronunciar-se sobre que medidas poderão ser consideradas como abrangidas pelo dever de "adaptação ou acomodação razoável" previsto no art. 5º da Diretiva, colocando-se a questão de saber se a redução do horário de trabalho poderia ficar abrangida pelas medidas previstas neste artigo.

O Tribunal decidiu que não resulta nem do considerando 20 nem de nenhuma outra disposição da Diretiva 2000/78 que o legislador tenha pretendido limitar o conceito de "ritmo de trabalho" apenas à organização do ritmo e da cadência do trabalho ou a pausas e excluir a adaptação dos horários, e particularmente a exclusão da possibilidade, para as pessoas deficientes que não têm

---

[115] Imagine-se, por exemplo, que o empregador executa a sua actividade num prédio arrendado e que o senhorio não aceita a realização de obras para adaptar o local para o trabalhador portador de deficiência, tornando a prestação laborativa inviável.

[116] BERNARD TEYSSIÉ, *Droit européen du travail*, 4.ª edição, LITEC, Paris, 2010, p. 276.

[117] Já tratado anteriormente, *supra*, 2.3.2.1..

IGUALDADE E NÃO DISCRIMINAÇÃO

ou deixaram de ter capacidade para trabalhar a tempo inteiro, de efetuar o seu trabalho a tempo parcial, devendo ser entendido como "a eliminação das barreiras à participação plena e efetiva das pessoas deficientes na vida profissional em condições de igualdade com os outros trabalhadores"[118].

Aliás, como o próprio Tribunal ressalta, é a própria Convenção das Nações Unidas que, no art. 2º, nº 4, estabelece uma noção ampla de adaptações razoáveis considerando que estas são "a modificação e [os] ajustes necessários e apropriados que não imponham uma carga desproporcionada ou indevida, sempre que necessário num determinado caso, para garantir que as pessoas com incapacidades gozam ou exercem, em condições de igualdade com as demais, de todos os direitos humanos e liberdades fundamentais".

Assim, o Tribunal de Justiça, apesar de salientar que qualquer apreciação dos factos da causa é da competência do órgão jurisdicional nacional, não deixou de realçar também que pode, no espírito de cooperação com eles, fornecer-lhe todas as indicações que julgar necessárias, tendo indicado vários pormenores que considerou relevantes para a análise do caso concreto pelo tribunal nacional[119]. Decidiu em conformidade, como consta do parágrafo 64, mais uma vez, e no caminho correto, ao dizer que "o artigo 5º da Diretiva 2000/78 deve ser interpretado no sentido de que a redução do horário de trabalho pode constituir uma das medidas abrangidas por este artigo. Cabe ao juiz nacional apreciar se, nas circunstâncias dos processos principais, a redução do horário de trabalho, enquanto medida de adaptação, representa um encargo desproporcionado para a entidade patronal".

Porém, apesar destas clarificações quer nos vários considerandos da Diretiva, quer no acórdão mais recente do TJUE, continuamos a considerar que existem

---

[118] Considerando nº 54.

[119] Vejam-se os parágrafos 62-63 em que decidiu que "Pode ser um elemento pertinente para efeitos desta apreciação o facto, assinalado pelo órgão jurisdicional de reenvio, de que, imediatamente após o despedimento de J. Ring, a DAB publicou um anúncio de oferta de emprego para um(a) funcionário(a) de escritório a tempo parcial, a saber 22 horas por semana, na sua agência regional de Lyngby. Dos autos remetidos ao Tribunal de Justiça não consta nenhum elemento que permita demonstrar que J. Ring não era capaz de ocupar este emprego a tempo parcial ou compreender os motivos que justificaram o facto de este não lhe ter sido proposto. Além disso, o órgão jurisdicional de reenvio refere que J. Ring começou, pouco tempo após o seu despedimento, a trabalhar como rececionista numa outra empresa e que a duração real do tempo de trabalho era de 20 horas por semana.

63 Por outro lado, como salientou o Governo dinamarquês no decurso da audiência, o direito dinamarquês permite a possibilidade de atribuir às empresas auxílios públicos para as adaptações que têm como objetivo facilitar o acesso de pessoas deficientes ao mercado de trabalho, designadamente iniciativas que têm por finalidade incitar as entidades patronais a contratar e manter em funções as pessoas que sofrem de uma deficiência".

várias questões e problemas que surgem deste artigo e que são totalmente transponíveis para o art. 86º do CT que transpôs este artigo da Diretiva, devendo sempre proceder-se a uma análise casuística, atendendo a todos os argumentos e situações em causa.

Parece-nos, igualmente, que dois artigos da Diretiva poderão determinar que esta adaptação razoável não possa ser concretizada[120]. Reportamo-nos aos artigos o 4º, nº 1, e 2º, nº 5[121]. O primeiro, estabelece que os "os Estados-Membros podem prever que uma diferença de tratamento baseada numa característica relacionada com qualquer dos motivos de discriminação referidos no artigo 1º não constituirá discriminação sempre que, em virtude da natureza da atividade profissional em causa ou do contexto da sua execução, essa característica constitua um requisito essencial e determinante para o exercício dessa atividade, na condição de o objetivo ser legítimo e o requisito proporcional"[122]. Pensamos, ainda, que estas disposições podem aumentar o potencial do dever de adaptação para lidar com as causas sociais da deficiência, dando origem a argumentos legais sobre o conceito de requisitos essenciais de uma atividade. Assim, parece necessário existir um controlo adequado e racional sobre quais as funções verdadeiramente essenciais por oposição a formas preferenciais do empregador.

O art. 2º, nº 5, por outro lado, constitui uma derrogação na proibição de discriminação permitindo que, por motivos de segurança pública, defesa da ordem e prevenção de infrações penais, proteção da saúde e proteção dos direitos e liberdades de terceiros possa ser realizado um tratamento diferenciado. Também nos parece que há que ter muitas cautelas com esta exceção quando se trate de a invocar no contexto de deficiência já que os motivos nela presentes podem constituir uma *área fértil* em casos relacionados com o dever de adaptação razoável.

Deve esclarecer-se que a noção de adaptação razoável deverá estar presente, não só na execução do contrato de trabalho, mas também na fase de recrutamento e, mesmo, na cessação do mesmo.

O conceito abrange o recrutamento pois o empregador terá de considerar a aptidão da pessoa para aquele posto de trabalho, tendo em conta as adaptações que poderiam ser feitas. É o caso, por exemplo, de uma pessoa que se transporta em cadeira de rodas candidatar-se a um posto de trabalho, sendo que o local onde iria exercer essa atividade se situa num andar sem elevador, sendo necessário considerar a possibilidade de instalação deste ou, em alternativa, se o local de trabalho pode ser alterado para um andar acessível ao candidato; ou o

---

[120] Não podemos deixar de referir ainda a exclusão explícita do art. 3º, nº 4, relacionado com as forças armadas, assim como o considerando 19.

[121] Não analisaremos estes artigos em pormenor remetendo para o artigo sobre a discriminação em razão da idade, *supra*, pp. 9 e ss..

[122] Sublinhado nosso.

recurso a um tradutor de linguagem gestual numa entrevista; aceitar a possibilidade de o candidato se fazer acompanhar por um cão-guia no caso de ser cego; aferir da possibilidade de responder num computador com programa próprio para pessoas invisuais ou sem braços; aceitar que uma pessoa com problemas de gaguez possa dar as respostas por escrito; conceder mais tempo durante testes de avaliação para pessoas com deficiência; assim como fornecer documentos em linguagem acessível[123]. E o processo de recrutamento também abrange todos os testes que o empregador pretenda realizar.

Por outro lado, abrange ainda as situações em que o trabalhador já contratado começa a sofrer de uma deficiência e não pode continuar a realizar parte ou a totalidade da sua atividade laborativa, colocando-se a questão de saber que adaptações podem ser realizadas para que o trabalhador continue a executar a sua atividade ou, eventualmente, proceder-se a uma alteração de funções.

Nesta noção também ficam abrangidas as promoções. De facto, determinadas exigências poderão ser dispensadas se conduzirem a que um trabalhador perfeitamente capaz, mas portador de uma deficiência, não possa progredir na sua carreira profissional[124].

Por último, abrange também a própria proteção em caso de cessação do contrato de trabalho em determinados casos, sendo que, mais uma vez, o Tribunal no processo *Jette Ring* analisou esta questão. A questão consistia em saber se determinada legislação nacional que reduzia o pré-aviso para denúncia do contrato de trabalho no caso de deficiência quando o trabalhador esteve de baixa por doença com manutenção da remuneração durante um total de 120 dias ao longo dos últimos doze meses era contrária à Diretiva. O TJUE analisou o conceito de objetivo legítimo de política social ou de emprego, considerando que "cabe, a este respeito, ao órgão jurisdicional de reenvio examinar se o legislador dinamarquês, ao prosseguir os objetivos legítimos da promoção da contratação de pessoas doentes, por um lado, e de um equilíbrio razoável entre os interesses opostos do trabalhador e da entidade patronal relativamente às faltas por doença, por outro, não teve em conta elementos pertinentes que dizem respeito, particularmente, aos trabalhadores deficientes.

A este respeito, é necessário não ignorar o risco em que incorrem as pessoas que sofrem de deficiência, que geralmente têm mais dificuldades em reintegrar o mercado de trabalho do que os trabalhadores sem deficiência e necessidades específicas relacionadas com os cuidados que o seu estado exige", decidindo que "a Diretiva 2000/78 deve ser interpretada no sentido de que se opõe à aplicação de uma disposição legal nacional que prevê que a entidade patronal pode cessar

---

[123] Exemplos de OLIVER TOLMEIN, *op.* cit., p. 24.
[124] Cf. CATHERINE CASSERLEY, *Reasonable accommodation*, *in* www.era.int, 2004, pp. 2-3.

o contrato de trabalho com pré-aviso reduzido se o trabalhador deficiente em questão esteve de baixa por doença com manutenção da remuneração durante um total de 120 dias ao longo dos últimos doze meses, quando esta ausência se verificou em consequência da sua deficiência, salvo se esta disposição, ao mesmo tempo que prossegue um objetivo legítimo, não exceder o necessário para atingir esse objetivo, o que cabe ao órgão jurisdicional de reenvio apreciar"[125].

Contudo, é importante atender que aqui, apesar de a legislação nacional ser *neutra*, representa, contudo, uma desvantagem indireta pois desde que a doença esteja relacionada com uma deficiência verifica-se que as situações diferentes estão a ser tratadas da mesma maneira e, em regra, os trabalhadores deficientes correm um risco muito maior de sofrerem uma doença relacionada com a sua deficiência do que os trabalhadores que a não têm. Estes apenas podem ser afetados por uma doença *comum*. Mas também os trabalhadores deficientes podem padecer de uma doença deste tipo. Assim, a disposição relativa ao pré-aviso reduzido constitui uma disposição que coloca indiretamente os trabalhadores deficientes numa situação de desvantagem em relação aos trabalhadores que não sofram de deficiência[126].

Por outro lado, e embora esta questão não seja suscitada diretamente pelo Tribunal *a quo*, há que lembrar, tal como faz a Advogada-Geral JULIANE KOKOTT[127], que há uma outra dúvida que se relaciona com a questão de saber em que medida as ausências do trabalho relacionadas com uma deficiência ou uma doença causada por uma deficiência podem, de algum modo, constituir um fundamento de despedimento admissível.

O TJUE, no acórdão *Chacón* Navas, já teve ocasião de decidir no parágrafo 51 que a diretiva se opõe a um despedimento que, atendendo à obrigação da entidade empregadora de prever adaptações razoáveis, não seja justificado pelo facto de a pessoa em causa não estar disponível para executar as funções essenciais correspondentes ao seu posto de trabalho. Contudo, *a contrario sensu*, pode inferir-se que um despedimento é admissível quando as medidas necessárias para adaptar o local de trabalho representem um encargo desproporcionado para o empregador ou quando o trabalhador não esteja disponível para executar as funções essenciais no seu local de trabalho devido às suas ausências.

Assim, concorda-se inteiramente com as conclusões da Advogada-Geral ao defender que "a Diretiva 2000/78 deve ser interpretada no sentido de que se opõe a uma regulamentação nacional nos termos da qual uma entidade patronal pode despedir um trabalhador com um pré-aviso reduzido por ter estado de

---

[125] Vejam-se os considerandos 90 a 92.
[126] *Vide* opinião da Advogada-Geral parágrafo 67.
[127] Parágrafo 64.

IGUALDADE E NÃO DISCRIMINAÇÃO

baixa por doença quando esta se deve a uma deficiência. O mesmo não se aplica quando a situação de desvantagem nos termos do artigo 2º, nº 2, alínea b), suba-línea i), da Diretiva 2000/78 é objetivamente justificada por um objetivo legí-timo e os meios utilizados para o alcançar sejam adequados e necessários. Caso a aplicação do pré-aviso reduzido se baseie, no entanto, nas ausências do traba-lhador causadas pelo facto de a entidade patronal não ter previsto as adaptações razoáveis nos termos do artigo 5º da Diretiva 2000/78, tal situação representa uma desvantagem não justificável".

Como dissemos mais atrás, o art. 86º do CT transpôs o art. 5º da Diretiva estabelecendo o dever para os empregadores de adotarem "medidas adequadas" para que a pessoa com deficiência ou doença crónica tenha acesso a um empre-go, o possa exercer e nele progredir, obtendo formação profissional, a não ser que estas medidas impliquem "encargos desproporcionados", sem no entanto precisar este conceito indeterminado. Contudo, o nº 3 deste artigo esclarece, à semelhança da Diretiva, que estes encargos não são desproporcionados quando forem compensados por apoios do Estado. E o DL 290/2009, de 12 de outu-bro, contém uma secção própria, secção VI, subordinada à epígrafe *Adaptação de postos de trabalho e eliminação de barreiras arquitetónicas* – arts. 30º a 37º –, que compreende vários tipos de apoios. O seu objetivo é o de promover a integra-ção profissional das pessoas com deficiências e incapacidades que carecem de produtos de apoio imprescindíveis para o acesso ou frequência de ações de for-mação profissional, tendo como seus destinatários pessoas com deficiências e incapacidades, desempregadas ou à procura do primeiro emprego, desde que inscritas nos centros de emprego. Contudo, estes apoios só são concedidos aos empregadores se os contratarem por contrato de trabalho por tempo indeter-minado ou a termo com uma duração mínima inicial superior a um ano, e desde que necessitem de adaptar o equipamento ou o posto de trabalho às dificulda-des funcionais do trabalhador[128].

No campo das adaptações razoáveis deve ainda atender-se ao DL nº 93/2009, de 16 de abril, que criou um sistema de atribuição de produtos de apoio a pes-soas com deficiência e a pessoas com incapacidade temporária – SAPA –. Este diploma surgiu face a alguns obstáculos identificados no sistema anterior e à necessidade de dar cumprimento à Lei nº 38/2004, de 18 de Agosto, na parte em que dispõe que "compete ao Estado adotar medidas específicas necessárias para assegurar o fornecimento, adaptação, manutenção ou renovação dos meios de compensação que forem adequados". É também postulado pelo I Plano de Ação para a Integração das Pessoas com Deficiência ou Incapacidade, na parte em que se refere ao objetivo de proceder à "revisão do sistema supletivo de

---

[128] Art. 33º.

financiamento, prescrição e atribuição de ajudas técnicas e conceção de um novo sistema integrado", tornando-se necessário proceder a uma reformulação do sistema anterior para tentar identificar as dificuldades existentes e adotar as medidas necessárias para garantir a igualdade de oportunidades de todos os cidadãos, promover a integração e participação das pessoas com deficiência e em situação de dependência na sociedade e promover uma maior justiça social[129].

Este sistema tem como objectivos, conforme o art. 5º, "a realização de uma política global, integrada e transversal de resposta às pessoas com deficiência ou com incapacidade temporária de forma a compensar e atenuar as limitações de atividade e restrições de participação decorrentes da deficiência ou incapacidade temporária" através, nomeadamente, da atribuição, de forma gratuita e universal, de produtos de apoio, da gestão eficaz da sua atribuição mediante, designadamente, a simplificação de procedimentos exigidos pelas entidades e a implementação de um sistema informático centralizado e, ainda, do financiamento simplificado dos produtos de apoio[130].

Conclusões

1º Programas, ações de sensibilização e apoio social são necessários para alterar a forma como a sociedade funciona e para desmantelar as barreiras que impedem as pessoas com deficiência de participar plenamente na sociedade. Além disso, é necessário conferir às pessoas com deficiência as oportunidades de participar plenamente na sociedade e com os meios adequados para reivindicar os seus direitos.

2º A discriminação em razão da deficiência e a proteção das pessoas portadoras de deficiência *caminharam* muito num curto espaço de tempo. A introdução de vários princípios, proibitivos deste tipo de discriminação, e a introdução de um verdadeiro dever de adaptação razoável para providenciar direitos substantivos às pessoas com deficiência aumentou, e muito, a proteção face à discriminação.

Nos últimos anos tem-se assistido a uma mudança de paradigma não só em comportamentos e atitudes mas também na abordagem da questão da tutela contra a discriminação em razão da deficiência. A Convenção das Nações Unidas sobre os Direitos das Pessoas com Deficiência teve, a esse nível, um papel fundamental.

---

[129] Cf. as considerações deste diploma legal.

[130] É importante ainda atender ao Despacho conjunto anual dos membros do Governo responsáveis pelas áreas do emprego, da segurança social, da saúde e da educação (em 2013 – Despacho nº 3128/2013, publicado no Diário da República, 2.ª Série, nº 41, de 27 de fevereiro), ao Despacho do Instituto Nacional para a Reabilitação, I. P. com a lista homologada de produtos de apoio (em 2013 – Despacho nº 16313/2012, publicado no Diário da República, 2.ª Série, nº 247, de 21 de dezembro), e ao Despacho anual do Instituto Nacional para a Reabilitação, I.P. (em 2013 – Despacho nº 5128/2013, publicado no Diário da República, 2.ª Série, nº 74, de 16 de abril).

As pessoas com deficiência deixam de ser vistas como *objetos* de caridade e com necessidade de tratamento médico e proteção social, para passarem a ser consideradas verdadeiros *sujeitos* de direitos, que são perfeitamente capazes de os invocar e de tomar decisões para as suas vidas baseados no seu consentimento livre e esclarecido tornando-se verdadeiros membros ativos da sociedade. Os valores da autonomia, participação e solidariedade combinam-se, assim, para *produzir* um novo paradigma nos direitos humanos que pode servir de modelo para as futuras *conquistas* nos direitos substantivos das pessoas com deficiência.

3º Relativamente ao recrutamento e contratação de pessoas com deficiência a mensagem que deve ser transmitida é a de que essas pessoas trazem um *valor acrescido* à empresa, assim como aos seus produtos e serviços.

Individualmente os empregadores podem ter vantagens com este *valor acrescido*, nomeadamente através de ajudas financeiras, benefícios fiscais, promoção da imagem da empresa, assim como uma melhoria nos seus serviços pois os trabalhadores com deficiência poderão conhecer melhor as necessidades de eventuais clientes, também eles deficientes, que são cerca de 15% da totalidade do mercado.

4º Relativamente à Diretiva 2000/78/CE considera-se que a mesma é inovadora no conceito de adaptação razoável ao colocá-lo como eixo central da igualdade de tratamento das pessoas com deficiência, mas também é um pouco ambivalente na sua determinação.

A imposição de um dever do direito da União Europeia para uma adaptação razoável das pessoas com deficiência no mercado de trabalho constitui um passo significativo na consagração dos direitos das pessoas portadoras de uma deficiência ou doença crónica e a sua inserção no mercado de trabalho. Porém, as limitações impostas sobre este dever não sendo suficientemente concretizadas, ameaçam reter o progresso da norma, embora nos pareça que a interpretação recente do TJUE possa inverter um pouco este quietismo.

Consideramos que um Tribunal proactivo nestas matérias pode propiciar o desenvolvimento de políticas anti discriminatórias e rejeitar restrições *ampliadas* em matéria de adaptação razoável por parte dos Estados membros, tendo o TJUE no acórdão *Jette Ring* reconhecido o modelo biopsicossocial de deficiência, assim como um conceito abrangente de adaptação razoável.

Defende-se que a noção de encargo desproporcionado não pode ser entendida no sentido de preservar a ideia de que as pessoas com deficiência são *caras* para o empregador mas antes que podem trazer benefícios para a empresa, para os restantes trabalhadores e mesmo para os clientes daquela.

Também a derrogação prevista no art. 2º, nº 5, da Diretiva não pode originar que com base na ideia de saúde ou segurança de terceiros, se admitam diferenciações assentes em motivos não necessariamente bem fundamentados, sob pena de se estar a perpetuar a discriminação em razão da deficiência.

5º Contudo, as pessoas com deficiência continuam numa situação de desvantagem no mercado de trabalho, apesar dos recentes desenvolvimentos económicos nesta matéria, e mais frequentemente continuam a não ter emprego ou a terem um menos exigente e onde se requerem menores conhecimentos. A sua taxa de desemprego é superior e as mulheres portadoras de deficiência, na maior parte dos países, estão numa posição mais desvantajosa do que os homens, tendo, normalmente, uma menor percentagem de participação no mercado de trabalho, maiores taxas de desemprego e um menor nível de educação face aos homens.

6º A implementação de políticas de apoio é mais bem conseguida a nível local, sendo essencial a participação dos parceiros sociais para uma verdadeira alteração na forma como a sociedade e o mundo de trabalho incluem as pessoas portadoras de deficiência. Os parceiros sociais são essenciais para auxiliar e assegurar a responsabilidade social das empresas e o diálogo social. O envolvimento de todas as partes é fundamental para se conseguir uma melhoria na integração ou reintegração de pessoas portadores de deficiência, doença crónica ou capacidade de trabalho reduzida, sendo que os parceiros sociais encontram-se numa melhor posição para dialogar com os empregadores, assim como para implementar melhores políticas de integração a nível local.

Torna-se, pois, essencial definir um sistema que combine medidas ativas e passivas de forma a estimular a participação dos cidadãos no mercado de trabalho, sendo que a participação dos parceiros sociais na disseminação de leis e boas práticas sobre a proibição da discriminação em razão da deficiência tem um papel fundamental e insubstituível.

Vila Nova de Gaia, maio de 2013

Tribunal de Justiça da União Europeia e Controvérsias Trabalhistas

1. Introdução

O Direito da União Europeia releva como fonte de Direito do Trabalho nacional, quer ao nível do denominado Direito primário ou originário, isto é, ao nível dos Tratados, quer ao nível do Direito secundário ou derivado, ou seja, ao nível do direito dos órgãos da União Europeia, destacando-se, nesta sede, as Diretivas que têm sido aprovadas em matéria social pelas instituições da União Europeia.

Ao nível do Direito primário ou originário são consideradas fontes de Direito do Trabalho, desde que respeitem o art. 8º, nº 2, da CRP, os artigos de conteúdo laboral que constam do Tratado da Comunidade Europeia (Tratado de Roma) com as contínuas modificações introduzidas em Maastricht, Amesterdão e Nice e que inclui os respetivos anexos. Na nova versão do TUE e do TFUE, aprovados pelo Tratado de Lisboa, assim como na Carta dos Direitos Fundamentais da União Europeia, que tem hoje valor idêntico ao dos Tratados por força do art. 6º, nº 1, do TUE, existem também várias normas de conteúdo laboral.

No que concerne ao Direito secundário ou derivado são fontes de Direito do trabalho as normas comunitárias que constam das Diretivas e Regulamentos da União Europeia, assim como outros instrumentos normativos como as Resoluções, as Decisões e as Recomendações, e a própria jurisprudência do TJUE[1].

---

[1] Não podemos deixar de atender que o Direito da UE é, em grande parte, um direito baseado na ideia de um *judge–made law*, assemelhando-se mais ao sistema anglo-saxónico do que ao sistema continental.

IGUALDADE E NÃO DISCRIMINAÇÃO

Contudo, diferentemente do Direito primário ou originário, o relevo deste Direito secundário está de acordo com o previsto no art. 8º, nº 3, da CRP. Os Regulamentos são obrigatórios em todos os seus elementos, sendo diretamente aplicáveis em todos os Estados membros, enquanto as Diretivas são dirigidas a estes Estados, carecendo de transposição para a ordem jurídica interna, deixando assim as instâncias nacionais com a competência quanto à forma e aos meios para alcançar o resultado, nos termos do art. 288º do TFUE[2].

Em matéria de Direito do Trabalho tem sido sobretudo através de Diretivas comunitárias que o Direito da União Europeia se tem vindo a desenvolver[3], embora não possamos deixar de ter em atenção que, originariamente, as matérias laborais não corresponderam a uma preocupação inicial do Direito Comunitário na medida em que a Comunidade Europeia surgiu, principalmente, com um objetivo de integração económica, o que fez com que o Tratado de Roma apenas tratasse de questões laborais a título incidental relacionado com a necessidade de assegurar a livre concorrência das empresas no seio do mercado comum[4].

Contudo, esta realidade mudou ao longo da evolução da União Europeia e a índole social reforçou-se com a aprovação da Carta Comunitária dos Direitos Sociais Fundamentais dos Trabalhadores em 1989 e, principalmente, com os Tratados de Maastricht e Amesterdão. Na verdade, este vetor mais social da UE, juntamente com a diminuição das matérias objeto do princípio da unanimidade com o Ato único Europeu em Julho de 1987, permitiram ultrapassar grande parte das dificuldades de acordo entre os diferentes Estados membros em algumas matérias de índole laboral o que, manifestamente, provocou consequências bastante positivas na realização de normas de índole social[5].

Assim, tendo em atenção esta evolução ao nível dos instrumentos do Direito da União Europeia, pode afirmar-se que, atualmente, existe um Direito Euro-

---

[2] Tal como defende MIGUEL GORJÃO-HENRIQUES em anotação a este artigo in *Tratado de Lisboa – anotado e comentado*, (coord. MANUEL LOPES PORTO e GONÇALO ANASTÁCIO, Almedina, Coimbra, 2012, pp. 1028-1029, o Regulamento tem 3 características fundamentais já que tem um carácter geral, aplicabilidade direta e a obrigatoriedade em todos os seus elementos. Diferentemente, as Diretivas impõem aos Estados membros a realização de certos objetivos concretos mas deixam-lhes uma margem quanto à forma e quantos aos meios para a sua implementação.

[3] Veja-se o art. 2º da Lei que aprovou o Código do Trabalho que enuncia as inúmeras diretivas transpostas para o nosso ordenamento jurídico sobre esta matéria, assim como o art. 112º, nº 8, da CRP.

[4] Neste sentido MARIA DO ROSÁRIO PALMA RAMALHO, *Tratado de Direito do Trabalho – Parte I – Dogmática Geral*, 3.ª edição, Almedina, Coimbra, 2012, p. 193, assim como LEAL AMADO, *Contrato de Trabalho*, 3.ª edição, Coimbra Editora, Coimbra, 2011, pp. 36-37, e MONTEIRO FERNANDES, *Direito do Trabalho*, 16.ª edição, Almedina, Coimbra, 2012, pp. 65-66.

[5] Cf. MARIA DO ROSÁRIO PALMA RAMALHO, *Tratado de...*, cit., p. 194, assim como MONTEIRO FERNANDES, *op.* cit., pp. 66-67.

peu do Trabalho no seio da UE que reconhece ao nível do Direito primário ou originário a importância dos direitos sociais, enunciando nestes os principais objetivos da política social da União: a promoção do emprego, a melhoria das condições de trabalho, a existência de uma proteção social adequada, o diálogo entre os parceiros sociais, o desenvolvimento dos recursos humanos e a luta contra as exclusões[6].

Pode defender-se que as ideias chave deste Direito que, de certa forma, já estavam previstas na versão originária do Tratado de Roma – TCEE –, e foram sendo desenvolvidas pelo Direito comunitário derivado e que, em sede das revisões do Tratado de Maastricht (com o Acordo de Política Social, aprovado em Protocolo Anexo ao Tratado), de Amesterdão (que incorporou no texto do Tratado as disposições que constavam daquele Acordo) e de Nice, passaram para o TUE e para o TCE, vieram a constar da Carta dos Direitos Fundamentais da União Europeia e mantêm-se no TUE e no TFUE aprovados pelo Tratado de Lisboa são principalmente as seguintes[7]: o princípio da livre circulação dos trabalhadores nos termos dos arts. 45º e ss. do TFUE; o direito à formação profissional previsto nos arts. 162º e ss. do TFUE; o direito a boas condições de vida e de trabalho dos trabalhadores, regulado no art. 151º[8]; o princípio da igualdade de oportunidades e de tratamento entre trabalhadores e trabalhadoras e, mais recentemente, um princípio geral de não discriminação, tal como consta dos artigos 8º, 10º, 19º, nº 1, 151º, 153º, nº 1, alínea i) e 157º do TFUE, assim como o art. 2º do TUE; os contratos de trabalho especiais, assim como outras situações laborais especiais, incluindo contratos como os de trabalho a termo, de trabalho a tempo parcial, trabalho de jovens, trabalho de deficientes, trabalho no setor dos transportes e trabalho no domicílio; a tutela dos trabalhadores perante vicissitudes do empregador ou da empresa, e neste campo salientam-se os instrumentos legislativos relacionados com a insolvência dos empregadores e a correspondente proteção dos trabalhadores, o despedimento coletivo e a transmissão do estabelecimento ou da empresa[9]; e, por último, o diálogo social

---

[6] *Vide* LEAL AMADO, anotação ao art. 151º, *in Tratado de Lisboa...* cit., pp. 663-664.

[7] Socorremo-nos aqui da divisão operada por MARIA DO ROSÁRIO PALMA RAMALHO, *Tratado de* cit., p. 195. Para mais desenvolvimentos veja-se, a título de exemplo, a mesma autora, *Direito Social da União Europeia. Relatório*, Almedina, Coimbra, 2009.

[8] Este artigo é o primeiro do Título X do TFUE dedicado à Política Social e pode dizer-se, secundando LEAL AMADO, anotação ao art. 151º, *in Tratado de Lisboa...* cit., p. 662, que este Título, que abarca os artigos 151º a 161º, "representa a assunção formal, por parte da UE, da sua vocação ou dimensão social".

[9] É interessante notar que nesta sede várias têm sido as questões colocadas ao TJUE a título prejudicial e que têm vindo a clarificar conceitos como os de transferência e de unidade económica. Contudo, apesar da sedimentação de certas ideias operada pelo TJUE, o nosso quadro legislativo continua a necessitar de mais clarificação como adverte JÚLIO GOMES, "Novas, Novíssimas e não

e a representação dos trabalhadores ao nível europeu, nos termos dos arts. 153º, nº 1, alínea e), 154º e 155º do TFUE.

2. O Tribunal de Justiça da União Europeia e o Direito do Trabalho: em especial o pedido de reenvio prejudicial

2.1. Com as alterações introduzidas pelo Tratado de Lisboa no sistema jurisdicional da UE convém destacar a que incidiu sobre a designação do TJCE que passou a denominar-se de TJUE e que visa o Tribunal de Justiça, o Tribunal Geral e os Tribunais especializados, nos termos do art. 19º do TUE. Dentre estes últimos o único que até agora foi instituído foi o Tribunal da Função Pública. Por outro lado, nos termos do art. 256º do TFUE, foram introduzidas várias alterações na estrutura jurisdicional da UE, particularmente no que concerne à organização e competências do TJUE, composto agora por três jurisdições: o Tribunal de Justiça, o Tribunal Geral e o Tribunal da Função Pública, sendo que o Tribunal Geral é o competente para conhecer das questões prejudiciais interpostas ao abrigo do art. 267º do TFUE.

2.2. O mecanismo do reenvio prejudicial previsto no art. 267º do TFUE constitui o instituto jurídico de maior notoriedade e, devido à sua ampla difusão, originou que o TJUE tenha podido e continue a poder contribuir de forma decisiva para a construção de uma verdadeira União Europeia, relevando para este trabalho, sobretudo, o aspeto social[10].

---

tão novas questões sobre a transmissão da unidade económica em Direito do Trabalho", *in Novos Estudos de Direito do Trabalho*, Coimbra Editora, Coimbra, 2010, pp. 89 e ss.. Veja-se, ainda, SÓNIA KIETZMANN LOPES, "O juiz do trabalho como juiz de Direito da União Europeia. Em especial, as questões prejudiciais na jurisdição laboral", *in Prontuário de Direito do Trabalho*, nºs 88-89, 2011, pp. 242-243, assim como em *Estudos do Instituto de Direito do Trabalho*, volume VI, Almedina, Coimbra, 2012.

[10] Veja-se, a título de exemplo, o acórdão *Van Gend & Loos*, processo C-26/62, de5 de Fevereiro de 196,3 onde se estabeleceu pela primeira vez o princípio do efeito direto do Direito Comunitário "O artigo 12º do Tratado que institui a Comunidade Económica Europeia produz efeitos imediatos e cria na esfera jurídica dos particulares direitos individuais que os órgãos jurisdicionais nacionais devem salvaguardar", ou o acórdão *Costa v. Enel*, processo C- 6/64, de 15 de Julho de 1964, onde se consagrou o princípio do primado do Direito comunitário sobre o Direito nacional, assim como no acórdão *Simmenthal*, processo C-106/77, de 9 de Março de 1978, que decidiu que "O juiz nacional responsável, no âmbito das suas competências, por aplicar disposições de direito comunitário, tem obrigação de assegurar o pleno efeito de tais normas, decidindo, por autoridade própria, se necessário for, da não aplicação de qualquer norma de direito interno que as contrarie, ainda que tal norma seja posterior, sem que tenha de solicitar ou esperar a prévia eliminação da referida norma por via legislativa ou por qualquer outro processo constitucional", ou, ainda, da responsabilidade extracontratual do Estado membro por violação do Direito comunitário (agora da UE), como foi o caso do acórdão *Francovich e. a.*, C-6/90 e 9/90, de 19 de Novembro de 1991,

2.2.1. Os tribunais nacionais de cada Estado membro funcionam como tribunais comuns da ordem jurídica da União Europeia competindo-lhes aplicar o Direito da União nos casos que tenham de julgar e em que esse direito, atendendo à matéria em causa, se imponha.

Esta imposição feita aos tribunais nacionais decorre, em primeiro lugar, do princípio do primado do Direito da União Europeia[11] e significa que é eficaz

que diz respeito a trabalhadores: "O Estado-membro é obrigado a reparar os prejuízos causados aos particulares pela não transposição da Diretiva 80/987/CEE", assim como o acórdão *Brasserie du Pêcheur e Facortame*, processos C-46/93 e C-48/93, de 5 de Março de 1996, onde se estabeleceu que "1) O princípio segundo o qual os Estados-Membros são obrigados a reparar os prejuízos causados aos particulares em virtude das violações do direito comunitário que lhes são imputáveis é aplicável sempre que o incumprimento em causa seja atribuído ao legislador nacional.

2) Quando uma violação do direito comunitário por um Estado-Membro é imputável ao legislador nacional que atua num domínio onde dispõe de um amplo poder de apreciação para efetuar escolhas normativas, os particulares lesados têm direito à reparação desde que a regra de direito comunitário violada tenha por objeto conferir-lhes direitos, que a violação seja suficientemente caracterizada e que exista um nexo de causalidade direto entre essa violação e o prejuízo sofrido pelos particulares. Com esta reserva, é no quadro do direito nacional da responsabilidade que incumbe ao Estado reparar as consequências do prejuízo causado pela violação do direito comunitário que lhe é imputável, subentendendo-se que as condições fixadas pela legislação nacional aplicável não podem ser menos favoráveis do que as que dizem respeito a reclamações semelhantes de natureza interna, nem estabelecidas de forma a tornar, na prática, impossível ou excessivamente difícil a obtenção da reparação.

3) O órgão jurisdicional nacional não pode, no quadro da legislação nacional que aplica, subordinar a reparação do prejuízo à existência de dolo ou negligência por parte do órgão estadual a quem o incumprimento é imputável, que vá além da violação suficientemente caracterizada do direito comunitário.

4) A reparação, pelos Estados-Membros, dos prejuízos que causaram aos particulares em virtude de violações do direito comunitário deve ser adequada ao prejuízo sofrido. Não existindo disposições comunitárias nesse domínio, incumbe ao ordenamento jurídico interno de cada Estado-Membro fixar os critérios que permitem determinar a extensão da indemnização, subentendendo-se que não podem ser menos favoráveis do que os relativos às reclamações ou ações semelhantes baseadas no direito interno e que, de modo algum, podem ser fixados de forma a tornar, na prática, impossível ou excessivamente difícil a reparação. Uma regulamentação nacional que limita, de um modo geral, o prejuízo reparável apenas aos prejuízos causados a determinados bens individuais especialmente protegidos, com exclusão do lucro cessante dos particulares, viola o direito comunitário. No quadro de reclamações ou ações baseadas no direito comunitário, devem, por outro lado, poder ser concedidas indemnizações específicas, como a indemnização «exemplar» do direito inglês, se também o puderem ser no quadro de reclamações ou ações semelhantes baseadas no direito nacional.

5) A obrigação dos Estados-Membros de repararem os prejuízos causados aos particulares pelas violações do direito comunitário que lhes são imputáveis não pode ficar limitada apenas aos prejuízos sofridos após a pronúncia de um acórdão do Tribunal de Justiça em que se declara o incumprimento imputado".

[11] Ver nota anterior e, sobretudo os casos *Costa vs. Enel* e *Simmenthal*.

IGUALDADE E NÃO DISCRIMINAÇÃO

relativamente a todas as normas nacionais, quaisquer que elas sejam, anteriores ou posteriores, tornando inaplicáveis de pleno direito todas as disposições da legislação nacionais contrárias ao direito da União como o Tribunal de Justiça já decidiu em inúmeros processos[12].

Há que ter em atenção, ainda, que os Tribunais nacionais não são obrigados a formular um pedido de reenvio prejudicial antes de poder afastar uma norma de Direito nacional contrária ao Direito da União Europeia, tal como o TJUE já afirmou em várias decisões[13].

Contudo, este princípio do primado do Direito da União Europeia tem alguns limites relacionados com a segurança jurídica e o respeito devido por decisões tomadas pelas autoridades nacionais dos Estados membros, tal como também o TJUE já teve ocasião de analisar, nomeadamente no caso *Kühne & Heitz*, processo C- 453/00, e *Kapferer*, processo C-234/04[14].

Por outro lado, o TJUE decidiu no acórdão *Dominguez*, processo C-282/10, relacionado com o Direito do Trabalho[15] que a possibilidade de desaplicação de

---

[12] Dada a relevância para o Direito do Trabalho e, em especial, para o princípio da não discriminação em geral, pode referir-se o acórdão *Mangold*, processo C-144/04, o primeiro a versar especificamente a proibição da discriminação em razão da idade, onde o TJUE decidiu que "cabe ao órgão jurisdicional nacional, ao qual foi submetido um litígio que põe em causa o princípio da não discriminação em razão da idade, garantir, no quadro das suas competências, a proteção jurídica que para os particulares decorre do direito comunitário e garantir o pleno efeito deste, não aplicando todas as disposições da lei nacional eventualmente contrárias" – sublinhado nosso.

[13] Vejam-se os parágrafos 54 a 55 do acórdão *Kücükdeveci*, processo C-555/07, onde se pode ler que perante a questão do órgão jurisdicional de reenvio sobre se seria obrigado a submeter uma questão prejudicial ao Tribunal de Justiça antes de poder afastar a aplicação de uma disposição nacional contrária ao direito comunitário, o Tribunal respondeu que "Em nossa opinião, a resposta a esta última questão não necessita de grandes desenvolvimentos. Com efeito, é claro desde o acórdão de 9 de Março de 1978, Simmenthal, que o juiz nacional, na qualidade de juiz comunitário de direito comum, tem obrigação de aplicar na íntegra o direito comunitário e de proteger os direitos que este atribui aos particulares, não aplicando as disposições nacionais que sejam contrárias ao direito comunitário. Este dever de o juiz nacional afastar as disposições nacionais que impeçam a eficácia das normas comunitárias não é de modo algum condicionado pela apresentação prévia de um pedido prejudicial ao Tribunal de Justiça, sob pena de se transformar, na maioria dos casos, a faculdade de reenvio de que os órgãos jurisdicionais nacionais dispõem, ao abrigo do artigo 234º, segundo parágrafo, CE, numa obrigação generalizada de apresentação de questões prejudiciais".

[14] Nesta última decisão pode ler-se que "O direito comunitário não impõe ao tribunal nacional a obrigação de reapreciar e anular uma decisão judicial que tenha adquirido força de caso julgado quando se verifique que essa decisão violou o direito comunitário".

[15] "1. O artigo 7º, nº 1, da Diretiva 2003/88/CE do Parlamento Europeu e do Conselho, de 4 de novembro de 2003, relativa a determinados aspetos da organização do tempo de trabalho, deve ser interpretado no sentido de que se opõe a disposições ou práticas nacionais que preveem que

TRIBUNAL DE JUSTIÇA DA UNIÃO EUROPEIA E CONTROVÉRSIAS TRABALHISTAS

uma norma nacional por ser contrária ao Direito da União Europeia só ocorrerá se não for possível uma interpretação compatível com o Direito da União[16].

A par do princípio do primado do Direito da União Europeia, existe o princípio da aplicabilidade direta das normas da União.

2.2.2. Por outro lado, a aplicação adequada do Direito Europeu requer que o mesmo seja usado de forma uniforme pelos Tribunais dos vários Estados membros ao qual se impõe[17]. Este conceito de aplicação uniforme ou adequada surgiu inicialmente para assegurar o efeito útil do Direito da União e é interessante atender que foi utilizado pela primeira vez num processo sobre a diretiva de igualdade de tratamento entre homens e mulheres no caso *Colson v. Kamann*, processo C-14/83, onde se defendeu que o tribunal nacional tinha de realizar uma "interpretação e uma aplicação da Diretiva em conformidade com o Direito Comunitário".

---

o direito a férias anuais remuneradas está sujeito a um período de trabalho efetivo mínimo de dez dias ou de um mês durante o período de referência.

2. Incumbe ao órgão jurisdicional de reenvio verificar, tomando em consideração todo o direito interno, designadamente o artigo L. 223-4 do code du travail, e aplicando os métodos de interpretação por este reconhecidos, a fim de garantir a plena eficácia do artigo 7º da Diretiva 2003/88 e alcançar uma solução conforme com o objetivo por ela prosseguido, se pode efetuar uma interpretação deste direito que permita equiparar a ausência do trabalhador por motivo de acidente *in itinere* a um dos casos mencionados no referido artigo do code du travail.

Se tal interpretação não for possível, incumbe ao órgão jurisdicional nacional verificar se, atendendo à natureza jurídica dos recorridos no processo principal, o efeito direto do artigo 7º, nº 1, da Diretiva 2003/88 pode ser invocado contra estes.

Se o órgão jurisdicional nacional não puder alcançar o resultado prescrito pelo artigo 7º da Diretiva 2003/88, a parte lesada pela não conformidade do direito nacional com o direito da União poderia, no entanto, invocar o acórdão de 19 de novembro de 1991, Francovich e o. (C-6/90 e C-9/90), para obter, sendo caso disso, a reparação do dano sofrido.

3. O artigo 7º, nº 1, da Diretiva 2003/88 deve ser interpretado no sentido de que não se opõe a uma disposição nacional que prevê, segundo a origem da ausência do trabalhador de baixa por doença, uma duração de férias anuais remuneradas superior ou igual ao período mínimo de quatro semanas garantido por esta directiva".

[16] Contudo este princípio defendido pelo TJUE necessita de uma maior reflexão que, todavia, não podemos fazer agora.

[17] Veja-se, a título de exemplo, a decisão *Hadadi*, processo C-168/08, parágrafo 38, onde o TJUE reiterou mais uma vez que "Segundo jurisprudência assente, decorre das exigências tanto de aplicação uniforme do direito comunitário como do princípio da igualdade que os termos de uma disposição de direito comunitário que não contenha qualquer remissão expressa para o direito dos Estados-Membros no sentido de estes determinarem o seu sentido e alcance devem normalmente ser interpretados em toda a Comunidade de modo autónomo e uniforme, tendo em conta o contexto da disposição e o objectivo prosseguido pelas normas em causa".

Nota-se, ainda, que, relativamente a este princípio da aplicação adequada ou uniforme, o próprio entendimento do TJUE teve uma evolução pois se inicialmente era utilizado no caso de uma não transposição ou uma incorreta transposição de Diretivas, atualmente estende-se para outras fontes de Direito da União Europeia, inclusive Direito primário.

O princípio da interpretação conforme pelos tribunais nacionais exige, ainda, que os juízes nacionais tenham de recorrer a todos os meios de interpretação e atendam a toda a legislação nacional em questão, sendo que se não for possível uma interpretação compatível com o Direito europeu, é necessário estabelecer se as normas da Diretiva são aplicáveis e relativamente a quem e como, tal como o TJUE decidiu no acórdão *Amia*, processo C- 97/11[18], sendo que antes de decidir não aplicar a legislação nacional por ser incompatível com a legislação da UE o juiz nacional tem de chegar à conclusão que não há qualquer possibilidade de uma interpretação consistente com a mesma[19].

Porém, esta aplicação torna-se muito difícil sobretudo atendendo à diversidade de ordenamentos jurídicos que compõem a UE, e principalmente porque esta aplicação adequada e uniforme supõe que os juízes dos diferentes Estados membros entendam o exato sentido e alcance das disposições em causa no litígio tendo para isso que realizar uma interpretação conforme as exigências e os objetivos da UE[20]. E é neste contexto que releva o papel do reenvio prejudicial como o meio mais adequado para o TJUE poder auxiliar os Tribunais nacionais na adequada e uniforme aplicação do Direito da União, tentando que, de algum modo, o Direito Europeu seja tratado da mesma forma nos diferentes Estados membros, ainda que as realidades jurídicas e económicas de cada Estado possam variar.

---

[18] "Incumbe, em primeiro lugar, ao órgão jurisdicional de reenvio, antes de decidir não aplicar as disposições pertinentes da Lei n.º 549, de 28 de dezembro de 1995, que estabelece medidas de racionalização das finanças públicas, verificar, tendo em consideração o conjunto do direito interno, tanto material quanto processual, se não consegue de forma nenhuma chegar a uma interpretação do seu direito nacional que permita resolver o litígio no processo principal de maneira conforme com o texto e a finalidade das Diretivas 1999/31/CE do Conselho, de 26 de abril de 1999, relativa à deposição de resíduos em aterros, conforme alterada pelo Regulamento (CE) nº 1882/2003 do Parlamento Europeu e do Conselho, de 29 de setembro de 2003, e 2000/35/CE do Parlamento Europeu e do Conselho, de 29 de junho de 2000, que estabelece medidas de luta contra os atrasos de pagamento nas transações comerciais; se tal interpretação não for possível, cabe ao órgão jurisdicional nacional não aplicar, no litígio no processo principal, qualquer disposição nacional contrária ao artigo 10º da Diretiva 1999/31, conforme alterada pelo Regulamento nº 1882/2003, e aos artigos 1º a 3º da Diretiva 2000/35".

[19] Relativamente a esta parte defendida pelo TJUE é necessário ter alguma cautela na sua interpretação.

[20] Neste sentido SÓNIA KIETZMANN LOPES, *op.* cit., p. 240.

2.2.3. O art. 19º, nº 3, alínea b), do TUE estabelece que o TJUE decidirá "A título prejudicial, a pedido dos órgãos jurisdicionais nacionais, sobre a interpretação do direito da União ou sobre a validade dos atos adotados pelas instituições".

O art. 267º do TFUE estipula também que "O Tribunal de Justiça da União Europeia é competente para decidir, a título prejudicial: a) Sobre a interpretação dos Tratados;

b) Sobre a validade e a interpretação dos atos adotados pelas instituições, órgãos ou organismos da União.

Sempre que uma questão desta natureza seja suscitada perante qualquer órgão jurisdicional de um dos Estados-Membros, esse órgão <u>pode</u>[21], se considerar que uma decisão sobre essa questão é necessária ao julgamento da causa, pedir ao Tribunal que sobre ela se pronuncie.

Sempre que uma questão desta natureza seja suscitada em processo pendente perante um órgão jurisdicional nacional cujas decisões não sejam susceptíveis de recurso judicial previsto no direito interno, esse órgão é <u>obrigado</u>[22] a submeter a questão ao Tribunal.

Se uma questão desta natureza for suscitada em processo pendente perante um órgão jurisdicional nacional relativamente a uma pessoa que se encontre detida, o Tribunal pronunciar-se-á com a maior brevidade possível".

O Tribunal de Justiça não é competente para apreciar a validade dos Tratados e já se declarou incompetente para interpretar o Direito nacional, os atos ainda não adotados pelas instituições e certos acordos e convenções, sendo relevantes, ainda, os arts. 275º e 276º do TFUE[23].

Atendendo ao Novo Regulamento de Processo do Tribunal de Justiça que entrou em vigor em 1 de Novembro de 2012, existem vários tipos de tramitação relativamente ao mecanismo de reenvio prejudicial. Assim, existe a tramitação prejudicial normal – arts. 93º a 104º, a tramitação prejudicial acelerada, nos termos dos arts. 105º a 106º deste Novo Regulamento, e a tramitação prejudicial urgente, arts. 107º a 114º, para além das normas comuns de procedimento – arts. 43º a 92º.

2.2.4. Este mecanismo de reenvio prejudicial tem sido o principal instrumento de proteção judicial utilizado pois entre 1953 a 2011 de entre 17507 casos julgados, 7428 foram relativos a pedidos de reenvio prejudicial, sendo que no ano de 2011 de 849 casos pendentes no Tribunal, 423 eram referentes a pedi-

---

[21] Sublinhado nosso.

[22] Sublinhado nosso.

[23] Para mais desenvolvimentos *vide* M.ª EUGÉNIA RIBEIRO, em anotação a este artigo, *in Tratado de...*, cit., pp. 962-963.

IGUALDADE E NÃO DISCRIMINAÇÃO

dos deste tipo[24], embora em Portugal, no período compreendido entre 1986 e 2010, apenas tivessem sido colocadas 77 questões prejudiciais pelos Tribunais nacionais ao TJUE e, dentre essas, a maior parte foram suscitadas pelos tribunais administrativos e tributários[25].

O pedido de reenvio prejudicial é preliminar, quer em termos temporais, pois a decisão do TJUE ocorre primeiro do que a do Tribunal nacional, quer em termos funcionais, pois é instrumental relativamente à decisão do Tribunal nacional.

Os objetivos da utilização deste mecanismo são de variada índole pois asseguram a correta e uniforme interpretação do Direito da União Europeia através de um sistema de cooperação entre os Tribunais nacionais e o TJUE; garantem a aplicação uniforme do Direito Europeu através dos Tribunais; e conseguem uma interpretação do Direito primário assim como do Direito secundário[26].

Para que possa ser utilizado este mecanismo prejudicial tem de aferir-se, em primeiro lugar, qual a noção de órgão jurisdicional nacional para efeitos do art. 267º do TFUE. Esta noção é autónoma e decorre unicamente do Direito da União Europeia que através da jurisprudência do TJUE, tem em atenção vários critérios relacionados com o estatuto legal originário deste órgão, o seu carácter permanente, o carácter obrigatório da sua jurisdição, a natureza contraditória do processo, a aplicação pelo órgão das normas de direito, assim como a sua independência[27].

---

[24] Ver as estatísticas do TJUE em www.curia.europa.eu.

[25] SÓNIA KIETZMANN LOPES, *op.* cit., p. 239.

[26] Ver, para maiores desenvolvimentos, ALICJA SIKORA, *The Role of the National Judge in Applying EU Anti-Discrimination Law*, in www.era.int, assim como DANIELE DOMENICUCCI, *Il ruolo del giudice nazionale e il procedimento pregiudiziale*, in www.era.int.

[27] Ver, entre outros, os processos *Vaassen-Göbbels*, processo C-61/65, acerca de uma matéria relacionada com trabalhadores, *Dorsch Consult*, processo C-54/96, onde pode ler-se no parágrafo 33 que "Para apreciar se o organismo de reenvio possui a natureza de um órgão jurisdicional na acepção do artigo 177º do Tratado, questão que releva unicamente do direito comunitário, o Tribunal de Justiça tem em conta um conjunto de elementos, tais como a origem legal do órgão, a sua permanência, o carácter obrigatório da sua jurisdição, a natureza contraditória do processo, a aplicação pelo órgão das normas de direito, bem como a sua independência (v., nomeadamente, acórdãos de 30 de Junho de 1966, Vaassen-Göbbels, 61/65, p. 377, Colect. 1965-1968, p. 401; de 11 de Junho de 1987, Pretore di Salò/X, 14/86, Colect., p. 2545, nº 7; de 17 de Outubro de 1989, Danfoss, 109/88, Colect., p. 3199, nºs 7 e 8; de 27 de Abril de 1994, Almelo e o., C-393/92, Colect., p. 1-1477, e de 19 de Outubro de 1995, Job Centre, C-111/94, Colect., p. 1-3361, nº 9)", e, mais recentemente, o acórdão *Koller*, processo C-118/90, onde no parágrafo 22 o TJUE decidiu, mais uma vez que "A este respeito, cabe lembrar que, segundo jurisprudência assente do Tribunal de Justiça, para apreciar se o organismo de reenvio tem a natureza de um órgão jurisdicional na acepção do artigo 234º CE, questão que releva unicamente do direito da União, o Tribunal de Justiça tem em conta um conjunto de elementos, tais como a origem legal do órgão, a sua perma-

2.2.5. Qualquer juiz, dentro deste conceito de órgão jurisdicional de reenvio, pode colocar uma questão prejudicial ao TJUE mas é necessário efetuar uma distinção entre as situações em que um tribunal nacional pode utilizar este mecanismo ou quando tem a obrigação legal de o fazer. E, para obter esta resposta, há que analisar o art. 267º do TFUE. Assim, o segundo parágrafo deste artigo estabelece que, quando seja suscitada uma questão de interpretação de uma disposição do Direito da UE, o órgão nacional tem a possibilidade de promover um pedido de reenvio prejudicial[28] se considerar que se trata de uma questão essencial para o julgamento em questão[29].

nência, o carácter obrigatório da sua jurisdição, a natureza contraditória do processo, a aplicação pelo órgão das normas de direito, bem como a sua independência (v., designadamente, acórdãos de 17 de Setembro de 1997, Dorsch Consult, C-54/96, Colect., p. I-4961, nº 23; de 31 de Maio de 2005, Syfait e o., C-53/03, Colect., p. I-4609, nº 29; e de 14 de Junho de 2007, Häupl, C-246/05, Colect., p. I-4673, nº 16)". Cf., ainda, as Conclusões da advogada-geral Juliane Kokott, no processo C-394/11, em 20 de Setembro de 2012, que defendeu no parágrafo 26 que "Nos termos da jurisprudência constante do Tribunal de Justiça, a apreciação da competência para apresentar pedidos prejudiciais é uma questão que releva unicamente do direito da União. A questão de saber se o organismo de reenvio tem a natureza de órgão jurisdicional na aceção do artigo 267º TFUE é apreciada, neste âmbito, com base num conjunto de elementos, como a base legal do organismo, o carácter obrigatório e permanente da sua jurisdição, a natureza contraditória do processo, a aplicação, pelo organismo, das normas de direito, bem como a sua independência. Para além disso, as entidades nacionais só podem pedir ao Tribunal de Justiça que se pronuncie se perante elas se encontrar pendente um litígio e se forem chamadas a pronunciar-se no âmbito de um processo que deva conduzir a uma decisão de carácter jurisdicional".

[28] O TJUE no acórdão *Kücükdveci*, já citado anteriormente, estabeleceu, inclusive no parágrafo 54, que "Esta faculdade reconhecida pelo artigo 267º, segundo parágrafo, TFUE, de o juiz nacional solicitar uma interpretação prejudicial ao Tribunal de Justiça, antes de afastar a disposição nacional contrária ao direito da União, não pode, no entanto, transformar-se numa obrigação pelo facto de o direito nacional não permitir que esse juiz afaste uma disposição nacional que considere contrária à Constituição, sem que essa disposição tenha previamente sido declarada inconstitucional pelo Tribunal Constitucional. Com efeito, por força do princípio do primado do direito da União, de que o princípio da não discriminação em razão da idade também beneficia, deve ser afastada uma legislação nacional contrária que seja abrangida pelo direito da União (v., neste sentido, acórdão Mangold, já referido, nº 77)". É interessante notar que este acórdão é relativo a uma matéria de Direito Europeu do Trabalho muito interessante e que tem originado inúmeros pedidos de reenvio prejudicial ao TJUE e que está relacionada com a proibição da discriminação em razão da idade. Para maiores desenvolvimentos sobre esta matéria com a análise da jurisprudência do TJUE sobre a mesma veja-se "A discriminação em razão da idade no contexto de uma população envelhecida na UE", pp. 9 e ss..

[29] Ter em atenção, contudo, que os Tribunais nacionais não podem declarar a invalidade dos atos das instituições comunitárias tal como o TJUE decidiu no acórdão *Foto Frost*, processo C-314/85, onde se decidiu que "Os tribunais nacionais não são competentes para declarar a invalidade dos actos das instituições comunitárias".

IGUALDADE E NÃO DISCRIMINAÇÃO

Diferente é a situação prevista no 3º parágrafo deste artigo pois estabelece a obrigatoriedade de reenvio nos casos em que as decisões judiciais não sejam mais passíveis de recurso, como uma forma de garantir a uniformidade da interpretação do Direito da União em todos os Estados membros. Contudo, mesmo nestes casos, o TJUE admite algumas exceções.

Assim, o órgão nacional não terá de recorrer a este mecanismo quando a questão em causa não seja pertinente para a decisão final, quando a questão em causa já foi apreciada pelo TJUE, independentemente da natureza do processo na qual foi colocada[30], ou, ainda, nos casos em que a correta aplicação do Direito da UE se impõe com tanta clareza e evidência que não há lugar a qualquer dúvida razoável que postule a necessidade de recorrer ao mecanismo do reenvio prejudicial[31] [32]. Contudo, para evitar abusos relativamente a esta última exceção, só pode aceitar-se após ter-se avaliado em função das características próprias do Direito da UE, das particulares dificuldades que a sua interpretação apresenta atendendo, particularmente, às diferenças linguísticas, e ao risco de passarem a existir divergências jurisprudenciais no seio da União Europeia[33].

2.2.6. Os órgãos jurisdicionais de reenvio têm de colocar as questões ao TJUE de forma a que uma resposta possa ser efetivamente dada[34] [35], definindo

---

[30] Denominada como a teoria do *acte éclairé*.

[31] Teoria do *acte clair* ou *in claris non fit interpretatio*.

[32] Veja-se o acórdão *Cilfit*, processo C-283/91.

[33] *Vide* decisão *Intermodal Transports*, processo C-495/03, onde o Tribunal decidiu que "O órgão jurisdicional cujas decisões não sejam suscetíveis de recurso de direito interno está todavia obrigado a cumprir a obrigação de reenvio quando nele tenha sido suscitada uma questão de direito comunitário, a menos que tenha concluído que a questão não é pertinente ou que a disposição comunitária em causa já foi objecto de interpretação por parte do Tribunal de Justiça ou que a correta aplicação do direito comunitário se impõe com uma evidência tal que não deixa margem para qualquer dúvida razoável; a verificação de tal hipótese deve ser apreciada em função das características próprias do direito comunitário, das dificuldades particulares da sua interpretação e do risco de se criarem divergências jurisprudenciais na Comunidade".

[34] Segundo NUNO PIÇARRA e FRANCISCO PEREIRA COUTINHO *apud* SÓNIA KIETZMANN LOPES, *op. cit.*, p. 247, vários foram os casos em que o TJUE se recusou a responder a questões prejudiciais remetidas pelos tribunais nacionais por considerar as mesmas inadmissíveis ou mal fundamentadas.

[35] Ver a decisão do TJUE no caso *Pretore di Salo*, C-14/86, onde se pode ler nos parágrafos 15 e 16 que "De acordo com a jurisprudência constante do Tribunal, este, no âmbito de aplicação do artigo 177º do Tratado CEE, não é competente para decidir sobre a compatibilidade de uma disposição nacional com o direito comunitário (ver em último lugar acórdão de 9 de Outubro de 1984, Heineken, 91 e 127/83, Recueil, p. 3435).
O Tribunal pode, no entanto, extrair das questões formuladas pelo juiz nacional, tendo em consideração os dados expostos por este, os elementos que interessam para a interpretação

o quadro legal e factual em que se inserem as questões colocadas, referindo a legislação aplicável, os argumentos das partes e as razões para a utilização deste mecanismo de reenvio, sendo ainda possível realizar várias questões prejudiciais relacionadas[36]. Se as questões forem colocadas de forma imprecisa não obterão resposta por parte do TJUE[37]. Porém, atendendo ao princípio da aplicação uniforme, o Tribunal pode extrair de todos os fatores invocados apenas aqueles que são relevantes para efeitos de Direito da União[38]. Por outro lado, o TJUE pode tomar em consideração normas de Direito da União Europeia que não foram referidas pelo juiz nacional ou, até, reformular as que foram enviadas[39].

Ao abrigo do art. 101º do Novo Regulamento do Processo do Tribunal de Justiça, o Tribunal de Justiça pode pedir ao órgão jurisdicional de reenvio um "pedido de esclarecimento", fixando um prazo para o efeito, assim como, nos termos do art. 62º, nº 1, deste diploma, "o juiz-relator ou o advogado-geral podem pedir às partes ou aos interessados referidos no artigo 23º do Estatuto que

---

do direito comunitário, a fim de permitir a esse juiz a resolução do problema jurídico que lhe é submetido. No caso vertente, todavia, tendo em consideração a generalidade da questão e na ausência de elementos concretos que permitam identificar as dúvidas do juiz reenviante, o Tribunal encontra-se na impossibilidade de responder à questão colocada". Sublinhado nosso.

[36] Veja-se o acórdão *Maruko*, processo C-267/06, também relevante para efeitos de Direito do Trabalho pois aborda a questão da discriminação em razão da orientação sexual. Para maiores desenvolvimentos sobre este tipo de discriminação *vide* TERESA COELHO MOREIRA, "Discriminação com base na orientação sexual dos trabalhadores: anotação ao acórdão do TJUE, *Jürgen Römer vs. City of Hamburg*, de 5 de Maio de 2011, processo C-147/08", *in Estudos de Direito do Trabalho*, Almedina, Coimbra, 2011, assim como "A conduta e a orientação sexuais do trabalhador", *in Estudos de Direito do Trabalho em Homenagem ao Prof. Manuel Alonso Olea*, Almedina, Coimbra, 2004, "Discriminação pela conduta e orientação sexuais do trabalhador", *in Minerva – Revista de Estudos Laborais*, Ano III, nº 5, 2004, *Da esfera privada do trabalhador e o controlo do empregador*, Studia Iuridica, nº 78, Coimbra Editora, Coimbra, 2004, e, *supra*, pp. 129 e ss.

[37] *Vide* o despacho *Dra Speed*, processo C-439/10, não disponível em língua portuguesa, onde o Tribunal decidiu no parágrafo 10 que "Ainsi, il est indispensable que le juge national explicite, dans la décision de renvoi elle-même, le cadre factuel et réglementaire du litige au principal. Il importe de rappeler, à cet égard, que les informations contenues dans les décisions de renvoi servent non seulement à permettre à la Cour de fournir des réponses utiles, mais également à donner aux gouvernements des États membres ainsi qu'aux autres intéressés la possibilité de présenter des observations conformément à l'article 23 du statut de la Cour de justice de l'Union européenne. Il incombe à cette dernière de veiller à ce que cette possibilité soit sauvegardée, compte tenu du fait que, en vertu de cette disposition, seules les décisions de renvoi sont notifiées aux intéressés".

[38] Cf., neste sentido, o acórdão *Pigs Marketing Board*, processo C-83/78.

[39] Vejam-se, a título de exemplo, os acórdãos *Pansard e o.*, processo C-265/01, e *Neukirchinger*, processo C-382/08. Ver, ainda, M.ª EUGÉNIA RIBEIRO, *op. cit.*, p. 965.

forneçam, num prazo determinado, quaisquer informações relativas aos factos, quaisquer documentos ou elementos que considerem pertinentes", sendo que, nos termos do nº 2 deste artigo, o "O juiz-relator ou o advogado-geral podem igualmente submeter questões às partes ou aos interessados referidos no artigo 23º do Estatuto, com vista a uma resposta na audiência", sendo que, a 6 de novembro de 2012, foram publicadas no Jornal Oficial da UE Novas Recomendações à atenção dos órgãos jurisdicionais nacionais, relativas à apresentação de processos prejudiciais[40], que se inscrevem na sequência da adoção, em 25 de setembro de 2012, no Luxemburgo, do novo Regulamento de Processo do Tribunal de Justiça e que substitui a nota informativa relativa à apresentação de processos prejudiciais pelos órgãos jurisdicionais nacionais, visando refletir "as inovações introduzidas por este regulamento, que podem ter uma incidência tanto no próprio princípio de um reenvio prejudicial ao Tribunal de Justiça como nas modalidades de tais reenvios".

O Tribunal de Justiça não analisa a oportunidade da realização do pedido de reenvio prejudicial na medida em que é ao juiz do processo que cabe livremente decidir se coloca no caso *sub iudice* uma questão de interpretação ou apreciação de validade da norma europeia que entende aplicável, bem como a formulação dos termos da questão, sendo que o processo inicia-se com um despacho de suspensão do processo nacional e pela submissão da questão prejudicial ao TJUE[41]. Por outro lado, a escolha do momento ou da fase do processo em que se recorre a este mecanismo está relacionada com questões de economia e utilidade processuais que, mais uma vez, incumbem ao tribunal nacional[42][43].

O Tribunal de Justiça já entendeu serem inadmissíveis pedidos de reenvio sobre questões sem qualquer pertinência para a causa principal pois se a valoração da relevância da questão em causa diz respeito ao juiz *a quo*, é igualmente verdade que, no que concerne ao espírito de cooperação recíproco, o TJUE verifica se o juiz nacional não ultrapassou o limite dos poderes discricionários que tem para colocar a questão[44].

---

[40] Veja-se JO C, nº 338, de 6 de Novembro de 2012.

[41] Vejam-se os acórdãos *Salonia*, processo C-126/80, e *Kempter*, processo C-2/06, onde se pode ler no parágrafo 42 que "o reenvio prejudicial assenta num diálogo de juiz a juiz, cujo início depende inteiramente da apreciação que o órgão jurisdicional nacional faça da pertinência e da necessidade do referido reenvio".

[42] Cf., a título de exemplo, os casos *Pretore di Salò*, processo C-14/86, parágrafo 11, *Alsatel*, C-247/86, parágrafos 7 e 8, *Kaba*, C-466/00, parágrafo 40 e *Bosch*, C-13/61, parágrafo 89 e 102.

[43] *Vide* SÓNIA KIETZMANN LOPES, *op. cit.*, pp. 247-248.

[44] Cf. acórdão *Centro Europa 7*, processo C-380/05.

O Tribunal já considerou também inadmissíveis pedidos que não têm qualquer relação com as circunstâncias concretas do processo principal, como aconteceu no caso *Falciola*[45], necessitando existir um elemento de ligação com a questão principal através de um teste de relevância[46], ou que se baseiam em situações puramente hipotéticas[47], ou ainda onde são colocadas algumas questões interpretativas que não eram necessárias para a decisão da causa principal, assim como em determinados casos em que o Direito da União não era aplicável, como no caso *Kremzow*[48], ou *Ynos*[49].

O Tribunal de Justiça também não aceitou pedidos de reenvio quando não têm o material fático ou legal necessário para poder responder às questões colo-

---

[45] Processo C-286/88, onde o Tribunal decidiu que "as questões colocadas não têm qualquer relação com o objecto do litígio no processo principal, dado que o pedido do tribunale amministrativo regionale per la Lombardia não diz respeito à interpretação das duas directivas 71/304/CEE e 71/305/CEE do Conselho, de que apenas refere ao Tribunal que terá de as aplicar no litígio que lhe foi submetido. Com efeito, resulta dos próprios termos do despacho de reenvio que o tribunal apenas se interroga sobre as reacções psicológicas que poderiam ter alguns juízes italianos em virtude da aprovação da citada lei italiana de 13 de Abril de 1988. Por conseguinte, as questões prejudiciais submetidas ao Tribunal não são relativas a uma interpretação do direito comunitário necessária para a solução do litígio principal.
Nestas condições, o Tribunal não tem, manifestamente, competência para responder às questões apresentadas pelo tribunale amministrativo regionale per la Lombardia".

[46] Veja-se a decisão *Metock*, processo C-127/08, onde o Tribunal decidiu no parágrafo 77 que "é jurisprudência assente que as regras do Tratado em matéria de livre circulação de pessoas e os actos adoptados em execução dessas regras <u>não podem ser aplicados a actividades que não apresentem nenhuma conexão com uma das situações previstas pelo direito comunitário e cujos elementos pertinentes se situam, na sua totalidade, no interior de um só Estado-Membro</u>" – sublinhado nosso.

[47] Processo *EVN e Wienstrom*, C-448/01: "Por isso, na falta de elementos susceptíveis de evidenciar que a resposta à segunda e terceira questões é necessária para a resolução do litígio no processo principal, as mesmas devem ser consideradas de natureza hipotética e, consequentemente, julgadas inadmissíveis.

[48] Processo C-299/95 onde o Tribunal decidiu que "O Tribunal de Justiça, a quem foi submetida a presente questão prejudicial, não pode fornecer os elementos de interpretação necessários à apreciação, pelo órgão jurisdicional nacional, da conformidade de uma regulamentação nacional com os direitos fundamentais cujo respeito garante, tal como resultam especialmente da Convenção para a Protecção dos Direitos do Homem e das Liberdades Fundamentais, quando a referida regulamentação diz respeito a uma situação que não entra no âmbito de aplicação do direito comunitário".

[49] Processo C-302/04. Neste é interessante pois está em causa uma não aplicação por motivos temporais tal como se pode ler na decisão "Em circunstâncias como as do litígio no processo principal, cujos factos são anteriores à adesão de um Estado à União Europeia, o Tribunal de Justiça não é competente para responder às primeira e segunda questões".

IGUALDADE E NÃO DISCRIMINAÇÃO

cadas como foi o caso no processo *Meilicke* que reveste grande importância, aliás, para toda a questão da realização deste pedido[50][51].

[50] Processo C-83/91, onde o Tribunal decidiu nos parágrafos 22 e ss. que "resulta de jurisprudência assente (v., em primeiro lugar, o acórdão de 1 de Dezembro de 1965, Schwarze, 16/65, Recueil, p. 1081 e, como último, o acórdão de 25 de Junho de 1992, Ferrer Laderer, nº 6, C-147/91, Colect., p. 1-4097) que o processo previsto no artigo 177º do Tratado é um instrumento de cooperação entre o Tribunal de Justiça e os juizes nacionais.
Segundo jurisprudência igualmente assente (v., em primeiro lugar, o acórdão de 29 de Novembro de 1978, Pigs Marketing Board, nº 25, 83/78, Recueil, p. 2347 e, por último, o acórdão de 28 de Novembro de 1991, Durighello, nº 8, C-186/90, Colect., p. 1-5773), no quadro desta cooperação, é o juiz nacional, único a ter conhecimento directo dos factos do processo, que está mais bem colocado para apreciar, face às particularidades deste, a necessidade de uma questão prejudicial para proferir a sua decisão.
Consequentemente, desde que as questões submetidas pelos órgãos jurisdicionais nacionais incidam sobre a interpretação de uma disposição de direito comunitário, o Tribunal de Justiça tem, em princípio, o dever de decidir.
Todavia, no acórdão de 16 de Dezembro de 1981, Foglia, nº 21 (244/80, Recueil, p. 3045), o Tribunal de Justiça entendeu que lhe competia, a fim de verificar a sua própria competência, apreciar as condições em que era chamado, pelo juiz nacional, a pronunciar-se sobre as questões. Efectivamente, o espírito de colaboração que deve presidir ao funcionamento do reenvio prejudicial implica que o juiz nacional tenha em atenção a função confiada ao Tribunal de Justiça, que é contribuir para a administração da justiça nos Estados-membros, e não emitir opiniões consultivas sobre questões gerais ou hipotéticas.
A este propósito, o Tribunal de Justiça já teve ocasião de declarar que a necessidade de efetuar uma interpretação do direito comunitário que seja útil para o juiz nacional exige a definição do quadro jurídico em que se deve colocar a interpretação solicitada e que, nesta perspetiva, no momento em que se peticiona a intervenção do Tribunal de Justiça, pode ser proveitoso, consoante as circunstâncias, que a matéria de facto do processo esteja assente e que os problemas exclusivamente de direito interno estejam decididos, de modo a permitir a este Tribunal conhecer todos os elementos de facto e de direito que podem ser importantes para a interpretação do direito comunitário que lhe é pedida. Efetivamente, na falta de tais elementos, o Tribunal pode ver-se impossibilitado de dar uma interpretação útil.
Nestas circunstâncias, o Tribunal de Justiça é chamado a pronunciar-se sobre um problema de caracter hipotético sem dispor dos elementos de facto e de direito necessários para responder utilmente às questões que lhe são colocadas.
Daqui decorre que o Tribunal de Justiça ultrapassaria os limites das suas atribuições se decidisse responder às questões prejudiciais que lhe são colocadas.
Resulta das considerações que precedem que o Tribunal de Justiça não pode pronunciar-se sobre as questões submetidas pelo Landgericht Hannover".
[51] Acórdão Bosman, processo C-415/93, parágrafo 61, o Tribunal considerou não poder pronunciar-se "sobre uma questão prejudicial colocada por um órgão jurisdicional nacional, quando é manifesto que a interpretação ou a apreciação da validade de uma regra comunitária, solicitadas pela jurisdição nacional, não têm qualquer relação com a realidade ou com o objecto do litígio nos processos principais (v., nomeadamente, acórdão de 26 de Outubro de 1995, Furlanis costruzioni generali, C-143/94, Colect., p. 1-3633, nº 12) ou ainda quando o problema é hipotético e o

O Tribunal de Justiça também já considerou inadmissível um pedido realizado no âmbito de uma controvérsia fictícia como aconteceu no caso *Foglia v. Novello*[52]. Contudo, há que ter inúmeras cautelas nestas situações, tendo o Tribunal hesitado em considerar como inadmissíveis situações que, aparentemente, constituiriam controvérsias artificiais[53].

Há que ter em atenção, contudo, que a declaração de inadmissibilidade de um pedido de reenvio prejudicial só pode atuar em *ultima ratio*, atendendo ao princípio da plena colaboração entre o TJUE e os Tribunais nacionais, podendo o Tribunal de Justiça, tal como já se referiu anteriormente, pedir esclarecimentos ao órgão jurisdicional de reenvio[54].

Para obviar ao problema do eventual carácter lacunoso do pedido de reenvio prejudicial é importante atender ao art. 94º do Novo Regulamento do Processo

---

Tribunal não dispõe dos elementos de facto e de direito necessários para responder utilmente às questões que lhe são colocadas". Este acórdão reveste grande importância também para o Direito Europeu do Trabalho sobretudo ao nível da livre circulação de trabalhadores.

[52] Processos C-104/79 e, depois C-244/80, onde o Tribunal entendeu não ser competente para pronunciar-se sobre as questões colocadas.

[53] Vejam-se os casos *Van Eycke*, processo C-267/86, e *Mangold*, processo C-144/04. Este último reveste grande importância para o Direito Europeu do Trabalho pois trata-se, como já referimos anteriormente, da primeira decisão do TJUE sobre a discriminação em razão da idade considerando que a proibição desta constitui um princípio geral do Direito da União.

[54] Veja-se o despacho do TJUE, no caso *Consel Gi. Emme*, processo C-467/06, ponto 14, assim como o acórdão *Schwibbert*, processo C-20/05, onde se pode ler nos parágrafos 20 e 21 que foram pedidos esclarecimentos ao órgão jurisdicional de reenvio e que, por isso, o pedido foi admitido "Há que recordar que as informações fornecidas nas decisões de reenvio não devem apenas permitir ao Tribunal de Justiça dar respostas úteis mas devem também dar aos Governos dos Estados-Membros, bem como às demais partes interessadas, a possibilidade de apresentarem observações nos termos do artigo 20º do Estatuto do Tribunal de Justiça (despacho de 2 de Março de 1999, Colonia Versicherung e o., C-422/98, Colect, p. I-1279, nº 5). Incumbe ao Tribunal de Justiça garantir que essa possibilidade seja salvaguardada, tendo em conta que, por força da disposição acima mencionada, apenas as decisões de reenvio são notificadas às partes interessadas. Assim, segundo a jurisprudência do Tribunal de Justiça, é indispensável que o juiz nacional forneça um mínimo de explicações sobre as razões da escolha das disposições comunitárias cuja interpretação solicita, bem como sobre o nexo que estabelece entre estas disposições e a legislação nacional aplicável ao litígio.

No caso vertente, o órgão jurisdicional de reenvio, a pedido do Tribunal de Justiça, como resulta do nº 17 do presente acórdão, forneceu esclarecimentos relativos aos factos do litígio no processo principal e ao quadro jurídico nacional e comunitário".

do Tribunal de Justiça que estabelece o conteúdo mínimo indispensável de qualquer pedido deste tipo[55] [56].

À luz do disposto no art. 53º, nº 2, do Novo Regulamento do Processo do Tribunal de Justiça, "Se o Tribunal for manifestamente incompetente para conhecer de um processo ou se um pedido ou uma petição forem manifestamente inadmissíveis, o Tribunal, ouvido o advogado-geral, pode, a qualquer momento, decidir pronunciar-se por despacho fundamentado, pondo assim termo à instância".

2.2.7. A decisão do TJUE relativamente a pedidos de interpretação tem efeitos retroativos, *ex tunc*, significando que a norma da UE objeto de reenvio prejudicial tem de ser interpretada de acordo com o decidido pelo Tribunal de Justiça, incluindo Tribunais Superiores que venham a julgar aquela causa[57]. Contudo, se persistirem dúvidas relativas à interpretação e se os tribunais nacionais assim o entenderem, é permitido o recurso novamente a este mecanismo[58].

Porém, o Tribunal pode limitar, em certos casos, a possibilidade de retroatividade da decisão, tanto no que concerne a matéria de interpretação, quanto de validade, interpretando analogicamente o art. 264º, parágrafo segundo, do

---

[55] "Para além do texto das questões submetidas ao Tribunal a título prejudicial, o pedido de decisão prejudicial deve conter:

a) uma exposição sumária do objeto do litígio bem como dos factos pertinentes, conforme apurados pelo órgão jurisdicional de reenvio, ou, no mínimo, uma exposição dos dados factuais em que as questões assentam;

b) o teor das disposições nacionais suscetíveis de se aplicar no caso concreto e, sendo caso disso, a jurisprudência nacional pertinente;

c) a exposição das razões que conduziram o órgão jurisdicional de reenvio a interrogar-se sobre a interpretação ou a validade de certas disposições do direito da União, bem como o nexo que esse órgão estabelece entre essas disposições e a legislação nacional aplicável ao litígio no processo principal".

[56] Cf., com maior desenvolvimento, DANIELE DOMENICUCCI, *op.* cit., pp. 16 e ss..

[57] Processo *Rheinmühlen*, C-166/73.

[58] Cf. Despacho no processo *Wünsche*, C-69/85, onde pode ler-se no parágrafo 15 que "A força de que se reveste um acórdão proferido em matéria prejudicial não constitui, porém, obstáculo a que o juiz nacional destinatário deste acórdão possa julgar necessário dirigir-se de novo ao Tribunal, antes de resolver o litígio principal. Segundo jurisprudência constante, tal recurso pode ser justificado quando o juiz nacional depare com dificuldades de compreensão ou de aplicação do acórdão, quando coloque ao Tribunal uma nova questão de direito ou ainda quando lhe apresente novos elementos de apreciação suscetíveis de conduzir o Tribunal a responder de forma diferente a uma questão já formulada. Mas esta faculdade de voltar a interrogar o Tribunal não poderá permitir contestar a validade do acórdão já proferido sem pôr em causa a repartição de competências operada pelo artigo 177º do Tratado entre os órgãos jurisdicionais nacionais e o Tribunal".

A DISCRIMINAÇÃO EM RAZÃO DA IDADE NO CONTEXTO DE UMA POPULAÇÃO ...

TFUE, principalmente quando a retroatividade da decisão origine grandes repercussões internas[59].

2.2.8. A falta de reenvio prejudicial por parte do órgão jurisdicional nacional de última instância tem consequências legais na medida em que constitui uma violação do art. 267º do TFUE. Esta violação origina a possível responsabilidade do Estado membro em causa que seguirá o procedimento previsto no art. 258º relativo a uma ação por incumprimento. A noção de Estado que está presente neste artigo é ampla e, por isso, engloba quer os órgãos dos poderes executivo, legislativo e judicial[60], incluindo-se na noção de incumprimento quer o incumprimento por ação quer o incumprimento por omissão[61].

Uma violação da obrigação de efetuar o reenvio prejudicial pode ainda originar uma ação de ressarcimento de danos contra o Estado membro em causa com base na responsabilidade extracontratual deste último pelo facto de ter violado o Direito da União, tal como o Tribunal estabeleceu no acórdão *Köbler*[62].

---

[59] *Vd.* caso *Société des produits de maïs*, processo C-112/83, e, mais recentemente, o acórdão *Test-Achats*, processo C-236/09, onde o Tribunal decidiu que "O artigo 5º, nº 2, da Diretiva 2004/113/CE do Conselho, de 13 de Dezembro de 2004, que aplica o princípio de igualdade de tratamento entre homens e mulheres no acesso a bens e serviços e seu fornecimento, é inválido, com efeitos a 21 de Dezembro de 2012".

[60] *Vide* GONÇALO BRAGA DA CRUZ, "Anotação aos artigos 258º-259", *in Tratado de Lisboa...*, cit., p. 930.

[61] Ainda que não seja uma ação de incumprimento por falta de reenvio prejudicial, merece destaque, ao menos em termos abstratos, por estar relacionada, mais uma vez, com a proibição da discriminação em razão da idade, o caso *Comissão v. Hungria*, processo C-286/12, de 6 de novembro de 2012 em que o Tribunal decidiu que "Ao adotar um regime nacional que impõe a cessação da atividade profissional dos juízes, dos procuradores e dos notários que tenham atingido 62 anos de idade, que origina uma diferença de tratamento em razão da idade que não é proporcionada relativamente aos objetivos prosseguidos, a Hungria não cumpriu as obrigações que lhe incumbem por força dos artigos 2º e 6º, nº 1, da Diretiva 2000/78/CE do Conselho, de 27 de novembro de 2000, que estabelece um quadro geral de igualdade de tratamento no emprego e na atividade profissional".

[62] Processo C-224/01, onde o Tribunal decidiu que: 1) O princípio segundo o qual os Estados-Membros são obrigados a reparar os prejuízos causados aos particulares pelas violações do direito comunitário que àqueles são imputáveis é aplicável quando o incumprimento censurado é atribuído a um tribunal supremo.
2) Quando uma violação do direito comunitário por um Estado-Membro for imputável a um tribunal supremo, os particulares lesados têm direito à reparação se a norma de direito comunitário violada tiver por objecto conferir-lhes direitos, a violação for suficientemente caracterizada e existir um nexo de causalidade directa entre essa violação e o prejuízo sofrido pelos particulares. Com esta reserva, é no âmbito do direito nacional da responsabilidade que incumbe ao Estado reparar as consequências do prejuízo causado pela violação do direito comunitário que lhe é imputável, sendo certo que as condições fixadas em direito nacional não podem ser menos favoráveis do que

3. Conclusões

O pedido de reenvio prejudicial continua a ser um mecanismo de grande utilidade para os juízes nacionais chamados a resolver controvérsias de Direito do trabalho que incidem sobre aspetos de Direito da União Europeia e, não obstante a sedimentação de várias ideias ao nível do Direito do Trabalho, o quadro legislativo nacional continua a necessitar de várias clarificações que só através da utilização deste mecanismo poderão ser alcançadas.

Portugal, janeiro de 2013

as que se referem a reclamações semelhantes de natureza interna nem organizadas de maneira a tornar, na prática, impossível ou excessivamente difícil a obtenção da reparação.

3) O princípio segundo o qual compete à ordem jurídica de cada Estado-Membro designar o órgão jurisdicional competente para decidir dos litígios que põem em causa direitos individuais decorrentes da ordem jurídica comunitária sob reserva de garantir uma proteção jurisdicional efetiva, é igualmente aplicável às ações de indemnização intentadas pelos particulares contra um Estado-Membro em razão de alegada violação do direito comunitário por ato de um tribunal supremo.

4) Os órgãos jurisdicionais nacionais são os únicos competentes para apreciar se as condições substanciais para declarar a responsabilidade do Estado por ato de um tribunal supremo estão preenchidas, em particular para determinar o carácter desculpável ou não do erro de direito na origem da violação do direito comunitário em causa. No quadro deste exercício, podem ter em conta as observações formuladas pelo Tribunal de Justiça a este propósito.

5) O artigo 39.º CE deve ser interpretado no sentido de que tem por objeto conferir direitos aos particulares. Em circunstâncias como as do processo principal, pode considerar-se que o erro cometido pelo tribunal supremo sobre o sentido e o âmbito deste artigo do Tratado é indesculpável, pelo que suscetível de responsabilizar o Estado.".

PUBLICAÇÕES

Obras da autora

Livros

– *Da esfera privada do trabalhador e o controlo do empregador*, Studia Iuridica, nº 78, Coimbra Editora, Coimbra, 2004

– *A Privacidade dos Trabalhadores e as Novas Tecnologias de Informação e Comunicação: contributo para um estudo dos limites do poder de controlo electrónico do empregador*, Almedina, Coimbra, 2010

– *Estudos de Direito do Trabalho*, Almedina, Coimbra, 2011

Artigos

Artigos em livros/Capítulos de livros

Nacionais

– "*A Concertação Social em Causa – Brevíssimas notas para uma discussão*", comunicação apresentada ao I Congresso Nacional de Direito do Trabalho – Lisboa, 20 e 21 de Novembro de 1997, e publicado nas *Memórias* do mesmo

– "Das revistas aos trabalhadores e aos seus bens em contexto laboral", *in Estudos em Comemoração do Décimo Aniversário da Licenciatura em Direito da Universidade do Minho*, Almedina, Coimbra, 2004

– "A conduta e a orientação sexuais do trabalhador", *in Estudos de Direito do Trabalho em Homenagem ao Prof. Manuel Alonso Olea*, Almedina, Coimbra, 2004

– "Intimidade do trabalhador e tecnologia informática", *in VII Congresso Nacional de Direito do Trabalho – Memórias*, Almedina, Coimbra, 2004

– "Discriminação pela conduta e orientação sexuais do trabalhador", *in VIII Congresso Nacional de Direito do Trabalho – Memórias*, Almedina, Coimbra, 2006

– "O poder directivo do empregador e o direito à imagem do trabalhador", *in Estudos jurídicos em homenagem ao Prof. Doutor António Motta Veiga*, Almedina, Coimbra, 2007

– "O poder de controlo do empregador através de meios audiovisuais: análise do art. 20º do Código do Trabalho", *in Nos 20 anos do Código das Sociedades Comerciais – Homenagem aos Profs. Doutores A. Ferrer Correia, Orlando de Carvalho e Vasco Lobo Xavier*, Coimbra Editora, Coimbra, 2007

– "O controlo das comunicações electrónicas do trabalhador", *in Direito do Trabalho + Crise = Crise do Direito do Trabalho?*, (coord. CATARINA CARVALHO e JÚLIO GOMES), Coimbra Editora, Coimbra, 2011

– "Direitos de personalidade", *in Código do Trabalho – A revisão de 2009*, (coord. PAULO MORGADO DE CARVALHO), Coimbra Editora, Coimbra, 2011

– "Anotação aos arts. 50º a 52º", *in Constituição de Timor-Leste Anotada*, CIIDH, Braga, 2011

– "As Novas Tecnologias de Informação e Comunicação: *um Admirável Mundo Novo do Trabalho?*", *in Estudos de Homenagem ao Prof. Doutor Jorge Miranda – Volume VI*, Coimbra Editora, Coimbra, 2012

– "A privacidade dos trabalhadores e a utilização de tecnologias de identificação por radiofrequência", *in Estudos em Homenagem ao Professor Doutor Heinrich Hörster*, Almedina, Coimbra, 2012

Internacionais

– "As NTIC, a privacidade dos trabalhadores e o poder de controlo electrónico do empregador", *in Memórias do XIV Congresso Ibero Americano de Derecho e Informática*, Tomo II, México, 2010

– "A privacidade dos trabalhadores e as novas tecnologias de informação e comunicação", *in Actas do Colóquio Internacional de Segurança e Higiene Ocupacionais*, (coord. PEDRO AREZES e outros), Sociedade Portuguesa de Segurança e Higiene Ocupacionais, Guimarães, 2011

– "O controlo electrónico dos e-mails dos trabalhadores", *in Memórias do XV Congresso Ibero Americano de Derecho e Informática*, Dialnet, Buenos Aires, Argentina, 2011

– "A proteção de dados pessoais dos trabalhadores e a utilização de tecnologias de identificação por radiofrequência", *in Memórias do XVI Congresso Ibero Americano de Derecho e Informática*, Quito, Equador, 2012

– "Data Protection at work: the worker's privacy and the use of online social networks in hiring decisions", *in Abstraktion und Applikation – Tagungsband des 16. Internationalen Rechtsinfomratik Symposions – IRIS 2013*, (coord. Erich Schweigofer, Frank Kummer, Walter Hötzendorfer), Oesterrrechische Cumputer Gesellschaft, Áustria, 2013

– "Anotação ao artigo 29º da Carta dos Direitos Fundamentais da União Europeia", *in Carta dos Direitos Fundamentais da União Europeia – Anotada*, (coord. ALESSANDRA SILVEIRA e MARIANA CANOTILHO), Almedina, Coimbra, 2013

PUBLICAÇÕES

Artigos em revistas
Revistas nacionais

– "O respeito pela esfera privada do trabalhador: natureza jurídica das faltas cometidas por motivo de prisão baseada em crimes praticados fora do trabalho", *in Questões Laborais*, nº 18, 2001

– "Interrogações sobre o poder de controlo do empregador e a esfera privada do trabalhador", *in Minerva – Revista de Estudos Laborais*, Ano II, nº 3, 2003

– "Esfera privada dos trabalhadores e novas tecnologias", *in Minerva – Revista de Estudos Laborais*, Ano II, nº 4, 2004

– "Discriminação pela conduta e orientação sexuais do trabalhador", *in Minerva – Revista de Estudos Laborais*, Ano III, nº 5, 2004

– "Limites à instalação de sistemas de videovigilância – Comentário ao acórdão do STA, de 24 de Fevereiro de 2010", *in Revista do Ministério Público*, nº 123, 2010

– "As novas tecnologias de informação e comunicação e o poder de controlo electrónico do empregador", *in Scientia Iuridica*, nº 323, 2010

– "Controlo do correio electrónico dos trabalhadores: comentário ao acórdão do Tribunal da Relação do Porto, de 8 de Fevereiro de 2010", *in Questões Laborais*, nº 34, 2011

– "A privacidade dos trabalhadores e o controlo electrónico da utilização da Internet", *in Questões Laborais*, nºs 35-36, 2011

– "Limites à liberdade de expressão de sindicalistas: comentário à decisão do TEDH, de 8 de Dezembro de 2009 – *Aguilera Jiménez e outros c. Espanha*", *in Questões Laborais*, nº 37, 2011

– "A discriminação em razão da idade no contexto de uma população envelhecida na UE", *in Minerva, Revista de Estudos Laborais*, ano VIII – I da 3.ª série, nºs 1-2, 2012

– "Discriminação em razão da idade dos trabalhadores: anotação ao acórdão do TJUE, Richard Prigge, de 13 de Setembro de 2011, processo C-447/09", *in Questões Laborais*, nº 39, 2012

– "Algumas Questões sobre as Novas Tecnologias de Informação e Comunicação e a responsabilidade do empregador por atos dos seus trabalhadores", *in Scientia Iuridica*, Tomo LVI, nº 329, 2012

– "A admissibilidade probatória dos ilícitos disciplinares de trabalhadores detetados através de sistemas de videovigilância – Comentário ao acórdão do Tribunal da Relação de Lisboa de 16 de Novembro de 2011", *in Questões Laborais*, nº 40, 2013

– "A privacidade dos trabalhadores e a utilização de redes sociais *online*: algumas questões, " *in Questões Laborais*, nº 41, no prelo

– "Controlo do *Messenger* dos trabalhadores: anotação ao acórdão do Tribunal da Relação de Lisboa de 7 de Março de 2012", *in Prontuário de Direito do Trabalho*, no prelo

IGUALDADE E NÃO DISCRIMINAÇÃO

– "Resolução do contrato de trabalho e videovigilância: anotação ao acórdão do Tribunal da Relação de Lisboa de 25 de Janeiro de 2012", *in Minerva, Revista de Estudos Laborais,* – no prelo

Revistas estrangeiras

– "Novas Tecnologias: Um Admirável Mundo Novo do Trabalho", *in Revista de Direito e Garantias Fundamentais,* Vitória, Brasil, nº 11, janeiro-junho, 2012

– "The protection of employees with disabilities and changed working abilities in Portuguese Labour Law", *in PMJK – Journal of Labour Law and Social Security Law Department,* no prelo

Revistas em bases de dados com *peer review*

– "The Worker's privacy and the electronic control", *in Journal of Law and Social Sciences,* vol. 2, nº 1, 2012, indexada à EBSCO, CrossRef, Proquest e Ulrich's.

– "The digital to be or not to be: privacy of employees and the use of online social networks in the recruitment process", *in Journal of Law and Social Sciences,* vol. 2, nº 2, 2013, indexada à EBSCO, CrossRef, Proquest e Ulrich's.

– *"Every breath you take, every move you make*: cybersurveillance in the workplace and the worker's privacy", *in Masaryk University Journal of Law and Technology,* indexado à *Heinonline,* no prelo.

Obras em co-autoria

Livros

– Leitura, correcção e elaboração da errata do *Compêndio de Leis do Trabalho,* de António José Moreira, desde a 3ª edição – Janeiro de 1998, livro que contém 1100 Páginas, até à 5ª edição – Janeiro de 1999

– Colaboração no livro *Compêndio de Leis do Trabalho,* de António José Moreira, a partir da 6ª edição – Outubro de 1999

– Colaboração na tradução da obra *Direito do Trabalho e Ideologia,* de Manuel--Carlos Palómeque López, Almedina, 2001

– *Código do Trabalho,* Almedina, Coimbra, 2004, em co-autoria com António José Moreira

Artigos

– "Every breath you take, every move you make: a privacidade dos trabalhadores e o controlo através de meios audiovisuais", em co-autoria com António José Moreira, *in Prontuário de Direito do Trabalho,* nº 87, 2011

ÍNDICE

NOTA PRÉVIA	7
A discriminação em razão da idade no contexto de uma população envelhecida na UE	9
O ónus da prova em casos de discriminação	79
Discriminação com base na orientação sexual dos trabalhadores	129
A discriminação dos trabalhadores em razão da deficiência	165
Tribunal de Justiça da União Europeia e Controvérsias Trabalhistas	225
Publicações	245